目标责任制与乡镇政府领导印象管理研究

阎　波　著

本书的研究工作得到国家自然科学基金（71473190、71103140）的资助

科 学 出 版 社

北　京

内 容 简 介

本书是一本旨在从公共组织行为视角探讨当代中国目标责任制与基层政府领导干部印象管理之间关系的学术著作。在经济社会转型时期的中国中西部经济欠发达地区，目标责任制情境下的基层政府领导干部表现出丰富的印象管理行为，深入分析这一现象对于进一步推进乡镇科学发展和干部队伍建设具有重要的理论与现实意义。作为一种学术自由探索的努力，本书试图从理论上对基层政府制度情境及其领导干部行为进行剖析，提供一个理解当代中国地方政府制度与行为的新视角，从而进一步发展和完善有中国特色的公共组织理论和政府绩效管理研究。

本书可供致力于研究新时代、新形势下我国基层组织建设和干部队伍建设的学者或对相关问题感兴趣的读者朋友阅读参考，从事公共管理专业学习和研究的研究生和本科生可以将本书作为理解基层政府治理实践的专业知识读物。

图书在版编目（CIP）数据

目标责任制与乡镇政府领导印象管理研究 / 阎波著. —北京：科学出版社，2020.7

ISBN 978-7-03-060189-6

Ⅰ. ①目…　Ⅱ. ①阎…　Ⅲ. ①乡镇－地方政府－行政管理－研究－中国　Ⅳ. ①D625

中国版本图书馆 CIP 数据核字（2018）第 292690 号

责任编辑：王丹妮 / 责任校对：贾娜娜
责任印制：张　伟 / 封面设计：无极书装

科 学 出 版 社 出版
北京东黄城根北街 16 号
邮政编码：100717
http://www.sciencep.com

北京虎彩文化传播有限公司 印刷
科学出版社发行　各地新华书店经销

*

2020 年 7 月第 一 版　开本：B5（720 × 1000）
2020 年11月第二次印刷　印张：11
字数：220 000

定价：102.00 元

（如有印装质量问题，我社负责调换）

目　录

1 如何理解目标责任制与乡镇政府领导行为?

1.1 理解乡镇政府领导行为的时代背景

1.1.1 理论背景

随着新公共管理（new public management，NPM）运动在西方发达国家的风靡，塑造结果导向、顾客导向、市场导向和具有企业家精神的现代政府成为公共管理研究的核心议题，学术研究者对绩效、问责、效率和透明等给予了高度青睐[1]。Osborne[2]等倡导新公共管理范式和管理主义（managerialism）的学者认为，结果导向的绩效评价机制有助于实现公众（the public）对政府的监督和问责，而从遵守规则和规制的问责转向实现结果的问责，才能够创造一个结果导向的政府，使之获得竞争力和高绩效。新公共管理运动的三组工具——绩效测量、分权和透明，都明确地指向创造"奖优罚劣"的机制，通过问责来提高公共服务绩效，使西方国家的官员像企业家那样为组织创造价值，使公共服务提供者为其绩效承担责任。这些观点遵循一个基本的"压力-回应"思维逻辑，即从事服务提供和政策实施的公共组织如果拥有管理自主权（managerial autonomy）并同时承受管理压力，将会做出积极的回应从而改进绩效[3]。

然而，随着研究的深入，越来越多的学者开始对西方新公共管理范式的信条提出了质疑。Behn[4]将新公共管理中相互矛盾的制度要求比喻为"问责圈套"，指出绩效评价隐含了广泛为人接受的激励和选贤任能的理论，然而这些理论表达了西方民众（citizens）对其国家公务人员的不信任，绩效评价反而常常不能带来预期结果。Hernes[5]发现，欧美公共组织在应对新公共管理改革时可能采取至少四种不同的回应方式，既可能较好地适应制度要求，也可能在行为方面与制度出现"解耦"（decoupling），从而无法实现制度设计的预期目的，例如，绩效评价等问责工具在许多情境下难以带来绩效改进。Dunleavy 等[6]则指出了新公共管理运动遭遇到诸多的难题，认为尽管仍有影响，但新公共管理运动已"寿终正寝"，其他学者也纷纷对新公共管理的逻辑提出了质疑。在此背景下，学术界越来越重视采用案例和实证研究方法检验公共管理的理论，为公共管理实务提供经验证据。

随着现代管理思想在中国日益兴起，西方新公共管理运动的学术思想受到中国学者的关注。从20世纪80年代行政管理学恢复重建开始，提升政府行政效率、效能和减少成本等成为学术研究的重点，目标管理、绩效评价、公众参与、问责等研究领域引起关注，逐渐形成了绩效评价和绩效管理的研究热潮。总体上看，现有关于政府组织管理问题的研究大多借鉴了新公共管理的相关理念、工具和技术，延续了“压力-回应”的思维模式，主张绩效评价（估）制度既有利于开发人力资源，又能创造一种充满竞争、激励向上、追求卓越的组织文化，提出政府绩效评估作为政府部门行为导向的指挥棒和动力装置，在我国行政管理体制改革诸项工程中地位突出，必须大力推进。事实上，正如周志忍教授所说，现有研究大而化之的问题比较突出，且存在对绩效管理不恰当拔高的倾向[7]。从绩效管理视角进行的组织实证研究仍不多见，对制度压力与其回应行为之间关系的实证研究则更为缺乏。

1.1.2 实践背景

迄今为止，新公共管理运动仍然对许多西方国家的公共管理实践产生着影响，它导致了许多产生于企业管理领域的理念、工具和技术被引入公共管理实践之中[8]，如目标管理、绩效评估、外包和绩效合同等。在中国，大量的理念、工具和技术也被译介导入国门，全球化、信息化和公共部门职能转变引入了诸多管理创新，对政府绩效与问责提出了挑战，尤以对基层地方政府管理的影响最为突出。在单一制背景下，由于最基层的乡镇政府处在整个国家政权的末端，几乎每一次自上而下的改革和重要政策都会对乡镇政府产生影响，故而乡镇政府的绩效可以被视为观察国家治理水平和政策走向的重要标尺。随着国家经济政治和社会体制的变迁，乡镇政府也在快速的改革与发展过程中不断遭遇新问题，乡镇政府及其干部面临一个又一个的挑战。其中，自20世纪90年代以来的一系列乡镇机构和管理体制改革都在努力回避“黄宗羲定律”所说的系统风险，而与此同时，乡镇政府的角色也在此过程中逐渐转型，出现了许多超前于理论研究的现象[9]。

总体上看，理解乡镇政府组织行为与绩效不能脱离其依存的体制环境。在中国本土化的政府科层制框架下，政府自上而下层级间的行政管理体制集中体现为由上级政府向下级政府下达指标、分解任务、量化考核的目标责任制[10]。实施目标责任制①旨在强化乡镇政府的责任意识，将乡镇政府的资源分配与责任联系在一起，通过“一票否决”对乡镇官员产生压力，营造出一种任务目标逐级明确、逐级细化的竞争氛围[11]。随着绩效评估理念和技术的发展，目标责任制的工具理性得到进一步拓展。借助目标责任制，上级政府得以对乡镇政府进行多重指标的量化考核，强化了干部任期管理和政策的贯彻落实；同时在经济相对欠发达的广大

① 有些地方也称为“目标管理责任制”，也有些地方简称为“目标考核”。本书对此一律称为目标责任制。

中西部地区，在财权上移、事权下移的背景下，项目管理手段与目标责任制的融合强化了上下级政府间关系和对基层事务的推动[12]，使乡镇政府的事权-事责与财权-事责之间的匹配成为研究和实践的热点之一。

以目标责任制为代表的制度设计所体现出的“压力-回应”逻辑对乡镇政府组织行为产生了深远影响，形塑了政府领导干部相对稳定的行为模式，进而在不同情境下产生了多种多样的后果。一方面，目标责任制中的绩效评估和责任追究的确使很多基层政府干部产生了压力。据媒体称，许多基层政府领导干部常常处于“白加黑、5+2”的工作状态，例如，有基层政府领导表示，“兄弟县市都在你追我赶，大踏步前进，稍不注意，就要被甩在后面”“为政一方，不能造福百姓，于心有愧”。在发展需求越大、考核体系越严厉的地方，这种正式压力愈加凸显。2018 年 11 月，“80 后”的云南省楚雄州大姚县湾碧乡党委书记李忠凯因一张满头白发的照片走红于网络，令社会舆论意识到乡镇政府领导干部的艰辛付出。据其同事的解释，他在乡镇做了很多副职，在人大工作，再加上工作的乡镇条件很艰苦，涉及移民搬迁等工作，是任务最重的一个乡镇①，压力之大可见一斑。但另一方面，他们又不能仅照抄照搬上级文件要求，而是要在复杂环境中游刃有余，通过不懈努力来落实上级政令。在很多时候，他们甚至必须具备相当高超的人际关系处理技巧，根据当地农村社区的实际情况和文化习俗，在法定的框架和上级规定的政策空间下灵活地处理好各项事务[13]。无论是按照“有为才能有位”理念的积极行政，还是巧妙地化解棘手的问题，他们都呈现出丰富多样的组织回应行为。这些具有多样性的回应行为与新公共管理理论的解释并不一致，留下了许多亟待探索的问题。

1.2 问题提出

尽管新公共管理的理念、工具和技术在西方公共管理实践中产生了许多积极的效果，但也为研究者留下了一系列未解的谜题。Hood[14]在回顾英国新公共管理改革后认为，建立在对“基于规则、过程驱动”的欧洲官僚制的猛烈批判之上的管理主义改革，在公共服务中产生了更多服从导向的控制和管制，这种“管理主义悖论”同样为其他学者所注意到。Hood 和 Peters[15]甚至提出，1990 年之后的西方新公共管理已经进入一个“悖论时代”（age of paradox），Merton 所观察到的非预期效应（unintended effects）广泛存在于欧美各国公共管理改革实践之中。在美国，Durant[16]也发现新公共管理旗帜下的行政改革带来了非预期的后

① 80 后干部工作艰苦致白头：所在乡镇里三个村今年刚通电. https://baijiahao.baidu.com/s?id=1617298394574073016&wfr=spider&for=pc[2019-12-25].

果，公共组织在回应改革压力时将改革作为了实现自身目标的工具。来自其他国家如澳大利亚、马来西亚，以及其他领域如教育管理、非政府组织管理的研究也对类似悖论给予了关注。

对于处在全球化浪潮下的中国，如何化解公共管理领域的各种两难困境也成为最基层的乡镇政府必须面对的议题。尽管绩效评估和绩效管理的倡导者宣称这些西方现代的绩效管理制度措施能够促使政府组织改进绩效，但从中国地方政府管理实践的演进来看，不能简单地将西方理论移植到中国情境之中。相反，中国的公共管理者迫切需要建构有中国特色的地方政府绩效管理理论，并寻找强有力的经验证据支持，以防止重蹈西方发达国家"管理主义至上"的覆辙。一些探索性的研究已经对此做出了提示。例如，Chan 和 Gao[17]发现，目标责任制背景下的绩效问责对促进部分乡镇政府绩效的效果有限，存在西方管理理论难以解释的现象，而周雪光[18]、王汉生和王一鸽[12]、渠敬东等[10]也从各自视角归纳了类似的发现。理论与现实之间的巨大反差说明有必要对乡镇政府的"压力-回应"机制进行深入探讨，检视和分析乡镇政府在目标责任制情境下的回应行为及其关键的影响因素。然而，现有的中国乡镇政府问题研究不仅零散，而且对组织内部的行为运作了解甚少，需要尽快发展用于解释中国公共组织现象的、更有解释力的理论模型。

从组织理论的视角看，乡镇政府组织的角色与行为似乎是情境依赖的，但诸多的经验证据又总是显示出一些共性特征。狄金华[19]在麦乡"植树造林"案例中讲述了乡政府领导如何通过政治声望、非正式沟通等方式合法地辅助塑造形象，从而给当地政府的管理带来便利；欧阳静[20]在桔镇的案例中讲述了镇政府领导如何通过占比更高的非正式策略完成目标任务，在地区竞争中脱颖而出；冯猛[21]对特拉河镇的案例分析则说明了乡镇政府如何通过更多地运用不同的宣传方式和手段参与同级竞争，最终成功申请到本地发展所需的转移支付资金；杨善华和宋倩[13]对 Y 县的调查研究列举了倾诉与说服、了解与结交等乡镇干部在完成目标任务中的手段，说明这些权力技术和人际关系技巧对于杰出的乡镇干部和草根精英的职位维持具有不可替代的意义；在李芝兰和吴理财[22]对 S 县的案例分析中，乡镇政府的回应形式与目的又与上述研究发现颇有相似之处。

借助美国社会学家 Goffman[23]提出的"印象管理"概念，上述林林总总的乡镇政府行为可以被简化为一类旨在建立、维持或精炼自己在他人心中的形象（或印象）的印象管理行为。在目标责任制情境下，为了改变自身在关键主体心目中的印象，乡镇政府领导干部必须对制度或环境要求做出理性的回应。这些回应行为中所蕴含的政治技能和人际关系技巧并不应看作乡镇政府干部的权宜之计，也并不完全是基层管理者和政策执行者在任务压力下被动使用的行为选择。事实上，他们自发地、灵活地综合运用各种印象管理手段来塑造和维护积极形象，是一种客观存在的社会文化现象。在权力距离（power distance）较大、重视人际关系的中国，“印象”或“形象”是人们社会心理的基本组成部分，由于特别重视管理他人对自己的印象，每个人有意无意地都在进行印象管理。对于处在国家科层体系末端的乡镇政府及承受着工作压力的乡镇政府干部而言，印象管理是对他们在完成上级政策任务的过程中力图采用事半功倍的策略的更深层次的表达，因而对这一现象的分析有助于理解“压力-回应”的发生机制。

根据新公共管理的“压力-回应”模型，乡镇政府组织可能采取多种回应方式来应对外部压力，而具体回应方式既可能受到外部制度的影响，也可能源于组织及其领导所处系统的结构因素，还可能与决策者个体特征有关。乡镇政府是我国的基层政权组织，根据《中华人民共和国宪法》和《中华人民共和国地方各级人民代表大会和地方各级人民政府组织法》等法律法规，广义的乡镇政府由党委、政府、人大、政协等“四大领导班子”共同管理，其中乡镇党委是基层政权的领导核心。在现实中，乡镇政府、人大、政协等领导班子的成员大多是乡镇党委委员，乡镇长一般兼任党委副书记，除乡镇党委书记和乡镇长以外的其他领导干部还往往兼任着“七站八所”①的职务，他们均属于乡镇党委的副职领导。在这样的组织结构中，乡镇政府领导的行为在相当大的程度上决定了组织整体的行为。尤其是在应对上级政府时，乡镇政府领导的行为可以代表乡镇政府的行为倾向。基于上述分析，本书对以下相互关联的问题展开研究。

（1）在经济欠发达地区的目标责任制情境下，乡镇政府领导会表现出哪些印象管理行为？这些印象管理行为之间是否具有目的或程度上的差异？

（2）乡镇政府领导的印象管理行为受到哪些因素的影响？例如，绩效和结果导向的外部问责机制是否对其产生影响？组织内部政治因素起到了怎样的作用？领导者的角色状态及工作动机与印象管理有着怎样的关系？

（3）在经济欠发达地区目标责任制情境下，如何系统地解释乡镇政府领导印象管理行为的产生机制？对于这一现象，不同视角的学术观点如何有机整合？

在当代中国，目标责任制是一项对基层政府活动产生了深远影响的制度[12]，这种制度情境下的体制、组织和个体因素对于解释各种超前于理论研究的乡镇治理现象具有重要的研究价值。据不完全统计，截至2009年上半年，中国共有41 636个乡镇政府②，这些乡镇政府是代表国家政权治理“三农”问题的主要力量，

---

① “七站八所”是指县级以上行政单位在乡镇的派出机构。这里的“七”和“八”都是概指，并非确数。这样的机构通常在20个以上，主要有乡镇直属事业机构、县（区）直属部门与乡镇双重管理的站（所）、垂直管理机构。

② 乡镇政府是对我国乡一级行政机关的简称，包括乡、民族乡（苏木）、镇，县、自治县的人民政府设立的区公所，市辖区、不设区的市的人民政府设立的街道办事处等派出机构。乡镇是中国最基层的行政单位。截至2018年9月26日，全国乡级行政区数量变为39 888个。

而截至2009年底，中国农村土地面积占全国土地面积总量的94.7%，人口占全国人口的53.4%，这意味着乡镇政府在整个国家和社会的发展过程中扮演着举足轻重的角色。这些地方党政领导能否举重若轻地影响好各方对乡镇政府的印象，不仅影响着国家科层体系的稳定运转，更决定着各项社会事业的顺利发展。其中，中国西部地区的乡镇政府面临着较为明显的财政困境，有限的财政资源对乡镇政府推动地方发展构成了不小的挑战，如果乡镇政府领导干部无法获得更充分的财政资源，就难以有效地管理地方公共事务和提供高质量的公共服务[24]。从国内外有关研究来看，这些地区乡镇政府的行为特征更具有典型性，便于研究者对其组织行为开展深入的分析。基于此，本书以西部经济欠发达地区的乡镇政府为研究对象，以点带面地对上述问题进行研究。

一些学者在讲述某些地方政府针对性地展示工作亮点、塑造良好形象的案例时，曾对基层干部热衷于此的原因提出疑问，实际上是提出了一个地方政府管理中具有共性的未解之谜，即地方官员为何自发地从事印象管理？他们所描述的情形在欧阳静等学者所观察到的乡镇案例中也有生动的体现，而已有研究多停留在对这些印象管理现象的描述，缺乏对其本质和影响因素的系统研究。在当代中国，中央政府一直将解决“三农问题”作为重要任务，进入21世纪后，连续多年在中央一号文件中对乡村治理改革提出目标，党的十九大更是提出了乡村振兴战略，而乡镇政府领导干部则是实现这些目标的重要力量。在这种格局下，对乡镇政府领导印象管理的研究有助于深入理解基层政府行为的实质与诱因，关系到自上而下的改革能否实现预期的目的，以及如何调整和巩固乡镇政权自身的改革动力，因而具有极为重要的实践价值。

从组织理论的视角看，印象管理是作为正式组织的乡镇政府及其组织领导在目标责任制情境下围绕既定目标而反复出现的、惯例化的非正式行为，反映出乡镇政府组织在实现绩效目标过程中的管理策略和技术。在中国特色社会主义独特的体制背景下，基层政权运作和地方社会治理呈现出高度的复杂性和多样性，很难简单地对制度与政府组织行为之间的关系做出解释[25]。对乡镇政府印象管理行为的多视角解读，有助于从政府管理的“原生态”中抽丝剥茧、发现和凝练具有中国特色的政府行为逻辑和模式，理解乡镇政府的制度环境、组织结构特征与其组织行为和绩效之间的关系。种种迹象表明，在传统价值导向层面，乡镇政府可能蒙受着一些社会群体的认识偏见，公共舆论对乡镇政府及其治理的认识也掺杂了过多的价值偏见，有待更加客观、严谨地还原实际现象，改变他们对地方干部的刻板印象[24]。

事实上，“能员干吏”自古以来就是推动地方善治的核心力量。擅长于印象管理是管理者处理人际和组织间关系的基本技能，反映出“能员干吏”应对环境的能力和驾驭他人对自身关注程度的管理艺术，对于在工作中营造组织氛围、树立领导形象乃至改变工作绩效都具有不可忽视的价值，然而也容易成为一把“双刃剑”。对于处在复杂环境中的当代基层政府组织而言，乡镇党政领导干部是基层实现科学发展的组织者、推动者和实践者，常被比喻为拉动基层工作开展的“火车头”。具备高超的工作艺术、善于塑造恰当形象的领导者是在“事权-事责”和“财权-事责”尚不匹配的条件下有效改变地方治理绩效的关键因素，灵活的印象管理则是乡镇政府领导在竞争中赢得他人支持的必要手段。对于基层政府领导而言，印象管理的现象深受体制、文化和组织环境的影响，要切实加强基层组织建设和干部队伍建设，就难以回避对这一现象的深入分析和系统解释，这使得对乡镇政府领导印象管理影响因素及其作用机制的分析体现出相当迫切的理论和现实价值。

1.3 研究主旨与内容

本书在经济欠发达地区的目标责任制情境下，从制度、角色和动机等综合视角探讨乡镇政府领导从事诸多印象管理行为的内在机理。基于对国内外研究现状的梳理，本书力图形成分析乡镇政府领导印象管理行为发生机制的整合框架，为进一步改进乡镇政府管理实践提供理论上的启示。本书的具体研究目标和内容如下。

第一，梳理并提供理解目标责任制与乡镇政府领导印象管理行为影响因素的不同分析视角和框架。具体地，梳理关于乡镇政府及其领导回应行为的研究发现并进行比较和归纳，从新制度理论、资源依赖理论和权变理论的视角梳理已有研究进展，结合理论探讨，给出解释目标责任制情境下乡镇政府组织行为的分析视角。

第二，从目标责任制情境中的乡镇政府现象入手，从不同视角探讨影响乡镇政府主要领导角色和行为特征的因素。具体地，聚焦于乡镇政府目标责任制的情境并对其特征进行分析，探讨理解乡镇政府领导印象管理行为的视角，给出解释性的命题。

第三，通过具体案例探讨目标责任制所形塑的绩效问责机制与乡镇政府主要领导回应行为的关联。对乡镇政府目标责任制的问责质量进行剖析，进而对乡镇政府领导行为进行解构。

第四，进一步解释问责机制对乡镇政府主要领导心理和行为的影响，给出目标责任制与印象管理行为的理论解析。探讨问责机制的多维特征对乡镇政府主要领导行为特征的影响。

第五，分析问责机制对乡镇政府主要领导印象管理行为的作用及组织政治因素在其中的影响，通过实证分析验证有关的理论假设。引入组织政治知觉的视角，分析组织政治因素对乡镇政府主要领导压力感知与印象管理行为的影响，并通过实证分析检验该研究观点的解释力。

1.4　本书的章节安排

第 1 章诠释了本书所讨论的核心主题，明确了本书的理论和实践背景，提出了本书的研究问题，在此基础上凝练了研究目的和内容，说明了本书的选题来由及其意义。

第 2 章对本书的核心概念进行了梳理，对目标责任制情境下与乡镇政府领导行为有关的关键概念进行了辨析，为后续研究奠定基础。

第 3 章对与本书的研究问题和研究目的有关的研究视角与理论进行述评，回顾了相关的研究观点。

第 4 章给出了一个初步的案例分析，对目标责任制的机制设计特征进行分析，并解读其与乡镇政府领导行为的关联。

第 5 章对绩效问责的作用机制进行了探讨，从理论上解释了目标责任制形塑的问责机制与乡镇政府领导印象管理行为之间的关系。

第 6 章给出了进一步的理论解构，对目标责任制情境下乡镇政府领导印象管理行为的各方面因素及其可能影响进行了探讨。

第 7 章给出了一个具体的实证研究设计示例，论述了理论假设及抽样调查和数据收集情况，介绍了变量测量和假设检验的有关方法，并对所收集的数据进行了分析和检验。

第 8 章为结论与展望，对初步的研究发现进行了梳理，归纳了本书研究的创新之处，并指出了本书研究的局限及下一步工作要点。

2 理解目标责任制的关键概念

2.1 核心概念：问责

目标责任制塑造了有中国特色的政府间问责机制，但中文中的“问责”一词与西方世界的理解并不完全一致。一般意义上的“问责”是一个高度情境依赖的概念，具有丰富的内涵[4]。在英语世界，“accountability”和其他近义词如“responsibility”（责任）、“obligation”（义务）和“liability”（责任）等相对容易区分，而对于非英美语（Anglo-American）国家和地区的人来说，“accountability”是一个既难以和这些词语区分又很难翻译的概念，如在日本至少有 17 种译法[26]。中文辞书在 2004 年以后收录“问责”一词，而在华语地区对“accountability”的译法不止此一种，还有当责、受托责任、问效、责任性、责信等十余种，相对流行的译法是“问责”。不仅是翻译存在困难，在社会科学研究和管理实践中，人们反复提到“accountability”，但可能指的并不是同一个事物。这从学者对“accountability”的描述中就可以一窥端倪，例如，它被描述为飘忽不定的“鬼火”（will-o'-the-wisp）、“变色龙似的”（chameleon-like）、“朦胧的概念”（murky concept）、“不断延展的概念”（ever-expanding concept）、“放射状概念”（radial concept）等[27-31]。正如有学者所指出的，“accountability”概念的范围在不断变化（in flux），各领域学者对这一概念的不同界定使之成为一个庞大的“伞形概念”（conceptual umbrella）[26, 32]。例如，学者对“accountability”（问责）纷纷有如下的概念界定。

（1）问责是个体因解释其行为而产生的压力[33]。

（2）问责就是对责任（responsibility）的测量[34]。

（3）问责一般用来表示某人行动或行为的可答复性，公共管理中的问责是公共机构及其成员管理组织内部与外部多元期望的手段[35]。

（4）问责是指有义务解释某人的行动和说明做了什么[36]。

（5）组织中的问责意味着根据对组织标准的遵从情况实施奖励和制裁的体系或控制体系[37]。

（6）问责被界定为一方就行动和决策向提供资源的一方“报送账单”（render an account）[38]。

（7）问责是人们对行动者就其责任、义务和需求向利益相关者做出解释的感知[39]。

（8）问责在本质上是分配、识别和接受责任并为以政府和公共物品名义从事的行动和职位（position）负责[40]。

（9）问责是向其他人说明做了什么及没做什么并接受相应评判的责任[41]。

（10）公共问责是公众选择能符合其价值需要的领导并对在任官员根据绩效进行奖惩的权力[42]。

可以看到，从 20 世纪 80 年代至今，西方学者在各自领域的研究情境中分别试图给出关于问责的清晰界定，然而正如 Sinclair[28]预见的那样，对问责的界定越多，概念反而越混乱。在关于问责的研究中，这种概念界定的不一致性是一个常见问题。问责被比喻为各种社会系统的黏合剂，它提供了使社会和组织能够指导和控制成员行为（conduct）的机制[43]。近几十年来，关于问责的话语在社会生活中频繁出现，造就了众多相互龃龉的概念界定。第 33 任美国总统杜鲁门的名言“问题推脱到此为止”（the buck stops here）表述的就是问责[44]，第 40 任美国总统里根所说的“信任，但要核实”（trust，but verify）也是问责[45]。事实上，问责的概念尽管从词源上可以追溯到古代文明时期[46]，但真正进入学术研究范畴是伴随着 20 世纪 70 年代在全世界范围兴起的新公共管理运动，问责被认为像一个能包容各种美好事物的“垃圾桶”，甚至被认为是“包治百病”的解决方案，被认为“越多越好”[26, 44, 47]。与各国的政府改革浪潮一样，问责理念迅速渗透到西方社会科学研究的各个领域。从这些方面来看，对问责的研究正面临着一个亟待整合和发展的格局。概念的多元界定尽管给学术研究带来了混乱，但这一现象也说明问责是一个值得深入探讨的研究方向。实际上，问责是现代国际公共管理和政治科学的核心概念之一，是西方民主治理的标志，被誉为“黄金概念”（golden concept）[26, 44, 48, 49]。

一方面是发达国家的公众在日常话语和正式文件中频繁地使用“问责”一词，另一方面是人们不断地在争论这一概念的内涵。与此相似，人们在西方公共管理实践中不断强调问责的重要性，但从事这一实践却被比喻为进入“雷区”（minefield）。更重要的是，人们对问责的理解是多层次的，问责在西方实践中的实际内涵比现有的概念界定都要复杂。这些特征不仅导致了问责内涵的难以理解，也导致了有关术语的误用和混用。例如，在 20 世纪 40 年代 Friedrich 与 Finer 的著名理论争辩中，两位学者就无区分地使用了“responsibility”与“accountability”，而直到 21 世纪这两个概念还经常被无区分地交替使用。此外，许多概念和术语与问责的含义都非常相近，如控制、评价、透明等。目标管理是实现问责的一种手段，监测（monitoring）和成果评价（outcome-based assessment）也都是特定的问责形式。学者经常将问责与善治（good governance）或善行（virtuous behaviour）交互使用[50]。问责也由于常常与惩罚联系在一起，而被一些学者误解为否定性的词汇。Wood 和 Winston[51]的研究是很能说明问责概念丰富程度的例子，他们在西方社会情境下剖析了“领导问责”（leader accountability）作为构念（construct）的内涵，结果发现至少可以将其理解为三种含义：领导对“在其位谋其政”、为他人服务的责任的自愿认可；对领导将其言行与领导本人公开联系在一起的显在或潜在期望；对领导将被要求向支持者解释其信念、决策、承诺和行动的期望。

为何会出现这种状况？从事西方公共管理研究的学者如 Weber[52]、Dubnick[44]、Bovens[53]等已经尝试从概念溯源和考据的角度进行解释，例如，Bovens[53]指出在美国更倾向于广义的问责，将其视为规范性的概念，与欧洲国家的狭义问责有着不同的历史传统。一些学者从多种视角来解释问责的内涵，如民主政治（democratic）、管理主义（managerialism）、理性选择（rational choice）等，但这些证据铺陈或思想追踪式的解释很难让人对问责理论产生一致、整体的印象，无法知晓在何种情况下“问责”表达了怎样的含义，也就难以准确理解问责的内涵。实际上，一个可能的解释是：问责理论是一个正在发展中的理论体系。问责的内涵之所以如此复杂，在很大程度上是由于不同的人从不同的理论层次和学科背景对其进行理解，而这些理论层次和学科背景之间的界线并未得到清晰的划分。在关于问责的研究中，一些学者倾向于宏大叙事，讨论的多为“国家-社会”层面的问责问题，而一些学者侧重于对个体内心因素的考察，讨论的是个人感知问责对心理认知的影响，相对缺乏的是中观层次的理论探讨，即探讨在组织和组织场域中问责与其他变量之间的因果关系。总体来看，这三个层次的研究缺乏沟通和系统整合，这实际上是组织研究的一个普遍问题。Rousseau[54]、Rousseau 和 House[55]的研究提供了一个分析和解释问责的内涵及进行相关研究的框架，即关于问责的研究大致可以划分为继承公共行政理论和科层制思想的宏观层次、正在形成的中观层次和逐渐拓展的微观层次等三个部分，如表 2-1 所示。

表 2-1 西方问责相关研究的三个层次

层次	理论起源	研究对象	研究途径	概念测量	代表学者（举例）
宏观层次	政治学 社会学 经济学	社会 国家 地区 大型事件	文献综述 案例 社会调查 数学建模	访谈 问卷 指标	Bovens[53] Dubnick[44] Behn[4] Romzek[32]
中观层次	行为科学 心理学	组织 工作单位	理论推导 实验 统计调查	量表	Frink 和 Ferris[37]
微观层次	心理学	个人	实验	单指标	Tetlock[33] Schlenker 等[46]

可以看到，这些研究对应于不同的研究范式。从已发表的论著来看，关于问责的研究几乎涉及社会科学的所有门类。具体到管理科学领域，已有研究对象包括了政府、企业和非营利机构及个人，运用了包括实验、案例分析、访谈和统计调查等在内的各种研究方法。这些都反映出，公共管理不是一个同质的研究领域，其研究途径是多元的。从 Simon 和 Waldo 的辩论开始至今，公共管理研究领域就一直存在着实证主义（positivism）与传统主义（traditionalism）等理论争辩，导致了各种不同的研究范式。需要强调的是，尽管这些不同层次的研究采用了来自各个社会科学领域的概念、理论和各种研究方法，但它们都共同关注了社会生活中的管理问题。尽管其中一些研究彼此之间缺少对话和融合，但却殊途同归，得出了一些相似或相同的研究结论。而且，问责是一个多层次的、具有交互特征的概念，如果从单一层次对其进行理解很容易失之偏颇[56]。宏观层次和微观层次的问责理论是中观层次问责理论的基础，下面分别对关于这三个层次的研究进行梳理。

2.1.1 宏观层次的问责研究

宏观层次的问责研究主要侧重于对问责内涵和外延的探讨，以及分析框架的建构，产生了一系列关于问责的本质、维度、方法、技术、后果和两难困境的研究[57]。其中，大量的研究采用了“制度分析”方法或价值取向的研究方式，很少见到实证研究。由于受到各国不同管理实践的影响，这方面的研究形成了一些不同的传统，这些研究多少都受到 20 世纪 70 年代新公共管理运动的影响，被 Barberis[58]称作“新问责”(new accountability)。在新公共管理运动中，一系列以融合公共管理的问责与效率为目的的思想和方法迅速涌现[5]。在强调公共服务绩效的背景下，一些国家的公共管理实践直接将新管理主义（neo-managerialism）作为改革的指导理论。公共管理领域的变革改变了人们对问责内涵的认识，问责指的已不仅是传统议会民主制中强调的“阁臣责任”(ministerial responsibility)[58]，更与“accountability”最初的“皇权使其臣民交账”思想截然相反，而是代表任何一种能使权力机构回应其特定公众的机制[26]。问责研究的范畴迅速扩大，随之而来的是问责逐渐演变为一个庞大的“伞形概念”，例如，Koppell[50]用透明、职责、可控性、责任和回应性等五个概念来界定问责。由于概念的每一个维度都需要延展其操作化含义而难以用同一尺度进行测量，这一泛化的概念界定使人难以判断官员或组织是否服从于问责。这引起了学者的批评，例如，有学者指出，“透明”之类的概念是问责产生的作用，而不是其构成性要素，而“回应性”等概念则是对问责效果的评价。人们对什么是“可负责的行为”(accountable behavior)缺乏一致的认识，其含义随角色、时间、地点和表述者的变化而变化，因而广义的问责是一个有争议且容易引起争议的概念，它适用于评价特定问责手段的效果而不适用于分析[52]。

Behn[4]详细梳理了西方公共管理世界中的问责理论观点和实践。他指出在新公共管理运动中存在两大阵营，一些国家如新西兰和英国，用契约和激励“使管理者管理”（make the managers manage），而另一些国家如澳大利亚和瑞典，对管理者授权并“让管理者管理”（let the managers manage）。这些新公共管理运动实例均主张给予管理者一定的弹性（flexibility）以改进绩效，但前者采取的是市场手段，实际上主张政治和行政可以分离，后者更强调参与（participation）、弹性和解制（deregulation），而美国则采取了折中方式。实际上，学者已经逐渐认识到，西方公共管理实践中的问责并不像传统观念中认为的那样是个“好东西”，以问责之名此起彼伏的欧美改革被 Dubnick 和 Frederickson[59]称为“问责的马拉松式舞蹈”（marathon dance of accountability），不必然带来好的预期结果。在这种背景下，一些学者对问责圈套、问责困境和问责悖论等议题给予了关注[4, 44, 60]。随着研究的深入，学者开始越来越多地关注狭义的问责概念，即 Bovens 总结的“特定的社会关系”，而不仅是追求问责在价值层面的含义。问责在本质上是一种关系，是通过组织内和组织间关系建构的[61, 62]。在这种思路的影响下，出现了各种从多元主体互动视角出发而提炼出的问责分析框架。大体上，可以归纳出三类分析框架：①采用分类方法提出的框架，以 Romzek 和 Dubnick[35]等学者的研究为代表，如表 2-2 所示；②采用过程分析视角提出的框架，以 Swiss[63]等学者的研究为代表，如表 2-3 所示；③综合性或其他类型的分析框架。

表 2-2 采用分类方法得出的问责分析框架

代表学者	维数	分类维度	类型
Romzek 和 Dubnick[35]	2×2	控制来源 控制程度	科层问责 法律问责 政治问责 职业问责
Sinclair[28]	5	结构化表达 个体化表达	政治问责 公众问责 管理问责 职业问责 个人问责
Behn[4]	3	内容	财政问责 公平问责 绩效问责
Broadbent 和 Laughlin[64]	2	形式	公共/政治问责 管理问责
Hupe 和 Hill[65]	3	行动范围	公共-行政问责 职业问责 参与式问责
Gregory[8]	2×2	领域 即时模式	政治问责 管理问责 前瞻性问责 回溯性问责
Lindberg[66]	2×2×3	来源 控制程度 方向	商业问责 科层问责 审计问责 代议问责 顾客-保护人问责 保护人-顾客问责 平行职业问责 财政问责 法律问责 社会问责 政治问责 名誉问责

表 2-3 过程分析视角下的问责分析框架

代表学者	基本模型	过程要素
Swiss[63]	反馈模型	标准设置→监测比较→处置
Mulgan[67]	科层制模型	报告/计算→信息收集/调查→评估/核查→指导/控制
Neale 和 Anderson[68]	代理理论	提供解释→提供信息→检查/修改→矫正/处置
Bovens[26]	委托-代理模型	信息提供→质询和提问→评价及相应的强制处置
Lindberg[66]	委托-代理模型	执行→解释说明→处置

在管理研究中，分类方法常常被用来分析复杂的多维度构念。采用分类方法提出的问责框架能够使研究者和实践者在较短时间内捕捉到问责体系的全貌，它一般能够展现出宏大的社会背景或组织情境，划分出不同的研究范畴，告诉人们存在哪些主要的问责模式或类型，为构建问责的宏观理论做出了重要的贡献。例如，Romzek 及她的合作者完成了多个案例研究，如关于美国“挑战者”号航天飞机失事事件、Ron Brown 空难事件和堪萨斯州公共服务的分析等[35, 69-72]，使人在短时间内得以一窥美国公共部门问责体系的运作方式和缺陷。而且借助这些分析框架，学者能够将问责研究细化为不同的领域，而不同领域的问责意味着不同的期望和角色。除了表 2-2 给出的分类维度，这些问责类型还可以根据问责关系的方向性进行划分，例如，Burke[73]给出了依据委托-代理关系划分的高等教育领域问责类型，包括上行（upward）问责、下行（downward）问责、内部（inward）问责和外部（outward）问责。

但是，这种方式不便于研究者深入问责现象的动态互动过程中，只能作为评估特定问责体系或开展实证研究的基础。正如 Eckardt[74]援引的 Scott[75]的观点，“谁对谁的什么负责”是问责概念的核心，这就需要深入问责现象的行动者互动过程之中进行分析。其他一些学者依据传统问责实践背后的委托-代理关系，对问责过程进行了分析，提出了不同的框架，如表 2-3 所示。这些研究基于过程分析[57, 76]的视角，更有助于将问责概念分解为更小的构念，也更容易与中观理论层次上的研究衔接。在这种框架下，Curtin 和 Egeberg[77]在其授权关系模型（delegation model of accountability）中将问责视为被要求就其行动向特定权力机构“交账”（to account）的过程。

Bovens[26]与 Lindberg[66]先后基于委托-代理关系的思想提出了分析狭义问责（即作为社会关系的问责）的框架。Bovens[26]将狭义的问责界定为一种社会关系，这种关系可以具有委托-代理关系的实质。在这种关系中，行动者有义务向裁定者解释和说明其行为表现，由裁定者进行评判并使行动者面临特定的后果（正式或非正式的惩罚或奖励），如图 2-1 所示。

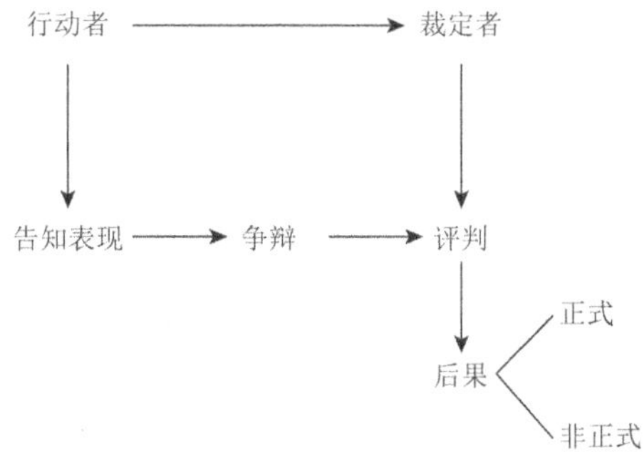

图 2-1 问责过程分析框架

而 Lindberg[66]进一步将问责关系界定为：在特定的问责领域，委托者要求代理者告知并解释或说明其决策情况，如果代理者未能做到则面临着委托者的处置（惩罚）。Lindberg 还用时间线来表示这一过程，如图 2-2 所示。Philp[78]在归纳前人研究的基础上，将问责关系界定为：代理者对特定对象负责，而特定机构、实体或个人能够要求代理者就其与特定对象有关的表现做出解释或说明。在这种关系中，代理者的责任或行动的领域是其说明的主旨，而问责主体有能力使作为问责客体的代理者做出说明，这与 Bovens[26]的界定非常一致。

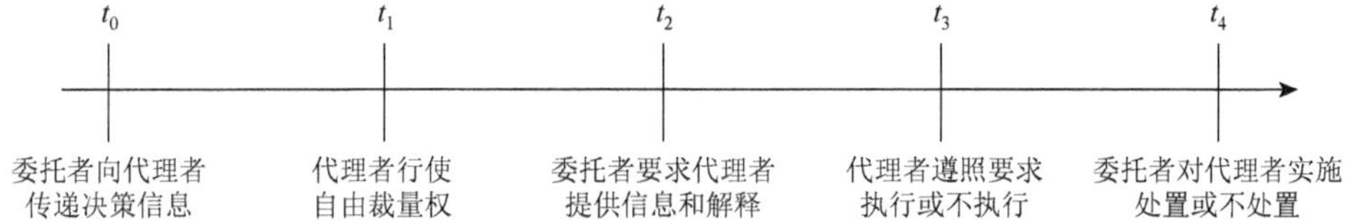

图 2-2 问责时序分析框架

从类似的视角出发，Balint 等[79]以联合国秘书处为对象进行的案例分析展示了绩效问责过程中各个行动者的特征，Luthardt 和 Zimmermann[80]对欧盟实施会计规制过程中问责与审议的分析，都可以看作对上述框架的诠释。总体上看，Bovens、Lindberg 与 Philp 的分析都具有很强的欧洲实践背景，主要是在议会民主制框架下进行的阐释，但也批判地借鉴了 Behn 等学者在美国社会政治背景下的分析，尤其是 Bovens 系统地归纳了新公共管理运动前后数十年间欧美的问责研究，在许多学者的分析中得到了应用[77]，包括对街头官僚[65]和治理问题[81]的分析，其分析框架具有较高的参考价值。

O'Loughlin[82]同样从"行动者"的视角提出了自己的问责分析框架，但他关注的是科层组织外部的行动者而非组织本身。在科层制情境下，O'Loughlin 将问责关系界定为包含三个必备维度的影响关系，分别是：解释和说明行动与决策的沟通体系，外部行动者对科层决策的影响，以及自由决策和非自由决策的明显差别。他还提出用问责实质和强度来描述和衡量问责机制。这种视角已经超越了宏观层次问责研究的一般范式，然而遗憾的是后续的相关研究较为少见。他与Bovens等学者在对问责的理解上存在共通之处，即他们界定的问责都具有成对互动关系（dyadic interaction）的特征。这一研究与Bovens[26]和Philp[78]的研究可以看作形成了互补。

除此以外，近年来还涌现出一些其他的分析框架，其中有代表性的包括以下几类。

（1）期望管理视角的分析框架。Dubnick[83]采用他与Romzek基于期望管理视角对问责的理解，根据这种期望是结构化的（structured）还是浮现的（emergent），以及是与人有关还是与情境、事件有关，提出从可答复性、可责罚性、职责和可归因性等四个维度解析问责概念。与此类似的还有Stinga[31]将问责理解为可答复性和强制性，后者具体化为惩罚，以及Koppell[50]将问责划分为透明、职责、可控性、责任和回应性。

（2）承诺视角的分析框架。Dubnick[44]梳理了西方发达国家公共管理改革的情况，将有关的问责实践划分为对民主的承诺、对公正的承诺、对道德行为的承诺及对绩效的承诺。借助这一分析视角，Dubnick对西方新公共管理运动的"问责带来绩效改进"信条进行了反思，认为这是一个"制度神话"（institutional myth），缺乏理论和经验的仔细探讨。在此基础上，Dubnick和Frederickson[59]根据欧美各国的问责实践关注于投入、过程还是结果，以及其手段/机制（means/mechanism）和目标/功效（ends/virtue）的不同，区分出六种不同的问责承诺，分别为对控制、道德行为、绩效、忠诚、民主和公平公正的承诺。

（3）规范逻辑视角的分析框架。Ebrahim[62]按照治理、绩效和使命（mission）三种规范逻辑视角归纳了七种组织层次问责的介入手段，以及强制与惩罚、专业和技术、战略与适应等三种问责制度。这些不同视角的研究为分类方法和过程分析方法的问责框架提供了新的思维，然而仍有待进一步融合与发展。

从批判的视角看，无论是传统的公共管理范式还是新公共管理运动以来的问责研究都存在缺陷。传统的公共管理范式以Wilson、Taylor和Weber为代表，坚持行政-政治两分、科学行政和科层结构，主张提高效率，确保政策及其实施的公平。在此前提下的问责关系是线性、分级、整齐的，公众与官员的关系简洁、直白、清晰。美国的问责实践基于四个方面的思想基础：詹姆斯·麦迪逊（James Madison）的三权分立思想、托马斯·伍德罗·威尔逊（Thomas Woodrow Wilson）的行政-政治两分思想和《彭德尔顿法案》（Pendleton Civil Service Reform Act）与中立能力、弗雷德里克·温斯洛·泰勒（Frederick Winslow Taylor）的科学管理与经验法则、Weber的科层制与中立能力。然而，这些前提或主张在现在看来都存在错误。

以美国为例，美国政府体系中已经演化形成了多元问责机制（multiple mechanism

of accountability），政府问责办公室（Government Accountability Office，GAO）、管理和预算办公室（Office of Management and Budget，OMB）、总监察长办公室（Office of the Inspector General，OIG）和特别检察官（Special Prosecutors）及一系列委员会都是其中的组成部分，“公民—选任官—政务官—政府活动”的链条越来越复杂，实际上科层主义者所坚持的简单问责路径正如多元主义者所认为的那样“没那么简单”，一系列超民主的（extrademocratic）、非科层化（nonhierarchical）的问责机制已经存在。正如 Kevin Kearns 所言，当代社会出现了比历史上以往任何时候都更加动态和复杂的问责环境，组织和个人面临着连珠炮式的问责。当代美国的公务员面临着大量的竞争性法令、实践和压力，带来的后果是并不清楚向谁负责，“不知听谁的号令前进”。大量的问责主体采取基于服从的方式推动问责实践，诸多缺陷如复杂的程序、重复的过程、矛盾的标准、分歧的需求和竞争的问责主体使这个系统并不清晰有序，对于公民而言这是一个严峻的挑战[4]。

这种现实背景给问责研究带来了挑战。正如 Bovens[53]所说，大多数研究者对问责的定义都互不关联。将问责理解为特定功效的研究多关注于规范性话题（normative issues），适合评价行动者在行政管理改革中实际的和主动的行为，但不便于展开更深入的分析。这种理解方式对于勾勒问责研究的整体趋势和研究重点很有益处，例如，Chan 和 Rosenbloom[1]采用 Romzek 和 Dubnick[35]的问责分类法对中美两国的行政改革进行了分析和比较，指出有关的行政管理改革在中美不同的法律与政治环境中产生了不同的后果。他们认为，法律与政治对于改革至关重要，即使面临相似的问题，解决方案也大不相同。然而，要解决上述的问责实践问题，这种方式显然过于宏观，还应该关注于组织和组织场域等更低层次的社会现象，探讨问责效果与其影响因素之间的关联及组织作为开放系统（open system）与外部环境之间的互动特征。

这就需要学术研究更加重视从管理机制和社会关系的视角分析问责现象，采用描述性的问责概念，即行动者向裁定者做出交代、为特定表现负责的制度安排[53]。从这个意义上讲，制度安排和组织行为同样重要。尤其是在不断变动的行政改革过程中，需要以相对动态的视角分析问责过程对组织及其中个人的影响，才能更准确地把握问责这一情境依赖的概念。学者如 Peckham 等[84]、Yilmaz 等[85]已从分权和治理等背景下做了一些探讨，Reiss[86]更直接指出，不同问责形式对应于解决不同的问题，对欧洲多个国家的分析表明政府机构在提供基础公共服务时会根据遇到的问题来启动相应的问责机制，这与 Romzek[87]的观点形成了呼应。然而，近年来仅有 Tsou 和 Wang[88]、Chan 和 Gao[17]等的研究关注中国问责现象，目前关于中国问责问题的海外研究仍然不多。

相应地，宏观层次问责研究所运用的研究方法就不能仅局限于规范性的理论分析。许多从事这一领域研究的学者都有着较为明显的政治学、社会学或经济学知识背景，所刊发的论著多发表在 *Public Administration Review*、*Public Money & Management*、*Public Administration and Development*、*Public Administration* 等期刊上。实际上近年来的研究中，开放式或半封闭式的问卷和（半）结构化访谈等手段已经得到了越来越多的运用。访谈是较为常用的手段，例如，Ezzamel 等[89, 90]通过访谈研究了本国政府权力下放（devolution）和地方政府教育服务中的问责问题，Budding[91]对荷兰 19 个市级政府管理者进行了一系列半结构化访谈，分析了政府管理者对环境不确定性及问责体系的感知，强调了问责活动中的信息使用。Wang[92]、Beitsch[93]通过对美国的全国性问卷调查，发现市级政府通过运用多种政治问责和法律问责工具以减少政府成员对其绩效信息外泄的担心，Fard 和 Rostamy[94]也采用了类似的调查方式。借助二手数据进行的建模分析，也是近年来出现的一些尝试。例如，Gasmi 等[95]通过时间序列联立模型分析，发现政治问责制度对于产业规制绩效的正向影响在发展中国家更加显著，Eckardt[74]通过对印度尼西亚地方政府的截面数据分析，发现公众问责政府的程度对绩效起着决定性作用。上述研究表明，单纯思辨式的理论建构已经越来越难以满足科学研究共同体的需要，关于问责的研究已经建构了足够多的理论，学者开始试图从事实证研究，以及建立在证据与经验基础上连续的社会实验。

2.1.2　微观层次的问责研究

从已有文献情况来看，微观层次的问责研究和宏观层次的问责研究几乎是在同一时期开始迅速发展。这一层次的问责研究考察的对象主要是个人，实验研究是最主要的研究方法，设置实验情境和操纵问责条件是常见的实验手段，但在组织情境下进行的实验研究并不多见。与宏观层次的问责研究相比，微观层次的问责研究无论是在概念界定、变量测量还是在分析框架与方法上都截然不同。而且，微观层次的问责研究也不是一个同质的领域，学者对问责概念的理解也不相同。在这一层次，几乎所有的问责研究都基于心理学理论，其中 Tetlock 和 Schlenker 分别与其合作者开展的两组研究为组织理论中的问责研究奠定了基础。从 20 世纪 80 年代至今，Tetlock 和他的合作者一直聚焦于西方社会背景下的问责实验研究，如表 2-4 所示。2005 年 Tetlock 出版了 *Expert Political Judgment：How Good Is It? How Can We Know?* 一书，系统地介绍了美国微观层次的问责研究[96]。Tetlock 将问责界定为向他人解释自身行为的压力，依据权变理论分析个体的应对策略[33]，其基本预设是对行为表现的问责是普遍的社会现象，以及人们都是逐利者[97]。Lerner 和 Tetlock[98]认识到在个人层面问责极度权变的本质——问责是一个逻辑上复杂的构念，当与决策者特征和任务环境特性发生交互作用时将产生大量效应，而其中只有部分是有益的。根据这种认识，Tetlock 和他的合作者常常用隐喻来分析问责现象。例如，“敏锐的政治家”的隐喻指出当面对问责期望时，人们像敏锐的政治家一样寻求满足所感知到的交账对象的需求和需要[99]。除此以外，Tetlock和他的合作者还用“敏锐的神学家”和“检察官”来比喻行动者[97, 100, 101]。

表 2-4 Tetlock 与其合作者关于问责的实验研究

年份	主要发现
1983	问责能够影响首因效应
1985	问责（解释其行为的压力）能够影响行为主体对刺激性信息的理解，从而减少基本归因错误
1987	在预告知问责条件下，实验对象能够更精确地做出行为预测和更加自信
1989	增强问责能够使实验对象采用更多的信息进行判断，但是不能使他们区分信息是否有助于判断
1989	人们在面对问责时会因问责条件不同而选择遵从、复杂化和认知支持等三种策略
1998	问责、愤怒和独裁主义对责任归因存在联合效应
2000	过程问责增强了同化反事实思维，而成果问责减弱了该思维
2000	在环境影响不可预见性强时问责会导致拒绝责任，以保护自尊和自我认同
2007	人们像敏锐的政治家一样理解问责
2010	违规的非预期后果严重性和外部压力强度对责任归因具有联合效应，在不同文化环境中这种归因结果不同

Tetlock 等[102]根据 Beach 和 Mitchell[103]的决策选择权变模型提出了社会权变模型（social contingency model），归纳出人们在面对不同问责条件时的三种策略并在实验研究中得到了证实。他们还探讨了问责可能导致的一系列回应策略和效应。问责压力的类型影响了人们的文化适应策略选择，决定了所体验的文化冲突水平，以及解决问题所要求的认知努力。多元主体强问责的强烈价值冲突，导致每个人陷入二元文化的复杂性，在“问责矩阵”（accountability matrix）面前，个体会在认知发展方面出现延迟效应（lingering effect）。总的来看，Tetlock 与其合作者的研究基本上都是以其社会权变模型为基础，该模型也得到了其他学者如 Mero 等[104]经验研究的支持。正如 Dubnick[44]所评价的那样，Tetlock 的研究从社会认知视角补充了 Simon 的“满意并寻找”模型（satisficing-and-search model），即人们做实际决策时以满意度最高的方案为准，这一观点对于问责有关的现象具有较强的解释力。

Tetlock 等学者将问责视为特定的条件而侧重于分析问责对个体策略及行为的影响，与此不同，Schlenker 等学者对问责概念本身进行了剖析。Schlenker 提出了问责金字塔模型，并在与其他学者的合作研究中进行了进一步阐释，如图 2-3 所示。他们认为，在使人们为其行为表现负责的过程中，责任是一个必要的组成部分。在问责条件下，人们需要对其行动做出解释和说明。由此人们设定了行为表现的规则，并据其进行绩效评估，继而根据评估结果兑现奖惩。从这个角度看，问责的核心就是基于责任的评估性计算（evaluative reckoning）。责任由事件、规定和身份三个要素组成，其中，事件包括行动的过程和结果，规定描述了行动者行为表现的标准和准则，而身份则意味着特定的角色、信念和抱负等，这三者组成了一个相互关联的责任三角（responsibility triangle）模型。当受众对行动者的行为表现做出评价时，就会与这三个要素发生联系和互动。借助图 2-3 的模型，Schlenker 等[46]说明了存在自我问责，即受众为行动者本人。换言之，对行动者责任做出评价的既可以是行动者，也可以是其委托者，还可以是其他主体，这从参与者的角度揭示了问责的复杂性。由于行动者的身份与其对问责的回应之间存在紧密联系，他们会为其行为制造事后理由以保护自我形象[105]。

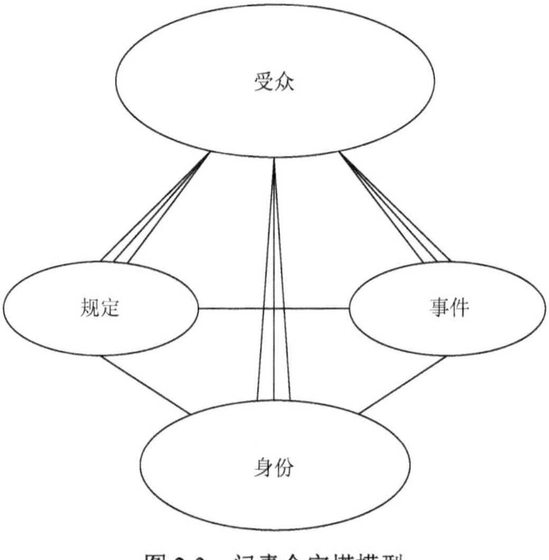

图 2-3　问责金字塔模型

Schlenker 等学者的研究发现对后续的问责研究产生了重要的影响，为包括 Tetlock 在内的学者的研究提供了启发。除此以外，Schlenker 和 Weigold[106]还从过程的角度将问责区分为质询、计算、判断和处置四个阶段。在此基础上，Schlenker 与其合作者开展了实验研究。Pennington 和 Schlenker[107]通过实验研究发现，问责条件的变化带来决策的改变。Quinn 和 Schlenker[108]发现，人们经常面对问责产生的社会压力但不清楚问责主体的偏好。以往研究认为，这些条件产生了服从，常常导致廉价决策。当人们与他人共处时，问责通常导致服从，但人们被要求做出精确决策时也会产生独立性（independence）。而实验研究发现，问责影响从众（conformity）行为，目标越明确的行为主体越有独立性，决策越准确。

在这一领域，也有学者采取了与 Schlenker 等学者对问责的不同理解，但运用相似的分析框架和术语，例如，Sedikides 等[109]将问责界定为对受众进行解释、说明和维护自我评价的期望，其实验研究发现，在问责条件下，行动者的可识别性（identifiability）能够减弱自我呈现。

应该说，Tetlock 和 Schlenker 两位学者的工作都是开创性的，然而其研究方向的演变却大相径庭。Schlenker 长期从事印象管理研究，在建构了问责金字塔模型之后，很少再涉足问责研究的领域，继续从事印象管理、自我呈现等方面的研究。实际上，在微观层次的研究中，个人感知的问责与其从事的印象管理有着非常紧密的联系，这也能解释为何 Tetlock 和 Schlenker 等学者不约而同地在问责研究中运用印象管理的有关知识进行分析。而 Tetlock 则一直在从事有关问责的研究，并且在继续从事微观层次实验研究的同时，开始将有关发现拓展到其他层次的分析中，例如，在宏观层次的国际关系研究中将问责压力作为关键的调节变量，或讨论问责压力引起的规范性模糊和冲突等[110]，以及在跨文化研究中探讨组织中奖励引发的问责压力[111]。面对心理学知识在法学、国际关系学和微观经济学等领域的应用，Tetlock 也将认知心理学运用于对股票市场的研究中，他与合作者还指出，许多个人层面分析中讨论的偏误效应都是个人在应对人际关系或制度造成的问责压力时所产生的[112]。不仅如此，Tetlock 在探讨管理者对人的本质的认识时，系统地归纳了宏观、中观和微观层次的分析视角，即个人认知偏误（cognitive biases）是微观层次研究的重点，对建构和应对上下级之间问责关系的策略分析属于中观层次，而宏观层次研究主要关注法人实体用以应对社会群体问责要求的策略[113]。正如 Lerner 和 Tetlock[98]指出的，问责是一个联结了个体层面与制度层面分析的构念。当宏观层次的问责研究基本完成了宏大的概念范畴界定和理论框架构建，而微观层次的问责研究归纳了个人对问责的感知及其心理和行为效应时，学者开始能够更为有效地对与组织有关的问责现象进行分析，建构中观层次的问责理论。

2.1.3 中观层次的问责研究

中观层次的国际问责研究主要集中在与组织有关的问责现象讨论方面，相关的研究主要有三类。第一类以微观层次的问责研究为基础，基于社会心理学和组织理论的知识背景，从组织科学、行为科学和人力资源管理的视角对组织中和组织间的问责，以及问责与其他变量的关系进行研究。在这一领域出现了大量的实证研究，其理论构建秉承了 Katz 和 Kahn[114]的“组织是开放系统”的理念，正在形成组织问责的中观理论。第二类脱胎于公共行政的公共管理研究范式，一些学者明确地提出建构更多的中型理论，如探讨问责对绩效的影响[57, 115]。

这方面的经验研究借鉴了一般管理（generic management）研究中的理论，尤其是将大量企业管理的概念和模型引入对公共组织的研究之中。第三类是在教育管理领域的经验研究，一些学者以美国教育行政管理领域的问责法案——2001 年乔治·沃克·布什（George Walker Bush）总统签署的 *No Child Left Behind Act*（简称 *NCLB*，《不让一个孩子落后法案》，又称《有教无类法案》）实施背景下的地方学校为研究对象，探讨了基于绩效的问责对学校、教师或学生行为和绩效的影响，发现了“目标替代”（goal displacement）等现象，为中观层次的问责理论提供了丰富的经验证据。无论是中观理论还是中型理论的提法，都形成了对传统宏观层面问责研究的挑战。

Dubnick[44]较早地意识到了宏观层次的问责理论在解释问责悖论等有关现象方面的无力，尝试从社会机制设计的角度建构问责与个人、组织行为之间的关系。他依据罗伯特·K. 莫顿（Robert K. Merton）关于社会机制的结构功能理论和委托-代理理论，给出了一个描述的模型：在给定的条件 K 之下，由于特定社会机制 M 的作用，代理者将以 p 的概率表现出标记为 x 的绩效。根据 Dubnick 的论述，依据问责客体的角色可以区分出三种“交账”机制，每种机制代表一系列行为和活动。第一种是报告（reporting）机制，问责客体的角色是以中立姿态向特定委托者提供信息或反馈，而其中立是出于委托者对报告的要求；第二种是缓和（mitigating）机制，代理者以相对平等的姿态对委托者做出回应；第三种是重构（reframing）机制，代理者以试图控制或改变局面的姿态做出回应，这种方式正是 Goffman[23]的印象管理理论与 Leary 和 Kowalski[116]的印象建构研究所揭示的事实，即代理者并不是被动的行动者，而是与环境进行互动。实际上，Dubnick 所说的报告机制历来被视为美国问责传统的一种基本形式，尤其是绩效报告（performance reporting）被认为是一种基于绩效的问责，而绩效测量和绩效评估也都是被当作问责的工具或途径得到使用。然而正如这些方面的研究所显示的，问责未必能够带来预期的结果，而这种现象无论是在政府管理还是企业管理中都会出现。

Acar 等[117]学者将以往国际公共管理领域的问责研究划分为作为回答的问责和作为管理期望的问责两种途径，前者是在单一委托-代理关系情境下的研究，将问责理解为可答复性，而后者是采用管理期望的分析框架在多任务委托-代理关系情境下的研究。他们认为问责具有五种潜在功能：映射和显示期望（mapping and manifesting expectations）、事前的动员和激励（mobilizing and motivating ex-ante）、监测和测量过程与绩效（monitoring and measuring progress and performance）、更正（modifying）、事后的动员和激励（mobilizing and motivating ex-post）。他们的贡献在于强调了公共组织的多任务委托-代理关系情境，并且对问责如何影响组织行为的多元机制给予了关注，这为将更多组织理论中的变量引入问责研究开阔了视野。

总体上看，Dubnick 等学者在中观理论层次上的研究是以 Romzek 和 Dubnick[35]、Sinclair[28]、Bovens[26]等宏观层次的研究为基础，将理论视角探向了组织和组织场域，开始考虑问责机制的发生与组织和个人的应对等问题，已经突破了宏观层次研究的宏大叙事倾向。Dubnick 和 Yang[57]进一步指出，能够解释各种问责承诺与压力之间复杂关系的问责理论还没有形成，这种“包罗万象式”的理论也很难发展出适用于经验研究的问责构念，因为它所描述的问责具有多功能、多状态和情境化的特征。他们推崇基于机制的理论化（mechanism-based theorizing）方式构建理论，同时强调了对问责的感知对于研究的关键作用。对于研究者而言，除了引入更多的管理学变量，过程分析、扎根理论、基于代理理论的建模、结构方程建模和其他定量分析技术的引入也是可能的选择。

如果说采用国际公共管理研究范式的研究只是刚刚开始探索如何建构中型理论，那么相对而言，组织理论的研究者在中观理论的理论和检验方面已经走得更远。至少从 Fandt 和 Ferris 的研究开始，Hall、Breaux 、Hochwarter 等一批关注组织理论的学者不断从社会心理学和行为科学等领域吸收有关的理论，合作发表了多篇以问责作为自变量或调节变量的实证研究成果[37, 104, 118-126]。他们将问责视为组织科学的基础构念，从组织管理学的视角出发进行实证研究。这些研究大多是以 Tetlock 及其合作者的问责研究作为基础，采用实验研究或调查研究的方式收集数据并运用方差分析、多元回归分析、结构方程建模等技术进行统计分析。在实证研究尤其是调查研究中，一些学者开始用感知问责来表征问责构念，从而建立问责与其他心理学和行为科学构念之间的因果关系，这解决了宏观层次的问责研究挣扎于“伞形概念”的困惑，同时打破了微观层次问责研究依赖于实验室实验的局限性，也为进一步将问责发展为多维构念指出了方向。由表 2-5 可以看出，采用这种方式研究问责现象的趋势日益明显。

表 2-5 组织理论中关于问责的实证研究

代表学者	自变量/调节变量	因变量	影响关系	研究方法
Fandt 和 Ferris[126]	问责+模糊/自我监控	信息管理	自我监控对问责-操纵信息有交互效应	多因子实验
Frink 和 Ferris[37]	问责	目标设定	强问责导致印象管理，弱问责导致绩效改进	实验室实验 实地研究
Mitchell 等[125]	问责	失当行为+服从行为+亲社会行为	问责增强时服从行为增加，而失当行为和亲社会行为减少	调查研究 实验研究
Frink 和 Ferris[124]	责任心/问责	绩效	问责对责任心-绩效关系有增强的交互效应	实验室实验

续表

代表学者	自变量/调节变量	因变量	影响关系	研究方法
Curtis 等[123]	问责+评估定位	评估准确性	评估服务于行政目的时强问责导致高评估准确性	实验研究
Hochwarter 等[120]	问责/负向情绪特质	工作紧张	在高负向情绪特质条件下问责对工作紧张有正向影响，在低负向情绪特质条件下有非线性影响	实验研究
Hall 等[118]	问责+工作自主权	工作紧张/情绪耗竭 工作满意	问责和工作自主权对工作产出有正向影响，问责和自主权有交互作用	调查研究
Mero 等[104]	问责主体/参与记录	绩效评估准确性	对强问责主体负责时的评估准确性相对更高	实验研究
Hochwarter 等[122]	问责/政治技能	工作紧张 工作绩效	问责对工作紧张和绩效评价结果有正向影响	调查研究
Breaux 等[119]	问责/不当督导	工作产出	不当督导对问责-工作产出关系有减弱的交互效应	调查研究
Hall 等[121]	问责	工作绩效 工作满意	问责通过组织公民行为影响声誉，从而对工作绩效和工作满意度产生正向影响	调查研究

中观层次的问责研究不仅是在尝试实证研究的探索，更重要的是发展出了研究组织、组织场域和组织次级系统的理论命题和模型。组织理论的研究者认为，问责不仅是防范组织及其内部不当行为的调节机制，还是一种反映出社会动态机制的复杂现象[127]。在这种复杂现象中，各个行动者的角色成为学术探讨的重点。Frink 和 Klimoski[128]将问责视为委托者与代理者之间的特定关系，用角色理论诠释了问责理论，在 Katz 和 Kahn[114]的研究的基础上提出了问责的角色情境模型。他们指出，广义的问责包含正式和非正式的制度、客观和主观的评价与奖励，以及内部与外部的监督者。以往的研究在界定问责时有两种思路，一种是关注问责的情境，将人划分为代理者与受众或委托者两个角色；另一种是关注特定形式的评价与反馈活动，包括观察、评价、奖惩等对代理者有意义的活动。对潜在评价的期望是代理者做出回应的根源，因而问责包括特定情境下的代理者接受监督者的观察与评价，对照标准或期望进行的比较，以及代理者为其决策与行为做出回答、说明和防御的信念，同时代理者必须承担后果（主观或客观、清晰或模糊的奖励与惩罚），问责机制的目的是以此控制代理者。在他们的分析框架中，代理者会对委托者做出一系列的回应，包括遵从、回避、协商、拒绝、选择性关注、说服和结盟等。在不同的问责条件下，代理者会有差别地做出回应。人们一般假定问责越多越好，理由是问责能带来预期产出，

但角色理论说明施加于个人的问责会带来内部和外部的互动，这种互动很容易导致组织或社会非预期的产出。

绩效评价是西方学术界研究问责的一个重要视角。Frink 和 Klimoski[128]指出，如果没有问责，就不存在基本的社会秩序、共有期望乃至任何一种社会系统的维持。组织对问责要求的回应体现为一系列的正式机制，如正式报告、绩效评价、雇佣合同、绩效监测、奖励制度、惩罚程序、领导培训等。除此以外，非正式的机制还包括群组规范、文化规范、忠诚乃至顾客对产出的要求。问责也反映出不一定与工作有关的行为，它可能是一种不成文的规则。非正式问责往往对应于组织中的个人，正式问责来源于正式机构或规则。其中，绩效评价是最重要的一种问责途径。Ferris 等[43]认为，绩效评价是人力资源管理的核心实践，是组织使其成员为行为负责的一项最普遍的机制。绩效评价系统（performance evaluation system）是嵌入到复杂的社会、情绪、认知、政治和关系的情境之中的正式问责机制，使成员为其工作相关的行为负责。他们强调尽管问责提供了使社会和组织能够指导和控制成员行为的机制，但无论评价是否发生，都存在问责，因而人们是对感知到的问责做出回应，而不是对正式的问责制度做出回应。实际上，多元、多源的问责可能导致角色冲突或角色模糊，以及机制设计者预期之外的其他结果，如增加的压力和决策回避。当面对单一来源的问责时，行为主体可能在相互冲突的绩效目标中选择符合最强利益相关者要求的部分，而盲从是强化问责的一个非预期后果。对结果问责（outcome accountability）的过度偏好还会导致低质量决策和不诚实行为，以及陷入无效决策。

Hall 等认为，问责是组织科学的基本概念之一，其本质是使人们能够为其行为负责或做出答复[118]，或者说是人们被要求就自己的行动向别人负责或做出答复[129]。自古以来，西方社会中就普遍存在着问责现象，但问责既可能导致建设性的积极后果，也可能给组织带来负面后果[130]。除了正式问责和非正式问责，还可以将问责分为内部问责与外部问责、过程问责和结果问责[131]。组织需要采用特定的手段建立问责的环境，使成员感到需要负责而不仅是合法行事。但 Hall 等也强调，问责不仅是一种组织要求，而且是能够用来观察和理解行为的感知透镜。他们用问责透镜（accountability lens）来阐明治理问题和道德困境。问责透镜由问责来源、问责焦点、问责显著性和问责强度构成，彼此之间的割裂会对个体产生压力，使之做出不道德行为和寻求行为合理化[129]。按照他们的理解，组织是为个体实现特定产出而按照一定社会结构形成的集合，组织中的领导者有影响他人的职责，因而他们在问责研究中特别强调领导者的角色，认为问责会影响领导者的行为，进而导致不同的绩效。他们发现，领导者的声誉通过影响信任和问责机制，对领导者的行为产生影响，导致了功能行为和功能失调行为（dysfunctional behavior）[131]。Hall 及其同事在 Ammeter 等[132]、Fable 和 Yukl[133]、Frink 和

Klimoski[128]的研究基础上，探讨了信任、压力、角色等概念与问责的关系。实际上，Fable 和 Yukl[133]及 Ammeter 等[132]所研究的政治技巧（political skills）、影响行为（influence behavior）、印象管理、影响技巧（influence tactics）等变量都陆续被其他学者引入组织问责的分析之中。除此以外，组织中的授权、问责与监测之间存在互补关系[134]，也有学者对组织间授权与问责的关系进行了研究[135]。

一般而言，执行者需要向组织中的多个支持者负责，这构成了一个问责网络（accountability webs），Gelfand 等[136]提出从个人主义-集体主义、文化紧密-松散、科层主义-平等主义等文化三维视角来描述这一网络。依据问责网络的框架，他们认为在不同的情境组合条件下会出现不同程度的感知问责、角色冲突和违反标准等。问责网络的描述和测度补充了 Frink 和 Klimoski[128]的角色情境模型，突出了管理实践中情境的作用。而在组织情境中，问责的理解基于个人经验，即使是在相同的环境或情境条件下，执行者对问责的感知也不相同。这使得研究者能够在同质的问责制度环境中将问责作为一个变量进行研究，他们一般用感知问责来衡量这一变量。例如，Breaux 等[119]在不同工作条件下验证了感知问责和组织政治知觉对工作满意度的相互作用关系，发现在高政治知觉条件下，感知问责的增加会带来工作满意度的减少，而在低政治知觉条件下，感知问责的增加会带来工作满意度的增加。Hochwarter 等[122]发现，问责能够正向或负向表征压力，其关系取决于情感倾向（affective disposition），因而管理者需要意识到，在管理下属时，增强问责未必带来期望的态度。进一步地，Hochwarter 等[120]研究了政治技巧对问责-绩效评价、问责-工作压力、工作压力-绩效的调节效应，发现政治技巧对问责-绩效评价的调节最显著。Breaux 等[137]发现，高度的不当督导感知与问责的交互效应使组织员工的工作满意度降低，不当督导的“控制-消耗”特性使其工作紧张和情绪耗竭升级。

这些实证研究的一个共同之处在于从不同的视角揭示了组织理论中关于问责的一个两难困境。随着经验观察和实证研究的积累，组织中存在的问责困境得到了越来越多的学者的重视。Ferris 等[45]分析了问责困境，即问责产生的后果是创造性还是服从，这两者是相互矛盾的，但都可能是问责的后果。他们的分析表明，过多问责或过少问责都会产生功能失调的后果（dysfunctional consequences），这与 Behn 的分析视角迥异，但结论相似。Behn[4]认为，问责困境源于各种问责类型的冲突，并且正式或非正式的问责制度都会同时产生正向和负向的激励，使美国政府官员只关注财政、公平或绩效中的一项而忽略其他项，或者畏首畏尾、不思进取，甚至设法回避问责。尽管 Behn 的思辨体现出很强的政治学和社会学背景，而 Ferris 等则完全是从组织管理的实证主义视角进行分析，但是他们在理论观点上取得了一致。Ferris 等[45]认为，共有问责（mutual accountability）能够使个体相互帮助明确角色认同（role identities），鼓励行为一致性（behavioral consistency），在这种情境下问责被界定为“根据法律或合同关系来为行动负责”。而 Behn[4]认为，共有问责能够鼓励多元合作行为，通过磋商、实验、再磋商的过程建立个人、组织之间的信任。他对共有问责的模式给予了高度评价，认为这是创造 360 度问责的一个可行途径，而对西方传统的 360 度评价提出了严厉批评，认为这种建立在不信任基础上的管理方式及其背后隐含的人性动机假定和选贤任能思维造就了公共部门中出现的 360 度骚扰（harassment）。Ferris 等和 Behn 殊途同归的研究丰富了 Stevenson[138]对问责与个人自由裁量权之间的两难困境的认识，进一步说明过度强化问责会导致个体以牺牲绩效为代价的服从。

在传统的社会心理学研究中，问责被视为在社会环境下行为影响因素的范畴，是各种社会制度的黏合剂。Frink 和他的同事持相同观点，认为问责是社会系统中无处不在的现象，但同时强调了在正式组织中，问责的目的是引导和控制行为。问责意味着必须对他人做出答复，工作场域的问责涉及人际界面（interface），其本质是多层次的、互动的，不能将其视为单一层次的现象。为此，他们提出了中观层次的问责概念来综合地理解这一普遍且必要的现象。Frink 及其合作者所建构的问责理论整合了已有研究，其视角没有局限于个人、群体、单位甚至是组织，而是形成了整体观。印象管理、亲社会行为、组织公民行为、工作产出、工作自主权、政治知觉等概念和变量逐渐出现在这方面的研究之中，使问责成为西方人力资源管理研究领域的一个重要构念。Frink 等[56]通过对宏观层次和微观层次问责研究的回顾，提出了如图 2-4 所示的中观层次问责研究的理论框架。

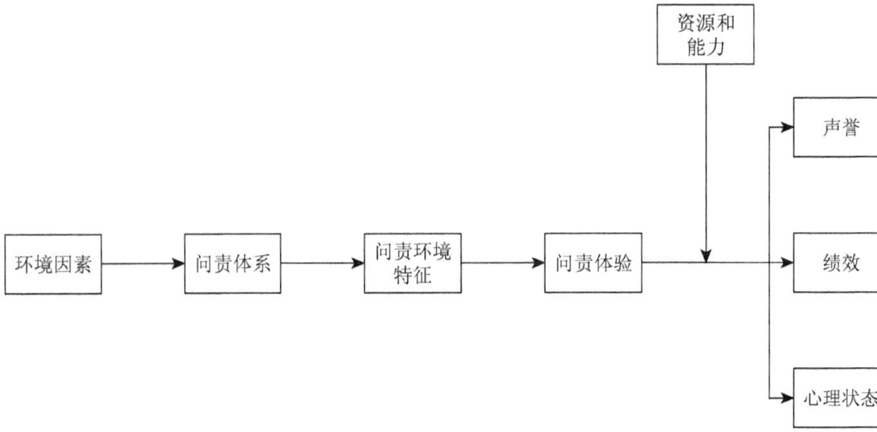

图 2-4 中观层次问责研究的理论框架

此外，一些学者对西方公共教育领域的问责现象进行了研究。问责是教育（尤其是高等教育）领域的基本理念，英国、美国等国家的一系列教育行政改革都以问责为高牙大纛。然而，在这一领域也毫不例外地存在问责困境。Hood 等[139]采用时间序列模型分析了英国公立学校回应问责的策略，发现政府部门能够通过授权来从一定程度上化解外部的批评。Carnoy 和 Loeb[140]通过对美国 50 个州进行的比较研究发现，问责程度较强的州其学生绩效要好于其他州的水平，然而并不具有显著高的保持力，Hanushek 和 Raymond[141]则发现，在 20 世纪 90 年代美国问责制度对学生学习成就有着显著的正向影响，然而并没有缩小非洲裔美国人学生与欧裔美国人学生之间的成绩差距，甚至是增加了学生淘汰率。Figlio 和 Rouse[142]探讨了低绩效学校对问责压力的回应，他们对佛罗里达州的州立学校进行了分析，发现低绩效学校的绩效提高是受到其他因素的影响，而并非如之前政府所宣称的那样。Mintrop 和 Trujillo[143]对加利福尼亚州的州立学校的分析也对这种教育问责的效果提出了质疑。Chiang[144]在这些基础上，进一步探讨了学校问责制度受操纵的程度对学生考试成绩的提高有多大影响，发现尽管确实存在负面影响，但绩效不高的学校在问责压力下的确向教学技术、师资培训等方面给予了更多的财政支出。Penfield 和 Lee[145]归纳了以考试为手段的学校问责所产生的益处和弊端，指出这些认为问责能给少数学生（非英语学生等）带来好处的改革政策反而损害了他们的利益，产生了悖论，而 Ladd 和 Lauen[146]则认为问责压力的分配效应不仅取决于学校的压力类型，还取决于考试主题。除了针对学校组织的问责研究，还有一些学者分析了教育改革中教师或学生应对问责的反应，例如，Gallant 和 Drinan[147]根据组织理论分析指出，学生的欺骗行为是对问责制度的回应，Webb[148]则发现教师通过捏造这种印象管理来尝试控制或宣称什么是“好教师”的行为，以获得好评。这些研究与 Bohte 和 Meier[149]对得克萨斯州的州立学校的分析如出一辙，无论是学校组织、教师还是学生，他们在问责压力面前已经从追求绩效转变为追求“数字”，即 Bohte 和 Meier[149]等所说的“目标替代”。这些研究为中观层次的问责理论构建提供了佐证。

2.1.4 问责研究热点与难点

如前所述，关于问责的研究是一个在理论上相对“新”的领域，宏观层次的研究构建了许多理论分析框架并提出了大量值得深入探讨的概念，微观层次的研究总结了问责对个体的影响机理和大量心理与认知效应，而中观层次的研究正在努力整合以往研究，形成适合实证研究的中型理论。在这一领域仍然有大量的研究问题有待解决，其中对于本书而言，有三个较为重要的议题，同时是问责研究的热点或难点。首先，采用怎样的框架分析问责现象是问责理论构建的基础。其次，如何将问责这样的“伞形概念”转换为可测量的构念，即对问责的测量是开展实证研究不可或缺的环节。最后，在已有的文献中，印象管理是一个被诸多学者提及的议题，而它与问责之间的关系实际上映射出“制度—心理—行为”的逻辑，能够解释许多组织情境下令人困惑的现象。

2.1.4.1　问责现象的分析框架

诸如问责悖论、问责困境、问责圈套、问责钟摆（accountability pendulum）[4]等与问责有关的现象一直吸引着研究者的兴趣，产生了一系列分析问责现象的理论模型。根据前文的综述，表 2-6 列举了其中一些有代表性的理论模型。其中，宏观层次的模型大多以代理理论和制度理论为基础，侧重于讨论代理者的道德风险等代理问题，Curtin 和 Egeberg[77]、Dubnick 和 Frederickson[59]的理论模型与前人的分析基本一致；微观层次的模型受到权变理论和心理学有关理论的影响，从被引用的情况看，20 世纪 90 年代提出的模型至今仍有很强的影响力；中观层次的模型则受到结构功能主义和角色理论等的影响，同时吸收了宏观层次和微观层次的理论。

表 2-6　问责研究的模型

研究者	模型	分析层次
Curtin 和 Egeberg[77]	授权关系模型	宏观
Dubnick 和 Frederickson[59]	委托-代理模型	宏观
Tetlock 和 Boettger[150]	社会权变模型	微观
Schlenker 等[46]	金字塔模型	微观
Frink 和 Klimoski[128]	角色互动模型	中观
Dubnick[44]	社会机制模型	中观
Hall 等[129]	透镜模型	中观

Frink 等学者的关于中观层次的问责理论框架正是对这些研究的延续。他们建立了组织外部（环境）和组织内部彼此间的联系，考察制度本身和制度被内化后的心理因素及其在行为上的反应。这种理论视角与“个人-环境匹配”理论有着很强的相似性，将个体的行为归因于个人和环境的互动，而组织行为正是由个人行为集合而成。权变理论、新制度理论、资源依赖理论、角色理论和代理理论等较为流行的理论都能够运用于这一框架的分析之中。在分析问责现象的前因后果时，该框架能够帮助研究者寻找特定情境下变量的范畴，为发现关键因素提供了指南。然而，这一框架忽略了人的动机因素，而动机是解释组织群体和个体行为的重要

因素。像个人和国家等行动者一样，组织是一个社会行动者（social actor），组织的状态来源于使组织为其行动负责的行动者的期望。组织的权威、责任，以及组织的身份、目标和目的性，共同限定了组织作为社会行动者的角色。

2.1.4.2 问责构念的测量方式

学者在问责构念的测量方面做了诸多尝试，然而将这样的“伞形概念”转化为构念并付诸测量并非易事。从已有文献看，对问责的测量主要有指标、问卷和量表三种形式。在 Tetlock 与其合作者的实验研究中[101, 150-154]，对问责的测量都采取了单一指标的方式。而在管理研究中，Adserà 等[155]、Schaltegger 和 Torgler[156]等学者都采用指数等合成指标测量政治问责，Eckardt[74]采用两个来自定量调查数据的合成指标衡量问责，Itoh 等[134]在问卷中用单指标测量问责，Gasmi 等[95]在研究中则采取多个计量经济指标衡量政治问责。此外，Gelfand 等[136]用标准数量、标准清晰度、监控程度和总体协调程度等指标来测量问责网络的强度。Bovens 等[48]则在综述大量文献的基础上，采用三个维度共计九个问题衡量问责的质量。

Doney 和 Armstrong[157]将问责根据问责主体的不同划分为非正式问责和正式问责，根据问责内容的不同划分为过程问责和决策问责，并开发了 12 道题项的利克特量表。Wang[92]开发了测量行政问责及其效果的开放式问卷，所有的题项根据对问责的界定及对地方政府问责实践的分析得出。他的学生 Beitsch[93]在其基础上，基于 Romzek 和 Dubnick 对问责形式的分类，开发了测量问责的问卷。Kluvers[38]将问责界定为问责主体与问责客体之间的关系，根据文献，用 17 道题目测量问责。Fard 和 Rostamy[94]借鉴 van de Walle[158]编制的标准化问卷，将问责分为伦理问责、法律问责、民主问责、财政问责、绩效问责和政治问责，采用开放式问题进行了测量。Ogden 等[135]将问责理解为监视控制的过程，用更强的问责、更重的过载和压力、自我决定、负面后果、对问责的接受程度、动机效应等六个方面衡量管理问责及其产生的影响，编制了面向管理者的调查问卷。

Thoms 等[159]依据 Frink 和 Klimoski 等学者对问责的界定，改编了 Klimoski 的测量工具，采用 9 道利克特量表式的问题测量个人对合作者及管理的问责。Vigoda 和 Yuval[160]用对批评的接受程度和对改进绩效的意愿来衡量透明与问责，设计了 5 道题目进行测量。Wood 和 Winston[161]以 Tetlock 等学者的研究为基础，将问责界定为责任、公开和可答复性，采用 DeVellis 的量表编制方法开发了三个独立测度问责的量表。Turusbekova[162]采用 Frink 和 Klimoski 的概念界定，识别了目标清晰度、社会支持和个人责任 3 个问责要素，用 9 道题项进行测量。Tsou 和 Wang[88]基于中国台湾财政规制的背景，用为解决公共问题负责、采纳公众建议、负责任的公共服务和对个人问题做出反馈等 4 道题目测量问责。

Othman 等[163]采用了 Frink 和 Ferris 的概念界定，根据文献整理形成了题库，通过从马来西亚 97 个地方机构回收的 308 份有效问卷，经探索性因子分析（exploratory factor analysis，EFA）识别出 3 个因子，按照分类法分别命名为管理/公共问责、财政/服从问责和政治问责，而实际上这些维度反映出的是问责的强度，形成了测度问责的量表。

2.2 与乡镇政府领导行为有关的其他概念

2.2.1 印象管理

2.2.1.1 印象管理的定义

印象管理也译为印象整饰、形象整饰或面子整饰，是组织研究中的一个新兴议题，然而实际上印象管理是一种普遍的组织现象，在人际互动中扮演着非常重要的角色，早已引起学者的关注。“个人形象构建”被认为是魅力型领导理论的基本组件之一，例如，“魅力型领导通过运用印象管理技术来强化其竞争力，增强下属对他的服从和信任”[164]，“采用印象管理激发追随者去追求愿景”是对魅力型领导进行操作化定义时的基本要素[165]。简单地讲，印象管理即管理他人对自身印象的活动，这一概念源自 Goffman 的拟剧理论（dramaturgy），他指出“印象管理就像戏剧”，社会互动中一方的兴趣在于控制别人的行为，使对方通过对自己行为的理解，做出符合自己计划中的行为反应[23]。他用“演员”(actor) 来比喻社会中的个体，将人与人之间的行为视为“演员”在各类情境下面对各种不同的“观众”从事的“表演”，每个“演员”都要扮演特定的“角色”以塑造其社会形象和身份，而这种“表演”的目的在于改变“观众”对情势（situation）的理解。有些行为似乎无足轻重，但其巧妙运用能够恰当地表现出行动者的特点。他认为每个人均在扮演一个“行当”（line），一个行当是一套细致的对言语和非言语行为的选择，即印象管理[166]。

英国戏剧家莎士比亚（Shakespeare）在其著名的作品《皆大欢喜》（*As You Like It*）中写道：

“全世界是一个舞台，
所有的男人和女人都是演员，
他们各有自己的进口与出口，
一个人在一生中扮演许多角色。”

角色扮演者通过自己的“表演”影响着他人对自己的印象，这可以看作对印象管理的注解[167]。印象是个体（认知主体）头脑中有关认知客体的形象，西方学者在印象管理研究中常不加区分地使用印象、形象与面子等概念。综合前人的研究可以发现，印象管理表达了行动者去创造、维持、保护或改变目标在受众心中形象的努力，是指组织行动者通过展示其遵从于重要受众的制度逻辑或规范期望的组织行为来增强或保持其权力和影响，给予受众符合其期望及服务于受众利益的印象[168]。在长期的管理实践中，人们逐渐意识到组织如同人一样，也需要管理其印象。

一般认为，印象管理的思想可以追溯到意大利政治家兼作家尼可罗·马基雅维利（Niccolò Machiavelli），他在著名的《君主论》中写道，“一位君主能够征服并且保持那个国家的话，他所采取的手段总是被人们认为是光荣的”，这一思想被后人称作马基雅维利主义（Machiavellianism），是权术和谋略的代名词。实际上，印象管理是一种普遍存在的现象，是所有人际关系互动过程中的基本组成部分，尽管它具有多面性的特点，但其本身并无好坏之分。在社会心理学中存在“多重自我隐喻”（metaphor of multiple selves），认为每一个人在面对不同的对象时会展示自己的不同侧面，即不同的自我[167]，这可以看作对印象管理多面性特征的一种诠释。

印象管理的研究首先起源于西方心理学领域，印象管理是指人们试图控制他人对自己形成的印象的过程。例如，Baumeister[169]认为，印象管理是利用行为去沟通关于自己和他人间的一些信息，旨在建立、维持或精练个体在他人心目中的形象。与之相似，Tetlock 等学者认为印象管理是人们使用了受赞许的社会形象或社会认同的策略。而 Schlenker 和 Weigold[106]认为印象管理是有意或无意地试图控制在真实或想象的社会互动中所反映的印象。Leary 和 Kowalski[116]提出了印象管理的两要素模型，即印象管理包括印象动机和印象建构两个部分。印象动机是指个体试图控制他人对自己的印象的愿望，而个体决定给他人产生什么样的印象，以及如何产生这种印象，被称为印象建构。随着印象管理研究的发展，这一概念被引入对组织有关现象的分析之中。在关于组织的研究中，印象管理的概念描述了特定行动者创造、维持、保护或改变自己在特定目标受众心中形象的努力。

在管理研究中，印象管理能够被用来分析和解释许多工作场域的现象，如反馈寻求、组织公民行为及领导。Bolino 等[170]认为印象管理具有成对互动关系的特征，他们通过综述发现学者至少对 31 种印象管理行为进行过研究，而 Mohamed 等[171]将赔偿（restitution）、贬低（belittling）等也归为印象管理。Bolino 等[170]还发现，在以往研究中，学者主要关注的是个人层面的印象管理，即作为“演员”（或行动者）的个体如何去影响特定对象的评价结论。但事实上，正如 Whetten 等[172]所说，组织也是一类社会行动者，也会设法管理外界对组织的印象。Highhouse 等[173]认为，组织像个体一样，也非常关注“自我展示”，具有印象管理的动机，会从事印象管理行为。尤其是组织面对外部压力时，印象管理是一种使组织赢得利益相关者认可和重要身份的途径。

大多数的印象管理研究文献关注于行动者如何展示自身好的方面或如何避免暴露自己不好的方面，但 Becker 和 Martin[174]发现实际上并非总是如此。尽管学术界对使用印象管理策略产生的后果是否符合伦理存在争论，但对印象管理的探讨不可避免地涉及行动者背后的动机问题。Chen 和 Fang[175]认为，组织中的成员采用印象管理以增加或保护自己对组织资源和利益的分享，实现收益最大化的目标，因而组织中的印象管理是一种理性的、政治驱动的行为，也是一种有目的的、目标导向的行为。根据期望理论（expectation theory），人们基于对预期成果的计算调整自己的行为，为了获得预期的产出，人们就会表现出印象管理行为。与此类似，Lam 等[176]也认为人们往往将印象管理动机简单粗暴地等同于弄虚作假。但是，正如 Buchanan 和 Badham[177]所说，将政治行为和印象管理视为具有欺骗性动机的行为是一种想当然的假定，而这种假定是有疑问的。例如，领导可以向特定对象提供关于过去工作成就的证据以获得更多的支持，如果这些成就是真实的，那么这种印象管理行为就不存在欺骗性。而且，印象管理行为与组织公民行为之间具有较强的关联，一些学者如 Nguyen 等[178]将特定的印象管理视为积极的行为，Sosik 和 Jung[179]发现魅力型领导也总是与印象管理联系在一起，Grove 等[180]指出印象管理更被视为服务行业员工的一种重要技能而引入培训。

如果不考虑价值判断的因素，印象管理可以视为一种自然发生的行为。自从 Goffman 将印象管理引入行为科学之后，人际影响理论（interpersonal influence theory）被应用于组织分析之中。印象管理是人际活动的自然后果，它是主动沟通和包装的一种途径。在组织中，印象管理是不同角色的行动者进行互动时产生的，这种行为有助于建立行动者之间的信任。从这个意义上讲，在共有问责情境下出现的一系列有利于合作的行为，如表现得很友好，也可以归为印象管理行为。示好和表现都是影响他人的常见印象管理策略，也是组织中政治技能的体现[181]。

2.2.1.2 印象管理的成因与功能

Leary 和 Kowalski[116]指出，印象管理的不同过程按不同的原理发生，受不同的情境和人格因素的影响。在绩效被评估和处置的组织中，使用信息来使失败合理化的能力至关重要。Caldwell 和 O'Reilly[182]通过实验研究发现，当面对失败时，行为主体可能通过操纵展示给他人的信息来为状况做出解释，尤其是高自我监控者（high self-monitor）更可能使用印象管理。Allen 和 Caillouet[183]指出，面对问责压力，为获得合法性，行动者会采用各种印象管理策略，包括找借口、说明、示好、抨击和歪曲等。其中，示好是最常见的为获得合法性而采取的印象管理策略；而组织对不同的利益相关者采取不同的印象管理策略，最能影响组织合法性的利益相关者是印象管理策略的首要影响目标。

以往研究认为使用印象管理与上级对下属的评价及工作绩效评定有关。使用印象管理的下属因表现出高水平的组织公民行为而被上级视为“好战士”（good soldiers），可以通过关注工作、关注上级和关注自我三种印象管理策略影响上级的评定[184]。Tetlock 和 Schlenker 的研究直接启发了 Frink 和 Ferris[37] 将问责与目标设定和印象管理联系在一起，他们将组织中的绩效评价看作一种问责机制或体系，而将印象管理理解为人际活动的自然后果，发现目标和绩效的关系在低问责条件下显著相关而在高问责条件下出现了解耦和不相关。而 Ferris 和 Judge[185]认为，在问责条件下，行为主体如果不管理利益相关者对自己的印象，就有可能失去地位和权力，因而需要运用印象管理的影响技巧来管理自己与关键利益相关者的“共享意义”（shared meaning）。环境的模糊性也会影响印象管理行为，并且与问责有交互作用，此外这些关系还受其他一系列因素（变量）影响。

Fandt 和 Ferris[126]在西方社会情境中的研究发现，当组织中的问责程度较高而环境模糊程度较低时，组织成员更倾向于选择性地管理信息，以呈现出自己的正面形象；在强问责条件下，高自我监控者更倾向于从事信息的操纵。Barsness 等[186] 发现在组织中的社会网络里，与上级领导距离更远的个体更倾向于使用印象管理。Bolino 和 Turnley[187]发现行动者的个体特征，例如，是否是马基雅维利主义者、高自我监控者，以及个体的性别都会对印象管理的使用产生影响。他们根据两个调查研究的分析发现，高自我监控者更喜欢积极的印象管理策略，高马基雅维利主义者无差别地使用各种印象管理策略。Ralston[188]给出了一个更系统的分析框架，提出马基雅维利主义、控制点和技能独特性等个体因素及管理类型、任务模糊和资源稀缺性等情境因素均与特定的印象管理策略有关。

Zivnuska 等[189]发现，印象管理与组织产出之间具有正向关系，但这与 Harrell-Cook 等[190]的发现恰好相反。Bolino[191]认为从事于组织公民行为的组织成员未必一定是关心他人和组织的“好战士”，也可能是改善自己形象的“好演员”。当组织公民行为的出现会给个体带来积极影响时，该行为出现的频率会更高，他据此认为印象管理动机是导致组织公民行为的一种动机因素。Nguyen 等[178]的研究也发现，印象管理与组织中个人满意度和组织公民行为正相关。在中国社会情境下，也有研究表明在控制了公平感这一变量之后，印象管理行为对上级感知的组织公民行为有显著预测作用，而对同事评价的组织公民行为没有显著作用，表明组织成员出于印象管理动机会增加在上级面前的组织公民行为发生频率。而魏江茹[192]提出印象管理可调节组织公民行为与组织绩效的关系，Chen 和 Fang[175] 的研究则发现印象管理的确能够调节组织政治感知和绩效评价结果之间的关系。当组织政治感知较低时，采用高水平的关注工作这一印象管理策略的组织成员更可能获得好的绩效评价结果。

组织活动是社会活动，而不是一场“独舞表演”，这意味着在组织的舞台上每个人都要完成自己的表演并与他人互动。组织中的行为在本质上带有政治性，大量的研究表明，印象管理能够被用于维持声誉，也能够用于操纵声誉。Elsbach 和 Elofson[193]的研究发现，行动者在向受众解释自己的决策时，不同的“包装”方式能够改变受众对于自己的信任程度，而这种信任建立在对行动者竞争力的肯定之上。在更多的时候，印象管理是一种博弈行为。为完成委托者设置的绩效指标，代理者会做出博弈响应。这种情况在科层制组织中非常常见，有学者基于中国台湾的调查数据，发现科层政治感知和组织实践能够影响组织绩效报告的方式和内容。从这个角度看，组织印象管理是一种回应来自组织外部合法性威胁的理性工具。而对于个人而言也是如此，例如，关注于实现规范的标准及惧怕失败会使绩效导向的个体产生印象管理行为。

印象管理不是“作秀”。正如 Goffman 所认为的那样，人们在日常社会活动中需要努力呈现出一种为社会所赞许的自我形象。存在于这种社会活动中的羞耻机制形成了对行动者的控制和约束，使其履行社会规范所期望的行为，建立起人际的“支配-遵从”关系。在“情、理、法”并重且更推崇个人自律和伦理秩序的中国，独特的人情社会运作机制和社会交换法则能够强化组织成员的印象管理动机，一系列研究都说明了这种现象的普遍性。在许多情形下，恰当的印象管理行为是相当必要的，能够为组织带来正面效果。例如，求是网曾于 2017 年 8 月 29 日刊发了一篇题为《领导干部正确的“面子观”》的文章，其中明确提出，“‘好面子’是一把双刃剑，领导干部要能够合理用好，‘好面子’也能成为干实事的前行动力。”

2.2.1.3　印象管理的分类

Wayne 和 Liden[194]认为，印象管理的目的在于保护自我形象，影响他人尤其是重要人物对自己的感知方式。为了实现这一目标，行动者会采用一系列印象管理技巧，这些技巧体现为被用于创造预期形象的特定行为。许多学者都先后对印象管理做出了各自的分类，例如，Wayne 和 Ferris[195]将印象管理划分为关注上级的印象管理、关注自我的印象管理和关注工作的印象管理，Wayne 和 Liden[194]将印象管理分为自我提升与他人提升两种类型等。在所有的分类中，将印象管理分为获得性和防御性两种类型是学术界公认的分类。获得性印象管理包括那些积极地管理他人对自己印象的技巧，主要包括示好、威慑、展示、垂范及求助等；防御性印象管理主要包括找借口、事先声明、组织设障、道歉、恢复名誉及亲社会行为等。在实际的人际互动过程中，人们除了在一般化情境中使行为符合自身角色形象期望之外，在某些特定的情境中，通常还有意识地使用特殊的策略影响他人对自己的印象，以达到不同的目的。

Jones 和 Pittman[196]将一般情境下直接的获得性印象管理行为划分为示功、示好、示范、示强和示弱等五种，这一分类法得到了大多数研究者的认同。示功即自我宣传、自我展示，也常被等同于自我提升，以展示行动者的能力和成就为主要行为特征，是一种以自我为中心的印象管理技巧；示好是行动者通过意见遵从、热情相助和称赞等方式来显示对他人或自我的尊重，以赢得他人的好感，相对于示功而言，这种技巧相对被动，如果过度则会令人产生反感；示范意味着行动者主动承担起艰苦的工作，以一种树立标杆、模范带头的方式去影响他人对自己的看法，采纳这种印象管理策略一般需要做出一定的自我牺牲；示强强调对受众施加具有一定对抗性或展示自身力量的影响，旨在通过这种信号传递来促使他人应允或服从于自己的要求；示弱是与示强相对立的印象管理技巧，体现为行动者展示其弱势或窘迫状况的行为，以此来获得他人道义上的帮助，但如果使用过度，恳求者可能被视为在逃避责任。

在 Jones 和 Pittman 的框架中，这五种印象管理行为（技巧或策略）可以归纳为三类：示范等第一类印象管理行为强调行动者的道德品质；示好和求助等第二类行为旨在感染受众，使之做出情感上的认同和积极的回应；示好和示强等第三类行为侧重于展示能力或权势。其中，示范和示好属于亲社会的印象管理行为，其直接目标在于给他人带来益处；而示范与示强则属于自利的印象管理行为，其直接目标在于以他人为代价来使自己受益[197]，求助也属于这一类。而 Gardner 和 Cleavenger[198]发现，示范和示好呈正相关关系，同时示功与示强呈负相关关系；Bolino 和 Turnley[199]则同样发现示范和示好呈正相关关系，行动者试图使自己保持主动地位，同时发现示弱与示强呈正相关关系，行动者一般处于被动地位。这些研究都说明，在特定的情境条件下，Jones 和 Pittman 归纳的五种印象管理策略可以被归并为更精简的分类。

Gardner 和 Cleavenger[198]等的研究表明，在不同情境下领导者倾向于采纳的印象管理策略并不相同。尽管 Jones 和 Pittman 等学者给出了印象管理的五因子模型，这并不意味着在任何情境下组织领导都会运用所有这些印象管理策略。例如，Drory 和 Zaidman[200]在研究不同类型组织中的印象管理行为时，就根据情境特征只识别出了示好、示范和示功三类印象管理策略。实际上，特定的印象管理策略服务于特定的目的，例如，示好以博得他人的好感，示功以表明自己的竞争力，示强则重在迫使他人服从，示范以赢得道德上的尊重，而示弱旨在获取同情和支持。根据权变理论的观点，组织领导会在权衡风险与收益等因素的基础上有选择地运用不同的印象管理策略。如果运用不当，组织领导不仅难以在受众心中树立预期的印象，还可能招致负面后果，这种风险迫使其必须谨慎地选择适合于情境和需求的印象管理策略。

从上述研究来看，在目标责任制情境下，乡镇政府领导所表现出的印象管理行为具有鲜明的情境依赖特征。印象管理的相关研究认为，当面对位高权重、有权有势的人时，如果能够从这些人处获得有价值的结果和稀缺的资源，人们会更积极地从事于印象管理活动。位于五级科层体系底层的乡镇政府与上级政府之间存在着依赖关系，乡镇政府领导所拥有的正式权力来自上级的授权，财政资源分配也取决于上级，下级需要遵从于上级政府。从这些方面来讲，在目标责任制情境下，乡镇政府领导具有充分的理由从事于印象管理活动。实际上，在组织管理中，成功的领导干部必须善于把握环境变化和形势要求，扮演好自己的角色，并取得良好的效果，获得上级的支持与大众的认同[201]。

在一般情况下，乡镇政府领导倾向于有选择地采取特定的获得性印象管理策略，为当地政府树立积极的形象。无论上级政府和部门对基层政府的检查、考核、评比等的要求如何变化，乡镇政府领导都需要采取最恰当的方式和方法塑造对本地发展最有利的印象。由于各地实际情况差异巨大，乡镇政府领导表现出的印象管理行为也是多种多样的。事实上，改革开放以来，大量的学术案例研究都表明乡镇政府领导可以运用各种印象管理策略来营造良好形象，而这对于改进乡镇治理绩效具有明显的积极价值[202-204]，相关的案例也反复见诸媒体报道。例如，欧阳静等学者在描述乡镇政府应对上级政府实地检查时，用翔实的笔墨描述了乡镇政府采用印象管理策略向上级政府展示良好形象的方式。

在目标责任制情境下，乡镇政府领导围绕考核及其结果的获得性印象管理活动主要包括示功、示范和示弱等。目标责任制提供了一个多目标任务的委托-代理情境，代理国家行政管理职能的乡镇政府需要完成多维的目标任务，其中包括各种必须完成的“硬指标”（hard indicator）和具有弹性的“软指标”（soft Indicator），而实际责任承担者的任务完成能力又有高低之分。按照 Jones 和 Pittman[196]及 Sosik 等[197]的归纳法，乡镇政府领导主要会采取三类应对上级考核的印象管理策略：当乡镇政府领导面对必须完成且能够完成的目标任务时，会以示范的方式展示其对党和政府的忠诚；当乡镇政府领导面对基本能够完成且能够显示政绩的目标任务时，会以示功的方式展示自身的竞争力和优势；当乡镇政府领导面对一些很难完成而又不得不努力为之的任务时，会从合理的原因入手，以示弱的方式打动上级领导，争取领导的理解，从而给自己留下退路，避免惩罚性的后果。

总体上，这三类印象管理行为都是乡镇政府领导理性选择的结果。乡镇政府领导印象管理具有情境依赖的特点，一方面，当面对目标责任合同中那些相对弹性的“软指标”时，如果策略得当，充分让上级了解乡镇自身的优势，上级给出的考核结果就会较为理想，因而乡镇政府领导会以丰富的示功技巧展示自己的能力。当他们有能力完成特定的目标任务时，会选择正面宣传，而当不具备完成某些目标任务的能力时则会有技巧地呈现其亮点，以求尽可能突出工作成效。例如，欧阳静[20]在桔镇案例中就详细介绍了招商引资中“70%的运作”（正面宣传）和其他非正式行为，实际上这二者之间未必存在严格的界限。另一方面，乡镇政府与上级政府签订的目标责任合同中还有一些“硬指标”，仅仅依靠示功并不能确保乡镇政府领导获得预期的形象。当他们有能力完成这些目标任务时，会表现得很积极、主动、服从、示范，用“功劳”赢得上级的尊重；当他们认识到难以完成目标任务时，会耐心地向上级陈情示弱，用“苦劳”赢得一定程度上的谅解。

首先，科层体制下的乡镇政府领导作为县级政府的“代理人”，有义务履行“委托人”赋予的职责，即按照上级目标责任考核的要求完成各项任务，这在现实中常被理解为一种政治要求，所对应的考核指标的弹性较差，为硬性规定的目标任务。张静[205]发现，能够发挥模范带头作用、有效执行上级政令的基层干部往往得到提拔。积极、认真地完成这些职责和任务的行动者被 Bolino 等[184]比喻为组织中的“好战士”，能够给人以模范和道德品质好的印象，而 Jones 和 Pittman[196]指出这一类印象管理策略主要为示范。以往研究多关注的是领导对组织成员的示范行为，而在本书的目标责任制情境中，乡镇政府领导的示范是一种上行策略，其目的在于改变对目标责任考核结果拥有绝对控制权的上级所形成的印象。在本书中，示范指的是乡镇政府领导在上级面前表现出服从决策和积极完成目标任务的姿态。

其次，这些上级政权的“代理人”要在晋升竞争中脱颖而出，就需要取得理想的考核结果。他们为此向上级展示其竞争力，即叶贵仁[206]所说的“创造政绩的能力”——乡镇政府领导“会主动选择完成那些上级重视的，与个人政绩、激励机制相符的公共事务，同时向上级发出政绩信号并争取在考核中胜出”。Smith[207]用宣传展示来描述这种中国地方政府的流行现象，从印象管理研究的视角来看，这种现象源于乡镇政府领导干部追求进步的示功意愿。示功具有多种不同的表现形式，在目标责任制情境下，“适度包装”是乡镇政府领导及其上级都惯常采用的方式，而究竟“包装”到何种程度上才算“适度”取决于乡镇政府领导的认识和能力，当其基本能够完成任务时会充分借助各种机会和渠道进行宣传，而当其难以完成任务时则会另辟蹊径。在本书中，示功统指乡镇政府领导向上级展示高绩效以获得认可的活动。

最后，这些乡镇政府领导干部同时是经营管理当地公共事务的关键主体，在任务压力大而资源禀赋匮乏的条件下，为破解“巧妇难为无米之炊”的困境，示弱成为一种合理的印象管理手段。当基层组织面对一些不易完成而又必须完成的任务时，他们可能会请求上级的支援和理解，向上级反映实际情况，陈明利弊，打动上级领导。如果乡镇政府不能完成任务主要受客观条件而并非主观因素限制，希望得到上级的支持援助或谅解就是一种合乎情理的要求，因而这种印象管理策略能够起到“以退为进”的作用。如果乡镇政府领导不及时与上级沟通，在无法完成硬性目标任务时就可能因失去回旋余地而面临着惩罚性的后果。在本书中，示弱指的是乡镇政府领导积极寻求上级政府对自己实际工作环境的了解，以避免考核结果对自己产生不利影响。除此以外，示好和示强也是常见的获得性印象管理行为，但不是本书讨论的重点，在后文中会略作分析。

2.2.2 角色压力

角色压力（role stress）即由角色产生的压力。维基问答指出角色压力是人们在组织中的角色（工作）所导致的压力感知。角色一词源于戏剧，其概念发展受到 Mead 和 Goffman 等学者的社会学研究的影响。角色的概念与印象管理有着密切联系，指个体在特定的社会关系中的身份及由此规定的行为规范和行为模式的总和，是社会对一个处于特定地位的人的行为期待，规定了一个人活动的特定范围和与人的地位相适应的权利义务与行为规范。而压力的概念来源于物理学，在物理学中一般用“pressure”表示外界对体系的作用，而“stress”一般表示体系内部的紧张状态，二者往往被交互使用。在社会科学中，压力多表示个体的心理或精神状态。笼统地讲，压力是一种精神方面的紧张和压力状态，可以理解为超出了人的能力的情境要求。

角色压力源自社会心理学领域关于压力的研究。在社会化角色（social role）这一概念被引入之后，许多学者从结构化要求与个体人格的匹配视角对角色冲突、角色过载等议题进行了分析。压力是一个存在大量分歧的概念，Edwards 和 Shipp[208]指出至少可以从三种视角对其做出界定。Beehr 和 Newman[209]认为，压力是环境中的刺激（stimulus），会对人造成损害，压力源有角色冲突、角色模糊、对他人的责任等。有学者认为压力是人对要求、约束和机会在生理或心理上做出的回应。也有学者从个体-环境匹配（person-environment fit）视角对压力进行了界定，其中有些人认为压力是情境要求超出了个人的能力或资源范围，而另一些人认为，当内在或外在的奖励达不到个人的需求、需要或目标时就会出现压力。角色压力是工作压力中的一个核心变量，在很多实证研究中，学者常将压力、职业压力（job stress）、工作压力（work stress）、职业角色压力（job role stress）乃至角色紧张（role strain）与角色压力不做明显的甄别，而将研究着眼于对压力源的分析或压力产生的后果。

自 Kahn 等学者对角色压力进行研究以来，许多学者都对角色压力进行了探讨。Rizzo 等[210]的经验研究表明，角色压力的来源主要包括角色冲突和角色模糊，而后续研究者认为还存在其他的压力源。根据 Kahn 等学者的研究，Frink 和 Klimoski[128]提出了角色互动情节模型，揭示出角色压力是在个体互动中产生的。组织是角色的系统，其中社会互动引导了工作行为，组织成员明确或含蓄地沟通着他们对他人行为的期望和标准。尽管组织成员可以更替，但组织中的角色一直引导着成员的行为。Tubre 和 Collins[211]指出，组织的存在离不开角色，角色冲突和角色模糊对于组织产出会产生负面作用。作为工作绩效的压力源，角色冲突和角色模糊被认为会引导个体由行使工作职责转向应对压力，同时角色压力源产生了信息过载，使个体忽略了绩效相关的信息。其中，角色模糊很大程度上是结构化的产物，难以为应对过程所抵消，当个体角色模糊程度高时，一般也难以改变其工作要求，而个体面临角色冲突时则可能与多个角色赋予者讨价还价[212]。

冲突是不可避免的组织现象，追求"零冲突"既不可能也无必要，同样，角色冲突和角色模糊也是不可避免的组织现象。LeRouge 等[213]在角色压力研究的基础上探讨了角色压力匹配现象，即感知的角色压力与其角色压力偏好之间的匹配。他们指出，角色压力或角色紧张是一种能够被个体特征所调节的适应性回应。实际上，角色冲突和角色模糊及匹配（如个体-工作匹配或个体-组织匹配）都是组织社会化的后果，组织社会化的不同策略不仅导致了行动者不同的角色感知，也使其动机发生改变。组织成员在社会化过程中学习如何成为组织需要的能手，这个使之学习、调整工作内容的过程可以是正式化的，也可以是非正式化和个体化的，它会导致个体的角色创新。从这个角度看，角色压力未必是负面的事物。寻找应对角色压力的策略需要从角色压力产生的原因着眼，通过管理角色压力，使之成为角色创新的动力。

在乡镇政府目标责任制情境下，当政府处于国家和社会改革转型期时，乡镇政府领导被赋予了多重角色，其感知到的角色期望时常出现不一致的、互斥的（冲突）或不清晰（模糊）的情况[214]。一般地，当个体所承担的多种社会角色同时对其提出要求，使之难以胜任并在时间与精力上出现紧张感，或者当其角色间出现行为规范相排斥的情况时，就会产生角色压力。社会转型时期的乡镇政府领导既是上级政权的"代理人"，又是乡镇政府组织和地方的"经营者"，要兼顾方方面面的角色要求。仅就其需要应对的目标责任制而言，乡镇政府至少要与数十个上级政府部门打交道，迎接不止一类任务的检查、考核、验收。更棘手的是，在面对一些目标有待清晰、具有较强不确定性的任务时，或处理一些突发性、临时性的工作时，乡镇政府领导既要避免无法完成一些"一票否决"指标，又面临着较强的资源条件约束，这在客观上增强了他们的角色压力。吴毅[203]在小镇的案例中也讲述了当地乡镇政府领导总是陷入对各种角色期望的回应之中，乡镇干部的角色压力相当繁重。本书中所讲的角色压力是指在目标责任制情境下，乡镇政府领导对自己不一致的、互斥的或不充分的角色期望的感知程度。

在组织理论中，角色压力与印象管理有着密切的联系。Leary 和 Kowalski[116]指出，印象管理的不同过程按不同的原理发生，受不同的情境和人格因素的影响。

首先，印象动机是三种相互作用因素的函数，即印象的目标关联性、所期望结果的价值、感知到的个人目前的形象与理想形象之间的差距。一般地，人们通过对角色的划分来识别组织内部和外部的行动者，而印象管理正是建立在这种角色划分的基础上。其次，印象建构受五种因素的影响，即自我概念、所期望的身份、角色限制、对象的看法、当前或潜在的社会形象。前者是激励与印象管理有关的行为的过程，而后者是决定这些行为的内容的过程。他们指出，虽然个体可能有进行印象管理的动机，但是由于其自身角色的限制，可能并不真正进行印象管理行为。而 Zerbe 和 Paulhus[215]根据社会需求回应理论说明，行动者所期望塑造的印象受其身份和角色的限制，其规范和角色义务决定了什么是可接受和需要的形象。

Rizzo 等[210]学者指出了问责与角色压力之间的关系，认为违反单一问责的原则是导致角色冲突和角色模糊的重要因素。基于他们的开创性工作，许多学者对角色压力的前因后果进行了研究。Humphrey 等[216]认为，从工作设计的视角看，工作的动机特征、社会特征和情境特征都会通过影响个体的心理状态影响其角色冲突和角色模糊，这一逻辑在大量实证研究中都有体现。Wong 等[217]根据 Karasek 的工作要求-控制（job demands-control）模型指出，高工作控制让工作承担者发展出适当的行为回应类型以适应工作要求，任务相互依赖的程度能够正向影响管理者对角色压力的感知。当管理者需要协调众多相互依赖的任务时，会感知到更明显的角色冲突，而任务相互依赖的程度越不明确时，管理者会感知到更明显的角色模糊。他们进一步指出，当管理者不能较好地影响或操纵其工作，即工作控制能力较低时，任务相互依赖的程度与感知的角色压力之间的相关性相对更强，这些观点得到了实证研究的支持。

Hall[218]认为，整合了组织战略的综合绩效测量系统能够提供组织价值链上的关键信息，因而能够提升管理者的角色清晰度（role clarity），即降低了角色模糊程度。综合绩效测量系统提供的信息越充分，越有助于明确组织对管理者的角色期望，从而改进组织绩效，而有效的沟通在其中起到了重要作用。与此类似，Burney 和 Widener[219]认为综合绩效测量系统与和工作有关的信息呈正相关关系，与角色压力源的水平呈负相关关系。组织的长期成功依赖于个体行为，而角色压力能够影响个体行为。当综合绩效测量系统能够提供更多的和工作有关的信息时，能够改进沟通和目标设置，从而减少个体的角色冲突与角色模糊，最终改进管理绩效。从这个意义上讲，组织的管理决定着组织成员的角色压力与绩效。例如，Dean 和 Rainnie[220]在对呼叫中心的研究中提出，组织的管理会对一线员工的角色冲突和角色模糊产生影响，进而影响其服务质量。Geersbro 和 Ritter[221]将角色模糊、角色冲突和不确定性称为绩效壁垒（performance barriers），认为这些因素会降低绩效。

角色压力与绩效和工作产出的关系是研究的热点。Tubre 和 Collins[211]等学者都在不同研究领域进行了元分析（meta-analysis），基本上这些研究都认为角色压力与个体的绩效行为之间存在负向作用关系。大量实证研究表明，角色冲突和角色模糊与工作满意、职场紧张、组织承诺和离职倾向均具有高度的相关性，因而学者经常将角色压力与组织层面或文化情境下负面的态度和行为联系在一起。而实证研究表明，作为角色压力源的角色冲突和角色模糊与焦虑、承诺等变量在各种文化背景下均具有显著的相关关系。Ahmad 和 Taylor [222]关于马来西亚审计机构的研究则表明，角色冲突和角色模糊与内审员的审计独立性承诺具有显著的负相关关系。有学者认为，社会支持能够缓解角色压力源对工作态度与行为的负面影响，而实证研究发现社会支持能够正向调节角色压力与工作满意、组织承诺和离职倾向的关系。还有研究表明，政治技能可以抵消角色冲突引发的功能失调。

在组织理论研究中，角色压力与动机和领导行为有着紧密的关系，角色压力、动机和领导行为都是常见的变量。角色压力反映出与动机有关的工作态度。在任何组织中，个体都要面对大量“角色赋予者”，被通过正式或非正式的途径赋予各种角色期望。在这些研究中，角色冲突和角色模糊被认为是最主要的两个压力源。角色冲突是指角色期望或单一角色的某些方面的不一致性，角色模糊是对为满足特定角色而该付诸何种行动的不确定性。Conner 和 Douglas[223]指出，角色冲突和角色模糊是与工作有关的压力源，而在不同结构的组织中，组织成员的角色冲突和角色模糊水平存在差异。大量研究表明，角色模糊是预示行为结果的关键因素。在欧美等国家或地区的公共部门，政治环境和科层结构会导致管理者的目标模糊，进而造成其角色模糊。而早期的西方组织理论研究说明，公共部门管理者由于面对不同的利益群体，需要满足不一致的角色期望，很容易出现角色冲突。Pandey 和 Wright[115]指出，根据目标设置理论，清晰的目标有助于管理者寻找问题的解决之道，而模糊、冲突的目标则会使管理者陷入困境。

从文化的角度看，角色压力可能产生于有压力的工作事件，也可能源于特定的角色结构不足以使角色承担者应对工作事件。一方面，工作事件会带来模糊与复杂性，这些未必是罕见或无前例的现象，只是可能不符合人们已经形成的解释性框架。工作事件也会通过造成人们在优先权或期望方面显著或潜在的不一致性，从而激发角色冲突。在这种情况下，角色承担者可以通过单一或复合的回应方式管理角色压力。另一方面，对管理者角色行为抱有期望的角色发送者可能具有模糊或相互冲突的期望。在不确定性回避特征明显的文化中，这种结构导致的角色压力相对更容易被观察到。作为回应策略，人们可以通过有效使用角色结构来管理源自工作事件的角色压力。当权力距离较明显时，人们可以求助于特定的单一来源，如所敬畏的权力拥有者或支配性的官僚机构。在这种情况下，人们可以通过明确权力归属来管理源自角色结构的角色压力。按照科层管理理论，权力归属的划分有助于简化控制类型，会减少角色压力的产生机会。然而当人们遇到困难时，合法的权力归属未必能减少角色压力，高权力距离只能掩饰僵化的角色结构导致的功能失调现象。

2.2.3 公共服务动机

公共服务动机（public service motivation）指的是个体从事有意义的公共服务和无私捍卫公共利益的动机。公共服务不单单是一份工作，它是一种特殊的使命呼唤，解决的是涉及整个社会的公共问题，包含着更高水平的伦理要求。而动机（motivation）一词来源于拉丁文“movere”，意为“move”（移动），在社会科学中泛指驱使行为的内部因素和刺激行为的外部因素，是引起、维持和指引个体从事某种活动的动力。从这个意义上讲，公共服务动机即个体从事公共服务的动机，Perry 和 Wise[224]将其界定为“个人受主要或完全基于公共制度与组织的目的所驱使的倾向”。实际上，公共服务动机并不仅存在于公共部门，它是服务取向（service-oriented）的动机，具有超越公共部门的普遍性。即使组织中的个体并未从事具体的公共服务活动，也依然可能具备公共服务动机，它反映出一种为个体所固有的、为公众谋求福祉的行为倾向。

公共服务动机研究已有数十年的历史，仍是近年来公共管理研究的热点之一，然而关于这一概念的内涵与结构仍存在许多争论。Perry 和 Wise[224]率先对公共服务动机给出了界定和分类，认为公共服务动机包含理性的、基于规范的和情感的三类动机。Rainey 和 Steinbauer[225]给出了更广泛的定义，认为公共服务动机是“为某些人民、国家、民族乃至人类中的群体利益服务的普遍的、利他的动机”。Vandenabeele[226]则将其界定为“超越自我利益和组织利益而关注于更大规模政治实体的利益，并且促使个体做出符合这些利益的行为的信念、价值观和态度”。总体上讲，公共服务动机是一种关怀他人的动机，甚至在经济学研究中，一些学者将公共服务动机与社会学研究中的利他性或利他主义（altruism）不加区分，组织科学研究者也多将其视为亲社会动机（prosocial motivation）的近义语，然而与利他性、亲社会动机等概念相比，公共服务动机所对应的行为目标更加具体，更强调行为主体的政治与社会服务参与倾向[227, 228]。由此来看，公共服务动机是对亲社会的、他人导向的动机、目标和价值观的特定表述，是一种典型的内在动机。

公共服务动机反映了人们内在的心理过程，是具有理论基础的多维构念。Perry 提出将公共服务动机划分为公共政策的吸引（attraction to policy making）、公共利益的承诺（commitment to the public interest）、同情心（compassion）、社会公正（social justice）、公民义务（civic duty）和自我牺牲（self-sacrifice）等六个维度，并通过因子分析将其进一步归纳为公共政策的吸引、公共利益的承诺、同情心和自我牺牲等四个维度。参与公共服务意味着加入到公共政策制定过程中，因而公共政策的吸引反映出人们从事公共服务的一种意愿；对公共利益的承诺是公务员的基本规范性要求，即使这种承诺是出于个人目的，其结果也是利他性的；同情心反映出公务员的情感动机，即推动个体从事公共服务的情感动机，以愿意或渴望帮助他人为特征；自我牺牲反映出公务员具有从服务于公众中获得无形奖励的意向，并且这种意向优先于获得经济奖励的意向。Perry 等[228]的研究并未将公共服务动机局限于公共部门，实际上许多非公务人员在公共政策的吸引、公共利益的承诺、同情心和自我牺牲等方面都有明显的表现，公共服务动机广泛存在于公共管理和企业管理领域，组织公民行为与公共服务动机有着密切联系。

如同深受公共选择理论影响的西方社会一度对公务员抱有成见一样，社会上一些人对中国政府公务员，尤其是地方党政干部并不了解却抱有刻板印象。正如狄金华[19]等的调查所发现的那样，这种将乡镇干部“妖魔化”的描述与现实并不相符，实际上许多处于重压之下的乡镇政府干部想做事情，为百姓服务，一批刚刚离开学校的年轻大学生想在工作岗位上干一番事业，只是他们常常面对很多现实困难，经常要做出必要的妥协。尤其是在中西部农业地区，乡镇财政困境明显，在地方财政吃紧的背景下，乡镇政府领导又处于权力小、责任大、竞争激烈的状态，这些乡镇政府干部仍然能够坚守在工作压力大、风险高、环境复杂的基层，其原因何在？传统的“经济人”动机假设很难解释这种现象。在本书研究中，乡镇政府领导从事公共事务管理和公共服务的意愿反映出他们的公共服务动机，对于他们而言，在公共服务中充分发挥自己所长从而创造公共价值是他们从事公共服务的基本动机之一。

对于乡镇政府领导而言，“为人民服务”既是一种共产党员的政治信念，也是一种现实中必须遵守的行为规范。在乡镇政府经济管理职能不断弱化、公共服务职能不断扩展的当代中国，乡镇政府领导的大部分工作内容都与公共服务有关。中国历史传承给地方政府官员“为官一任、造福一方”的情结，也使得乡镇政府领导遵循这种社会公认的规范。从国内外研究及笔者近年来一系列的调研来看，乡镇政府领导普遍具有这样的特征：他们选择从政作为自己的职业生涯，关心公共政策的制定；他们大多愿意为当地做贡献，尤其是那些土生土长的“本地型领导”，会积极地从事于为当地提供公共基础设施和服务的活动[206, 229]；与工资等经济性收入相比，他们更在乎个人在当地社会和政府中的声誉和威望[201]——这种激励尽管是无形的，但却比发奖金更能调动起他们的积极性。从这些方面来说，乡镇政府领导的公共服务动机也具有类似于 Perry 所提出的构念维度，只是在同情心方面，不同的人存在一定的差异。

乡镇政府领导的公共服务动机是在以往学术研究和地方政府管理实践中都较少讨论的概念，却在现实中有着丰富的理念依据和体现形式。登哈特[230]认为，从事公共服务的管理者应当确立对组织使命和价值的承诺，坚持高标准的伦理要求，使整个组织的人员都理解并赞赏公共服务的特殊性质，尤其是理解公共组织在民主治理过程中发挥的作用，这些观点已经越来越为中国社会所接受。全心全意为人民服务是中国共产党的宗旨，以为公众提供最基本的公共服务作为自己的首要职能成为解决当前存在的发展失衡问题的关键，同时是解决人民日益增长的美好生活需要和不平衡不充分发展之间的矛盾的必然选择。习近平同志多次强调，我们党是为人民服务的，是要为人民做事的。他明确指出："我们讲宗旨，讲了很多话，但说到底还是为人民服务这句话。"[231]实际上，各地一直在开展的各种党风教育和学习活动，如"五型"机关创建活动、创先争优活动和各种"内强素质、外树形象"的活动，都将公务员的公共服务精神放在相当高的位置，强调基层领导干部要在工作中能够勤勤恳恳，鞠躬尽瘁，在艰难困苦的情况下能够吃苦在前，享受在后，把方便让给别人，把困难留给自己，在危急的情况下能够挺身而出，见义勇为，这些具体行为都是公共服务动机较高的体现。

2.2.4 组织政治知觉

一般认为，组织政治知觉（perception of organizational politics）是组织中的个体对其他成员政治行为的主观知觉和评价。在西方社会科学领域，组织中的政治行为是普遍现象，例如，Burns[232]认为，每当人们处于竞争环境，其他人或东西被当作资源使用时，就会发生组织政治活动；而 Mintzberg[233]提出，组织政治行为是个体或群体的一种非正式的且小范围内表现出来的与众不同的行为，是一种没有被正式权威和专业技术所认可和接受的行为，这类行为也普遍存在于组织之中；Ferris 和 Kacmar[234]指出，组织中的政治活动是"无法改变的事实"，组织中的许多行为在本质上都是政治化的。Ferris 等[235]认为，西方社会中的组织政治是一种运用社会影响力影响利益关系的过程，在此过程中，行为是经过策略的设计以极大化短期或长期的个人利益，此种利益有时与他人利益一致，有时是以牺牲其他人的利益而得来的。在他们研究的语境下，通过政治镜头看组织时，人们往往看到的是相互对立的利益、冲突和权力争斗的模式[236]。

这种将组织看作政治系统的观点突破了以往组织研究者的传统认识，在此基础上，Ferris 等学者开创性地将组织政治知觉的概念引入管理研究之中。传统的组织理论认为组织是一个理性的系统，正如 Meyer 和 Rowan[237]所提出的“理性神话”命题所揭示的，组织中的成员按照符合其理性的规则完成各项活动，从而实现组织与个人的发展。然而越来越多的国际研究发现，组织并不是一个“铁板一块”式的社会实体，组织中存在着多元化的利益和目标取向，不同的组织成员在这个 Mintzberg[233]所说的“政治舞台”上通过各种理性或非理性的手段追求着自己的利益。事实上，正如 March[238]所指出的那样，欧美社会中的组织通常是政治联合体，决策制定和目标设定是讨价还价的过程，其中充斥着组织政治活动。尽管对于“什么样的行为”构成了组织政治活动，学术界并未形成一致的认识，但人们逐渐意识到，对行为的知觉，而不是行为本身，决定了行为的政治性。

在社会的各种组织中，在组织的各个层面、各个发展阶段，政治行为无处不在。个人、群体和组织各自致力于最大化自我利益的活动，组织成员对这些活动的认知和评价就是组织成员的组织政治知觉。Ferris 等[235]指出，组织政治行为通常是高度隐秘和象征性的，面对相同的政治行为，不同的人会产生不同的知觉。相同的行为可能被不同的观察者解释为政治的或非政治的行为，这完全依赖于观察者个人的经验和参照系。王利平和金淑霞[236]认为，组织政治反映的是个体或群体为了自己的利益而采取的行动，是一个持续发生的过程，既包括组织层面的决策过程和群体层面的权力建立过程，也包括个体层面的政治行为；知觉则是一个心理学上的概念，是指人对所感觉到的信息进行选择、组织和解释的过程，人们根据自己对现实的知觉（而不是现实本身）做出回应。综合地讲，组织政治知觉是指组织成员（包括领导）对组织政治行为的感知程度，是组织员工对工作环境中自利行为发生程度的主观评估。孙汉银[239]认为，由于组织政治知觉是一种主观知觉，它可能真实地反映组织内客观的政治行为，也可能仅是错误的判断。

关于组织政治和组织政治知觉的研究大多以企业为对象，而对于政府组织中的政治活动及其知觉相对较少涉及。实际上，西方语境下的现代政府组织是典型的政治实体，组织中存在着大量以政治权力为核心而开展的社会活动。在中国传统社会中，各类正式组织中也普遍存在着类似的互动行为，由此衍生出组织成员之间的合作与冲突。“麻雀虽小，五脏俱全”的乡镇政府同样存在对于权力和资源的竞争与博弈。于是，人际关系或社会网络成为理解中国基层政府和干部行为的基本视角。根据 Burns 等的研究推论，在这种竞争环境中，组织中的团体或个体围绕政治权力而开展的活动也就打上了“政治活动”的烙印。尽管这些行为不一定被列入组织的正式规则和计划，但却能在组织的日常运行中发生着重要的作用。对于一般的中国人而言，人与人之间的亲疏远近产生了一种“差序格局”的关系网络，这营造了一种泛政治化的语境，使人们习惯于从政治的角度来解读组织中的行为。

例如，吴毅[203]在《小镇喧嚣——一个乡镇政治运作的演绎与阐释》中对采石场风波案例的分析发现，无论是正式的行政处罚还是非正式的人情游说，都被当事人理解为“政治行为”。

在这样的泛政治化语境中，乡镇政府干部对于组织中政治活动的感觉比较敏锐，加上体制、身份等因素的共同作用，不可避免地出现了一些竞合现象。例如，刘明兴等[240]发现可以对乡镇政府所调动的人员进行归类，而不同类别的人员间既得利益会有所冲突。即便在“以事为本”的规则下，乡镇政府干部中依然会出现非正式行为。这些非正式的政治活动是普遍的社会现象，深受中国传统人情文化的影响，乡镇政府领导能否适应并驾驭这些行为，直接关系到其主政的效果。在当代中国，乡镇政府领导要深入基层贯彻执行各项任务，就必须得到村干部的有力协助，这种配合是他们有效完成任务的一个关键[241]。作为乡镇政府的“火车头”，主要领导最常见的也最基础的履新工作内容之一即强化内部管理，规范工作程序，消弭干部之间的纷争，以求形成团结向上的工作氛围。

在乡镇政府目标责任制情境下，本书所指的乡镇政府领导组织政治知觉即领导对组织中存在的政治活动的感知程度。在现实实践中，乡镇政府领导通常都对组织中的政治活动有着深切的体验。例如，陈潭和刘兴云[201]在分析 L 市 SM 乡的案例时就发现了乡镇领导对政治活动十分敏感。对于乡镇政府组织而言，乡镇政府领导感知到的组织政治活动代表了他们对于组织中各种非正式团体的认知，这在客观上对乡镇政府领导能否做好管理工作、减少组织内摩擦提出了挑战。2014 年习近平在党的群众路线教育实践活动总结大会上发表重要讲话时强调，“党内上下关系、人际关系、工作氛围都要突出团结和谐、纯洁健康、弘扬正气，不允许搞团团伙伙、帮帮派派，不允许搞利益集团、进行利益交换”[242]。这一重要讲话直击时弊，对地方政府提出了明确而严厉的要求，也表明党中央对于基层政府管理中存在的一些现象洞若观火。

从以往研究来看，拥有不同学科背景的学者对组织政治和组织政治知觉的作用有着不同的认识。在西方社会背景下，Mayes 和 Razzak[243]等认为，组织政治是指组织成员为达到组织正式目标之外的目标，或者运用组织未许可的手段达到组织许可的目标而进行的活动，其结果可能导致组织机能障碍；Pfeffer[244]等则将组织政治视为中性概念，认为组织政治是行为主体为获得、运用权力和其他资源而采取的各种行动，以便在意见不统一或情况不明时能获得有益的效果。前一种观点将组织政治看作负面的活动，而后一种观点认为组织政治既有积极作用，也可能产生消极作用，需要根据具体情境来判断其实际作用。近年来的研究则认为，组织政治行为是否对组织发展有利，更多地取决于个体对组织政治行为的感知程度。实际上正如一些学者所说，组织在本质上是政治的，对于这一点管理研究者与实践者已达成了共识，在一定程度上管理者也需要组织中存在政治活动，但需要将其控制在适当的范围内。

相应地，已有研究对于组织政治知觉与其他变量之间的关系也未形成一致的认识。Ferris 等[245]将组织政治知觉视为组织中可能诱发组织成员消极态度和行为的潜在压力源，认为该因素会抑制整个组织的效率和效能。已有研究表明，组织政治知觉与工作压力、角色紧张、公平感、组织承诺和离职倾向等变量都具有显著的关系，其中大多为损害组织利益的负面效应。Halbesleben 和 Wheeler[246]等持相反观点的学者则认为，组织成员会将组织政治活动视为一种有意义的挑战，从而积极表现，诱发积极行为或提高任务绩效。一些在中国社会情境下的研究表明，组织政治知觉反映出组织的政治氛围，这一环境特征能够强化组织成员的晋升动机与其政治行为之间的关系。近年来的研究则发现，组织政治知觉与组织成员的心理和行为变量之间可能具有非线性关系。总体上看，关于组织政治及组织政治知觉对组织成员行为的影响仍存在许多学术争论。可以明确的是，乡镇政府领导的印象管理在本质上也属于政治行为，这些行为与他们对组织政治活动的感知存在内在的关联。

3 对乡镇政府领导行为的研究及其理论视角

3.1 中国乡镇政府领导行为及其影响因素

从国内外研究进展来看，大量的研究集中于对乡镇政府目标责任制及乡镇政府角色和行为的分析，为本书研究奠定了充分的研究基础，然而对于本书研究的核心问题的直接回答并不多见。有关研究范式和发现可以归纳为三个主要的方面，也有少数综合性的解释，分述如下。

3.1.1 压力型体制的分析视角

压力型体制是解释乡镇政府行为的最常见思路，即认为突出目标压力的目标责任制形成了地方政府间的管理体制，乡镇政府的各种行为都受到这种体制的影响。荣敬本[247]认为，在上级主要负责人掌握对下级干部奖惩权与任命权的情况下，这种体制下的县乡各级政权会在对上级采取积极展示的同时，对下级机构施加工作压力，形成了同级政府部门和单位之间的竞争局面。Zhao[248]、李昌平[249]、于建嵘[250]等具有从政背景的学者持类似的观点，对目标责任制提出了一系列解读。关注于压力型体制的组织研究实际上都隐含了“压力-回应”的逻辑，即将组织视为相对被动的理性行动者，而在具体的分析视角上又分为两种。一种从压力型体制之下的乡镇政府角色入手进行分析，认为角色转换或改变是各种非预期行为的直接根源；另一种对目标责任制的看法认为，未达到目标是由于组织在执行过程中理解不到位，没有充分贯彻上级的意图。

3.1.1.1 压力型体制与角色转换

徐勇和黄辉祥[251]将目标责任制解读为“行政化的权力运行”。他们指出，由于目标责任落实的成效会对乡镇负责人的提拔、晋升产生影响，乡镇领导有足够的动力来督促基层干部完成目标任务，但实际中乡镇领导更倾向于采取多元化管理方式，在各种奖惩手段之外，想办法最大限度地激发村干部工作的积极性、主动性和创造性来确保完成工作任务。这种“压力-激励”相结合的机制能够在一定程度上解释目标责任制为何能够取得实效，但目标设置缺乏协商、乡村干部在“双重角色”下的利益选择、村民自治和人际关系等因素又会对目标责任制的实施效果产生影响。

吴毅[252, 253]认为，压力型体制下的改革使乡镇政权难以完整地发挥一级政权组织的功能，许多时候乡镇干部对于解决现有乡村社会秩序格局下的棘手问题充满无奈。在这样的制度化治理资源匮乏的背景下，运用非正式的民间权力技术尽管是国家意志在农村基本上仍然能够得到贯彻执行的一个重要原因，但也会不断地增强基层干部的边缘角色意识，使其中一些人扮演的角色与西方经济理论中的“经纪人”或“守夜人”有相似之处。为了避免基层干部因边缘角色而懈怠于完成目标任务，乡镇政府给予干部很大的自主权，使其在改革的舞台上完成责任内的工作。不仅如此，处在上级与下级夹层之间的基层政府也会适应这种角色转变，在落实上级政策的同时寻求与农民等基层群体的合作。

Caulfield[254]指出，在中央和地方政府分权背景下，上级政府对下级政府强的政治约束和经济激励尽管带来了经济产出的提高，但也给予了地方官员更多的机会追求利益最大化。经济发展和行政管理分权改革在提升地方政府权能的同时，促使地方官员由公务员转向了企业家，以理性行动者的姿态执行工作。目标责任制加剧了这种状况，地方官员以地区快速发展来显示自己对中央政策的贯彻执行，但这也增加了对地方官员行为有效监管的难度。事实上，这种身份转变同样具有两面性。

吴建南等[214, 255]在分析中西部乡镇政府的财政资源禀赋与其角色压力时，发现在分税制改革的背景下，一些乡镇政府的实际财力可能会和事责之间出现不对称现象，使其在提供地区性公共物品的同时，也需要追求地方经济发展和财政资源积累。在此过程中，公共利益与自我利益的冲突可能会导致乡镇政府领导的角色冲突和角色模糊，从而影响乡镇政府在资源配置等方面的决策。Chen[256]认为，在目标责任制尤其是“一票否决”的压力下，乡镇政府领导有动力向其上级展示竞争力以获得晋升或维持地位。

3.1.1.2　压力型体制与公共政策执行

O’Brien 和 Li[257]认为，农村制度的改革和农村社会的开放改变了基层政府的行为方式，例如，曾被视作“三要干部”的基层干部在推动某些基层工作时，会想方设法实现目标。他们认为目标责任制从一定程度上改变了乡镇政府的行为，乡镇干部既可能赢得地方群众的支持，也可能遇到一些棘手难题，故而需要积极地对地方公众做出回应，以维持地区和谐稳定。该研究表明地方政府能够运用自由裁量权来灵活地执行政策。他们发现，在改革的背景下，自上而下施行、旨在强化控制乡镇政府的目标责任制增加了基层干部的自由裁量权，基层干部可以有策略地完成任务，有些量化的工作目标在落实过程中出现了一些非预期的现象。有些学者认为目标责任制对乡镇政府自由裁量行为的约束和问责仍有待加强，应该推动地方公众参与，健全地方治理体系并提高治理能力[258]。

Edin[259]在市场化改革的背景下分析了乡镇政府干部考核问题，她认为干部责任制的实施使国家政权监测和约束下级代理人（lower level agents）的能力得到了增强，改革使得执政党干部任命和人事控制体制更加有效。在新公共管理的模式指导下，分权、合同制、目标量化、引入机构间竞争机制、采用经济激励以实现目标、顾客测量政府绩效等理念逐渐出现在中国乡镇政府层面，尽管多种手段并用强化了国家对乡镇政府干部的控制，但是这种考核体系仍然需要不断优化，以解决可能的目标冲突问题。

张汝立[260]认为农村基层政权组织中少数负责人以上级要求为第一要务，采取各种手段去完成目标任务，甚至有时会超额完成任务，于是便产生了目标与手段的偏差，一些基层政府在改革中遇到的机构调整困难和沟通不畅等问题都与这种制度设计有一定关系。在实践当中，政府考核目标的设置是上下级政府之间关注的一个重点环节，地方政府在完成目标任务时的行为特征与上级政府制定的目标要求难度有关。陶郁等[261]认为基层政府和干部的精力与资源有限，他们会根据工作事项的紧迫程度、上级的重视程度及该工作成果的可量化程度等方面的情况来做出选择，在各项工作的精力投入分配方面并不均匀。

Smith 认为，目标责任制下的检查与考核给予了党政干部相当的压力，在影响地方政权行为方面扮演了至关重要的角色，是上级政府对下行使权力的主要工具。在乡镇政府管理情境下，不同的行动者面对着不同的评估，而考核需要维持公平，否则就会失去效力。一些乡镇干部认为上级看重“一票否决”的目标任务，要想让上级了解乡镇工作成绩，就要至少在表面上对重点工作进行有效的展示。在这种背景下，乡镇干部在集中资源完成重点目标和宣传展示工作成绩上注意力不同，就会影响到政策执行的系统性[207]。在乡镇财政日益吃紧的背景下，乡镇政府必须对各类利益相关者施以特定的手段作为回应[262]。在现行体制下，一些基层干部面临着较为激烈的竞争环境，待遇有待提高且在工作中经常要处理许多棘手的难题，对考核压力就很敏感[263]。

Chan 和 Gao[17]认为在目标责任制作用下，政府追求绩效改进和追求问责控制是两种不同的定位，需要将工作重心放在绩效改进上，而要避免将目标与手段本末倒置的情况。如果将实现绩效改进的手段当作工作的目标，反而会抑制组织绩效的持续改进。他们认为，当基层政府需要完成的多个绩效目标之间存在冲突时，干部会为完成目标任务而不得已采取一些非正式手段，尽管这种方式能够帮助基层政府实现短期目标，但应减少目标冲突，以保证长期的绩效改进。作为问责工具的目标责任制使地方官员更加关注上级政府的优先目标，但不能过度关注任务目标和结果量化，如果不予以创新就难以缓解中国社会出现的深层次社会和政治紧张关系。由于乡镇政府需要同时完成目标任务和服务公共利益，目标责任制如果设计和实施不当，就会带来一系列政府间的博弈行为[264]。不仅如此，针对乡镇政府干部的不恰当考核还可能导致一些难以预期的博弈后果[265]。

3.1.2　激励–动机的分析视角

许多关注于政府间关系的研究倾向于在一个“委托–代理”框架下分析制度对组织行为的影响，尤其关注国家分权–集权改革下地方政府组织的角色与行为。这些研究将乡镇政府和其他地方政府组织简化为经济理性的行动者，从经济激励或政治晋升的视角进行研究。

Qian 和 Weingast[266]认为行政分权和财政分权是强激励的来源，地方政府官员在压力的驱使下行动，而财政改革带来的信息和政权重新分配及官员间的辖区竞争给予了官员正向的外部激励，同时强化了预算硬约束，使地方官员追求推动地方经济发展。这被用来解释地方政府为何在经济发展中扮演了“援助之手”（helping hand）的角色[267]。这一理论吸收了 Hayek 和 Tiebout 等的思想，同样继承了 North 等的制度变迁理论，提出财政分权改革使地方政府有了追求地方税收最大化的积极性，并得到了经验证据的支持。然而，上述理论也遭到了一些学者的质疑，例如，Cai 和 Treisman[268]认为以“承诺效应”来全面解释地方政府行为有以偏概全之嫌，而杨其静和聂辉华[269]认为上述假说忽略了地方政府的制度环境等。

周黎安[270]从领导晋升的角度探讨了制度对政府行为的影响。他认为尽管财政和经济激励是构成地方官员激励最重要的组成部分之一，但这些激励本身仍然无法完全解释很多地方官员的行为。他用晋升竞争来概括政府领导之间的政治博弈，强调地方官员对政绩的强烈追求和对落后于竞争对手的担忧是地方官员希望显示政绩的思想根源，而不能仅用财税激励来解释，提出了对地方官员政绩考核制度的反思。他进一步强调将行政权力集中与强激励兼容在一起的晋升竞争模式是理解政府行为的关键，多重压力下的地方官员需要在委托–代理框架下完成多维度和多任务的绩效目标。在特定情况下，这种机制可能造成偏好替代和激励过度等现象，也会造成地方官员角色冲突等问题。而目标责任考核下压力递增现象源于地方政府绩效能够影响干部晋升的强激励机制，即上级政府采取强激励的方式引导下级的自由裁量权，尽其所能追求政府绩效的改进，这是面对政府绩效目标多维性和多任务特征的理性选择。尽管 Bo[271]、Yu 等[272]的研究都认为经济绩效与官员晋升之间存在紧密的关联，但是 Guo[273]、Opper 等[274]、陶然等[275]、Wong 和 Zeng[276]等的研究则认为没有证据表明这种关系存在，或更加强调社会网络关系和个人背景在官员晋升中具有更加重要的作用。

Whiting[277]发现，许多国家面临着明显的科层代理问题，即委托-代理双方存在着利益冲突，代理者凭借信息不对称优势，可能实施机会主义行为。为解决委托-代理问题，地方干部考核制度这一工具在实践中得到了广泛应用。这种“奖优罚劣”的考核制度融合了专项绩效指标和强激励的特征，实际上是用政府组织的绩效衡量主政官员的表现，形成了地方官员之间的竞争。但是，这种考核制度在发挥巨大的积极作用、巩固党的可靠地位的同时，也遭遇了代理问题，尤其是激发了某些政策领域的道德风险。她特别描述了乡镇政府干部考核的情况，说明财政和政治的双重激励驱使乡镇政府从事于经济发展活动，而这种激励机制会同时产生预期和非预期的后果。

谭秋成认为上级政府对乡镇政府的激励机制是后者行为的直接诱因。上级政府设置财政考核是为了让乡镇政府最大限度地创造财政收益，而乡镇政府也希望在创造财政收益的同时给地方带来最大化利益[278]。他用委托-代理框架解释了乡镇政府面对不完备的机制设计可能产生政策套利等道德风险和机会主义行为，认为如果上级政府在条件不具备的情况下采用考核、评比等形式要求地方政府快速落实农村政策，会导致负面后果[279]。他进而应用这一理论框架提出了农村政策执行的不完全信息动态博弈模型，解释了自上而下的问责机制由于面临惩罚承诺失效或失信，为基层政府官员采用理性自主行为提供了可能[280]。

Tsui 和 Wang 强调实现问责目标的垂直控制体系对地方政府行为的影响，提供了相应的理论解释。在分税制背景下，目标责任制形成了地方官员的激励结构，却无法避免经济学理论中的多任务委托-代理问题[281]。他们认为目标责任制所约定的政府间关系可以用科层多任务委托-代理模型（hierarchical multi-task principal-agent model）进行说明，这种问责制度通过强力控制削弱了下级政府的自主权并带动了经济增长，但无法防止行政主体的理性行为[282]。田红云和田伟[283]从激励相容的角度对目标责任制的多任务委托-代理模型进行了分析，得出了相似的结论。

周飞舟论述了分税制带来的集权效应引起的地方政府行为的一系列变化，他认为由于自上而下的财政分权改革与现实条件存在一定的矛盾，尤其是关于地方官员行为的问责制存在机制设计的不完备性及财政体制的软预算约束问题（soft budget problem），在一定程度上影响到了地方政府的行为模式，使之关注于地方财力的不断积累。他认为乡镇政府领导为了实现理想政绩目标，同时鼓励下属士气、维护自己的形象和积累声望，会积极地向上级政府争取资金支持[24, 284]。在

Qian、周黎安等研究的基础上，周飞舟从政绩对晋升竞争的影响这一视角来观察科层控制强化背景下的经济分权制度，以解释地方政府的角色和行为。他认为，地方政府的决策理性决定了竞争的基本走向，上下级之间的压力传导是推动竞争的基本作用机制，为策略性的行为选择提供了制度基础，而软预算约束是影响竞争机制的关键制度因素。在经济分权、政治集权的情境下，信息不对称的现象更加突出[25]。他从“土地财政”现象入手，更具体地分析了集权-分权的体制变革对地方政府行为的影响。他的研究发现，尽管中央政府出台了一系列政策措施来限制土地过度开发，但效果并不明显，地方政府反而更加努力地获取各种体制外资源以支持地方经济发展。从地方经济发展的角度看，1994 年以前的财政分权体制与 1994 年以后的财政集权体制对地方政府行为产生了实质上相同的影响[285, 286]。这些富有启发性的研究指出真正影响转型期地方政府行为的因素是软预算约束与政府获取体制外资源的能力。

3.1.3 社会化角色的分析视角

实际上，压力型体制与激励-动机的解释并不完全矛盾，着眼点都在组织外部的制度，而且在解释乡镇政府行为时都涉及了地方政府组织作为行动者的角色，只是未在社会化背景下进行展开分析。另外一些研究可以看作前两者的纽带，突出了对特定社会化情境下行动者“角色”的分析。

早期研究多着眼于乡镇政府对经济发展的行政干预行为。Oi 应用西方的地方政权法团主义（local state corporatism）理论解释制度变革对地方政府官员的影响。她认为自上而下的财政改革放松了上级政府对地方经济的产权控制，形成了对地方官员从事推动经济发展的强激励，使其追求地区经济绩效的不断提升[287]。在农业生产的非集体化和财政改革的制度变革情境中，合同责任制扮演了重要的角色，将乡镇政府的决策与官员的经济和政治利益联系在一起，影响了乡镇政府的目标偏好。同时，乡镇政府开始从经济发展的管制者（regulators）转向了倡导者（advocates），其角色变化能够解释政府行为的改变[288]。而 Walder 发现地方政府与高层政府相比具有更大的动机和能力行使作为所有者的权益，他强调“财政包干”的财政体制改革给地方政府带来压力的同时，也为基层政府提供了特别强劲的财政激励，引导其追求经济发展以缓解财政压力。这造成了基层政权组织的角色和行为变化，乡镇政府领导在地区经济发展中投入了大量精力[289]。Oi 等在梳理了 1994 年分税制改革前后中央政府不同的集权化改革后发现，“发展型”的地方政权不再成为一个必要的乡镇政府角色设定，财政吃紧背景下的乡镇政府与改革开放初期的角色已经出现了诸多差别[290]。

Shue 在考察改革之后的中国农村乡村基层政权时，提出乡镇干部既是国家公务人员，同时又是需要推动地方经济发展的双重角色，她将这种双重角色界定为“干部/经营者”（cadre/businessmen）概念。她认为，在以市场为基础的“网状”社会结构下，地方干部的角色越来越偏重于促进地方经济发展，但这与公共服务的要求可能存在不一致的情形。正是“干部/经营者”的双重身份，使得他们既不同于一般的经营者，又有别于传统的基层行政官员。她认为，基层政府作为地方的代表，对上级的政策指令灵活应对，以维护自身和地方社会的利益[291]。Schubert和Ahlers将其称为“战略型群体”，他们既要满足上级政府的要求，又要维持来自基层群众支持的合法性，需要在有效执行上级政策的同时获得“多赢”的结果[292]。在此过程中，自上而下的目标责任制考核是确保政策得以有效执行的一个重要影响因素，但在一些情况下也可能出现过度追求量化考核的现象[293]。尽管如此，他们认为不应在批判目标责任制的同时低估其对于基层治理的有效性，尤其是这种制度工具所带来的压力对乡镇干部的触动。

吴理财认为在压力型体制框架下，改革使乡镇政权发生了从国家代言人（或代理人）向国家型经纪人（state brokerage）的角色转变。经纪人原指商业市场上居间交易的中间介绍人，此处代指居于国家与乡村之间的社会精英群体，他们在实现国家利益的同时也借以达成自己的目标。他借用杜赞奇（Prasenjit Duara）的分析范式说明，乡镇政权同时具有保护型（protective）经纪人和盈利型（entrepreneurial）经纪人的特征，而在国家对乡村社会的控制增强的同时，国家对乡镇政府及其成员的约束能力呈现出相反趋势[294]。旨在恢复和重建基层政权合法性①基础的政府间财政分权改革并未能有效改善这种局面，反而由于财政管理体制与上下级政府之间既存的目标责任制、政治结构、人事制度等相互耦合，公共服务供给受到影响[295]。李芝兰和吴理财还从财政政策“倒逼”的视角分析了地方政府的反应，发现在实际情况中，倾诉、沟通、调整公共服务供给等行为是处于基层的乡镇干部在压力下被动使用的某种行为选择，以此缓解来自上级的压力[22]。她和合作者进一步指出，传统的“委托-代理”视角通常简单地将地方政府干部视为追求自身利益最大化的理性人，这与实际情况并不相符，而地方干部总是试图平衡多方利益诉求，故而表现出多种工作形态集于一身的复杂形象[296]。

Hsing[297]在研究农村土地开发时，指出分权改革使乡镇政府采用具有高度灵活性的策略完成自上而下的政策目标任务。在中国不断改革发展的行政管理体系中，有些乡镇政府的事责财权与治理能力存在发展不平衡的现象，因而倾向于采

① 合法性（legitimacy）是指合乎法律的或法治的，“法”并不特指某一个法律或法规，而是指为人们所共同认可的价值观、规范或行为准则，例如，著名社会学家 Talcott Parsons 认为合法性是组织与社会法律、规范和价值观相一致的程度。

取协调等柔性手段来实现治理目标。董海军[298]在分析压力型体制下乡镇政府干部的行为时，列举了为了完成目标任务的责任任务行为，和针对上级特定要求而采取的策略性的对策行为，认为特定角色对应的政治利益和经济利益是导致不同行为的诱因，财政资源的匮乏和角色拥挤对乡镇政府的角色认知具有影响。

张静[205]认为，国家提升管理能力的改革举措推动了基层政权的制度变迁，然而制度变革使乡镇政权成为经营角色与政权角色的混合体，承担农村基本公共服务职能的乡镇政权出现了明显的角色冲突。在张静对基层政府领导角色行为分析的基础上，杨善华和苏红[299]提出，处在改革动态进程中的一些乡镇政府出现了角色模糊，兼具上级政府的代理人和追求本地利益最大化两类倾向的角色，而其多重角色和角色转变在很大程度上是它与其上级政府共同“积极行动”的结果，而国家在当时还尚未能对这样一种情况建立一套有效的约束规则来进行制约。随着乡镇政府经济实力的增长，它和中央及上级政府的关系也在不断调整变化。地方政府对中央政府的回应并非绝对地服从于上级政令，而会根据地方的实际情况做出调整。进一步的研究发现，在压力型体制下，乡镇政府要完成上级下达的任务，就必须去寻求自主空间的拓展，在与县级政权的关系互动中，营造基层政权的自主空间；在与基层村民的关系中，调动各种资源，权宜地运用权力与村民进行互动，扩大自主空间；有些地方在组织上还形成了一套积极和高效的体系，甚至机关文化，以保证在上级政府的考核中获取理想的结果。

3.1.4 其他解释及启示

上述研究构成了互补的理论解释，换言之，任何一种单一视角的解释都存在局限性。周雪光[18]发现，组织上层的决策意图在实施过程中常被具体执行者注入不同的解释，使用不同的执行方式，因此在执行过程中出现不到位的情况。他认为地方政府的这些行为不能简单地归因于政府官员或执行人员的素质或能力，其稳定存在和重复再生是政府组织结构和制度环境的产物，是现行组织制度中决策过程与执行过程分离所导致的结果，在很大程度上也与集权决策过程和激励机制强化有关。他从组织分析的角度分析了各基层政府间在国家政策实施过程中达成共识的集体行为，并特别强调指出了这一广泛存在的组织现象背后的制度逻辑。根据 March 的著名命题“执行过程是组织决策过程的延续”，周雪光在中国地方政府情境下讨论了组织制度面临的三个难题，即政策统一性与执行灵活性的不均衡、激励强度与目标替代的不协调，以及科层制度非人格化与行政关系人缘化的不相容。这些难题的共通之处在于，越是看起来理性的制度设计越容易导致非预期的后果[300]。他指出中国传统政府治理体制在自上而下动员方面具有优势，能够以高效率的方式落实上级制定的政策目标，但这一治理体系仍在不断发展和完善中[301]。

渠敬东等[10]对中国行政科层化治理改革的系统分析说明，在目标责任制实施实践中，多元化的行政考核与使地方政府行为在发展经济的前提下倾向于运用灵活的方式在短期内优先完成紧要目标，考核压力和有限职位使这种具有特色的问责制度以独特方式运行，如果地方官员不能完成关键任务就可能在职业发展道路上遇到困境；同时，财政和事权的分离尽管具有提高资金使用效率、避免改变财政资金用途的积极意义，但也为地方政府，尤其是中西部地区的地方政府向上级政府争取支持提供了动力。而规范化中的“事本”逻辑，一方面的确强化了规则，另一方面却难以从根本上遏制和杜绝机会主义倾向。他们的观点在某种程度上可能借鉴了黄宗羲在《原法》中对科层行政体制的评价，“行一事焉则虑其可欺，而又设一事以防其欺”。他们发现，在财权与事权不对等的情况下，一些地方越是在责任目标上强调行政效率的提高，就越容易在复杂的程序技术设计上付出高昂的成本；越是在考核指标和报表制度上力图规划得细密和周全，就越容易显露出技术监管的不充分性，进而越会使追求效益最大化活动工具化和技术化，从而给不同领域的运作活动留出足够的空间。

事实上，党和政府已经意识到类似问题亟待解决，在创新地方政府绩效考核体系方面给出了明确的指导。2013 年 6 月，在全国组织工作会议上，习近平总书记强调，“要改进考核方法手段，既看发展又看基础，既看显绩又看潜绩，把民生改善、社会进步、生态效益等指标和实绩作为重要考核内容，再也不能简单以国内生产总值增长率来论英雄了”①。2013 年 9 月，在河北省委常委班子专题民主生活会上，习近平总书记再次强调，“中央看一个地方工作得怎么样，不会仅仅看生产总值增长率，而是要看全面工作，看解决自身发展中突出矛盾和问题的成效”②。学术界的一些研究实际上从另一个角度呼应了党中央对地方政府绩效考核体系创新的要求。正如渠敬东等所探讨的，指标监管和考核结构的设计，如果只迷信量化的数字管理却忽视地方政府实际权力操作中的具体机制和隐性规则，就会使行政科层化在工具意义上背离了以人为本的治理理念，导致基层行政更容易受到非正式制度的影响。类似的研究实际上将地方政府官员的行为归咎于中央-地方的行政关系，进一步拓展了研究的视野。

受这些观点的影响，尽管压力型体制对于乡镇政府的角色与行为仍然有着较强的解释力，但“非正式运作/行为”得到了越来越多的重视。例如，乡镇政

---

① 习近平出席全国组织工作会议并发表重要讲话. http://www.gov.cn/ldhd/2013-06/29/content_2437094.htm [2019-08-25].

②《习近平总书记系列重要讲话读本》全文. http://www.xinhuanet.com/politics/2014-10/13/c_127090941_6.htm [2019-08-25].

府的角色和行为被归因于科层制下的问责压力，对于难以完成的压力型目标任务，缺乏资源的乡镇政权可能会进行非正式运作，借用各类非制度化的资源运作，并且上下级之间的步调一致助长了这种行为[20]。与此类似，争取财政资源的非正式行为也被认为源于中国现行的财政结构[21]，强调规则、分工和问责的压力型体制与乡村管理实践逻辑的结合衍生出种种具有鲜活角色特征的非正式行为[19]。这些研究继承了孙立平和郭于华[202]等学者的"过程-事件"分析范式和王汉生、周雪光、周飞舟等学者的组织社会学观点[302]，没有将乡镇政府复杂多变的治理方式简单地归因于单一的制度或组织因素，而是以近乎"白描"的方式展现了正式制度和制度场域中文化的不协调，然而其理论贡献仍有待进一步凝练和提升。

欧阳静[303]在分析乡镇政府落实社会治安综合治理任务时，深入剖析了乡镇政府在自上而下的压力下完成目标任务的行政逻辑。她认为由于乡村权威的双重衰变及乡镇常规性权力的缺乏，乡镇政府缺乏完成自上而下的任务和目标的能力和资源，导致其权力运作出现问题，对于任何正式或非正式的方式，只要是有助于实现优先目标的技术、策略、手段和方式，就会被乡镇政府采纳。这实际上与 Edin[259]的目标责任制强化了国家治理能力的观点相悖，说明目标责任制所形成的绩效问责机制并不总能保证促使乡镇政府领导完成目标任务，部分乡镇政府领导依然有采用文牍主义方式配合考核的空间。她对桔镇案例的叙事分析说明了同样的观点[20]，与冯猛[21]、狄金华[19]的研究一样都是从社会学视角表达了同样的看法。狄金华和钟涨宝[304]更明确地指出基层干部并不能单凭国家的支持对农民进行管理，在此情形下基层干部更倾向于运用各种非正式手段临时处理问题。

Tsai 则以独特的视角分析了乡域的公共服务问题，她认为在目前的制度情境中，尽管缺乏公众对乡镇政府的问责，但乡镇政府依然能够较为有效地完成上级明确要求的任务。基层政府的公共产品提供水平直接关系到其执政的合法性，即使缺乏正式的公共问责制度，地方官员依然有很强的动机来提供公共产品，因为他们重视公众对其人品的褒奖，这是一种非正式的问责。对于完成基层政府的政治、社会和经济目标而言，官员的人品是一种无价的资源，人品较好的官员更容易开展工作，如更易于劝说公众服从国家政策。她用"连带群体"（solidary groups）的概念解释了嵌入其中的地方官员需要义不容辞地为其群体提供公共产品，对道德形象的维护促使乡镇官员积极从事公共服务[229]。Tsai 的研究拓展了以往研究对问责制度的理解，其解释丰富了 Shirk[305]关于中国社会治理的认识。在她的研究基础上，Chen 和 Huhe[306]也得到了相似的发现，而 Mattingly[307]也延续了这一思路，对基层干部公共服务提供行为的特征及其制度条件进行了剖析。

除此以外，一系列社会科学领域的研究分别从不同角度勾勒出改革开放背景下的政府特征。例如，Lieberthal 和 Lampton[308]提出在中国政治环境下，政府间的沟通协调对于政策执行的过程具有重要影响；Shirk[309, 310]的讨论展示了中国社会治理领域高度多元化和广泛存在的博弈行为，她认为应逐步发展形成政府领导和广大民众之间的“相互问责”（reciprocal accountability）机制；Dittmer[311]认为非正式关系在政治活动中存在一定影响；Huang[312]通过观察中国政府间关系的调整，认为自上而下的政治约束与强激励塑造了政策执行和地方政府的行为；Wedeman[313]认为中国政府结构特征是影响地方政府行为的重要原因。这些都给本书研究提供了有益的启示和借鉴。

3.1.5 对本书研究的启示

总的来看，各领域的学者从压力、激励、角色等不同理论视角出发，不同程度地揭示了乡镇与其上级政府之间的支配性权力关系，正是这种支配性权力关系内在地决定着上下级政府间的制度同构和默契。然而，这些研究往往描绘了中国政府体制的行为表征，而对政府官员的实际行为、担心顾虑及他们之间的相互作用尚未有深入涉及，学术界对中国政府机构内部运行的过程也知之甚少。从系统论的观点看，应综合考虑组织环境特征与个人特征对心理因素与行为的影响。已有研究说明，要开启乡镇政府运行的“黑箱”，需要在压力型体制、激励-动机、社会化角色和非正式关系等视角的基础上发展出一个更具包容性和解释力的分析框架。此外，在已有研究中，绝大多数都没有采取实证主义的研究方法，单案例研究和计量经济建模是最常见的研究方式，开展基于调查的实证研究正在得到越来越多的学者的关注。

在上述研究中，压力型体制和激励-动机两种视角看到了一枚硬币的两面，其核心都是上级政府对乡镇政府的问责和乡镇政府对合法性的诉求，然而，激励-动机更加突出了乡镇政府干部个体动机的作用；社会化角色的有关研究则强调了压力型体制和激励-动机下乡镇政府的角色感知；如前文所述，它们共同对应的则是同一事物——乡镇政府的印象管理行为。由此，本书研究识别出问责、角色压力、印象管理和合法性等具有内在联系的现象。另外，除具有从政背景的作者（如李昌平、陈文胜等）之外，几乎所有的学术研究者都着眼于乡镇政府干部的个体动机，认为他们是理性的行动者。实际上，这种有利于简化问题的观点有失公允，乡镇政府干部也可能具有其他动机，由于社会舆论对乡镇干部的刻板印象，他们的非自利动机被忽略，这样将难以解释其亲社会行为。尤其是 Tsai 的研究说明，中国文化土壤中生长的乡镇政府干部有着明显的公共服务意识，而这种意识对于其行为有着重要的影响。从这个角度看，作为提供农村公共服务的基层公务员，乡镇政府主要领导的公共服务动机也是一个解释行为的可能因素。

3.2　组织理论中的压力应对行为及其分析视角

3.2.1　新制度理论

制度一直是学术界研究的热点，最早可以追溯到 19 世纪，大致以 20 世纪 70 年代为旧制度主义和新制度主义的分界。制度（institution）的中心含义是从拉丁语 instituere（创立或建立）派生而来的，它表明一种已确定的活动形式，或者结构的结合。Crawford 和 Ostrom[314]指出，制度包括三种基本内涵：首先，制度是一种均衡，制度是理性个人在相互理解偏好和选择行为的基础上的一种结果，呈现出稳定状态，稳定的行为方式就是制度。其次，制度是一种规范，它认为许多观察到的互动方式是建立在特定的形势下一组个体对“适宜”和“不适宜”共同认识基础上的。这种认识往往超出流行的手段-目的分析，在很大程度上来自一种规范性的义务。最后，制度是一种规则，它认为互动是建立在共同理解的基础之上的，如果不遵守这些制度，将会受到惩处或带来低效率。制度研究的代表人物 North[315]认为，制度是一系列被制定出来的规则、守法程序和行为的道德伦理规范，它旨在约束追求主体福利或效用最大化利益的个人行为。制度还体现为某种结构性的安排，如正式或非正式的组织。March 和 Olsen[316]则指出现代经济和政治体系中的主要行动者是各种正式组织，法律制度和官僚机构是当代生活的支配性角色。

早期的制度研究很少关注组织。20 世纪 40 年代开始，研究者开始将制度理论与组织的结构和行为联系起来，形成了新制度主义，其拥趸认为制度包含规制的、规范的和认知的三个层面[317]。而新制度理论出现在 20 世纪 70 年代，它强调环境的文化特征的重要性，以 Meyer 和 Rowan[237]、DiMaggio 和 Powell[318]、Meyer 和 Scott[319]为代表的学者主张不仅要考虑组织的技术要求和资源依赖，还要考虑其“制度”环境：定义“社会适能”（social fitness）的管制的、规范的和文化认知的特征。他们在著名社会科学家 Selznick、Parsons 等关注制度系统管制性和规范性特征的基础上，更加强调对先验图式、典型化和脚本等象征性要素的关注，认为这些要素在形成组织结构和行为上扮演着重要的、独立的角色[320, 321]。Meyer 和 Rowan[237]提出了“理性神话”的命题，即社会的共享观念具有强大的约束力，使得组织不得不采用人们共同认可的组织形式，组织和个人没有自主选择的余地，这成为后来许多组织理论研究的基础。

新制度理论的核心思想是：组织深深嵌入在社会和政治环境之中，组织的实践和结构往往是对规则、信念和习俗的反映和回应。该理论起初强调符号系统、文化脚本和精神模式对于形成制度效应的重要性，在某种程度上淡化了关于通过文化和历史形成社会秩序与约束组织选择的机制，但随后的研究开始关注对机制的研究。DiMaggio 和 Powell[318]区分了制度在组织或组织场域范围内扩散的三种主要机制：强迫机制、模仿机制和规范机制，并指出组织同构是竞争性过程和制度化过程的共同结果。其中，强迫性因素包括提供调控性监管和控制的政治压力和国家权力，规范性因素来源于职业化的潜在影响和教育的角色，模仿性因素依照习以为常的、想当然的方式对环境的不确定性做出回应。Meyer 和 Scott[319]认为，虽然所有的组织由技术环境和制度环境共同塑造，但有些组织更容易受到技术环境的制约，另一些组织则更容易受到制度环境的影响。

新制度理论认为，特定场域的组织会效仿其他实现合法性的实践，以提高生存的可能性并增加社会支持和声誉。制度理论关注于为什么组织在制度压力的情境下做出决策，主张存在公认的、想当然的关于组织事务的社会事实，但不关注积极的代理者，忽略了组织与外部受众的交换关系。然而，关于同质压力通过组织场域产生相似影响的思想也遭受了一些批判，对组织内部影响和回应异质性（heterogeneity of responses）的关注使人们开始重视制度化过程中代理者的角色。Ostrom[322]提出的制度分析框架（图 3-1）认为，在分析、预测和解释制度安排下的行为时，首先需要确认行动舞台（action arena）——个体间相互作用、交换商品和服务、解决问题、相互支配或斗争的社会空间——的初始结构，进而更深入地挖掘和探究影响行动舞台结构的因素，如用以规范行动者关系的规则、共同体的结构及对行动舞台有影响的外部环境状态结构，组织中代理者的行为是在行动舞台上发生并受到这些因素的相互作用。她提出的行动舞台概念尽管与 Mintzberg[233]所说的政治舞台存在差异，但实际上都将组织

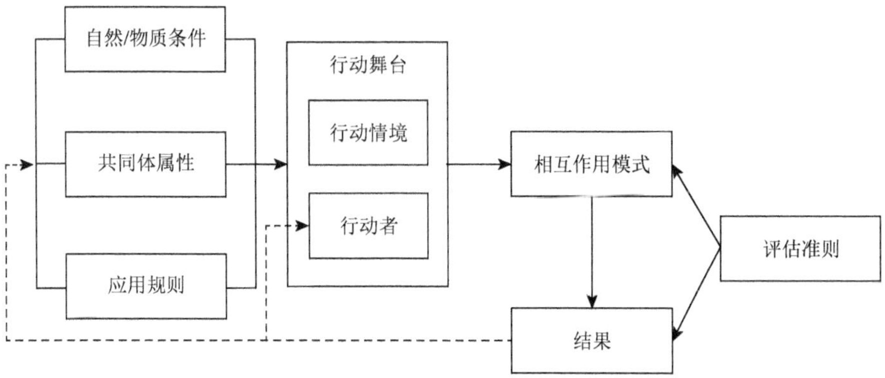

图 3-1　制度分析框架

中的理性行动者置于特定的行动情境之下，行动者根据情境特征和对行为结果的预期进行权衡和评估，进而采取多种展现技巧和策略与受众进行互动以获得合法性。

Scott[321]认为，当代的制度理论研究应该更关注复杂环境和行动者之间的互动模型，以及行动者在回应外部要求时发生的条件化解耦（conditioning decoupling），并重新审视既往对于理性假设的认识。总体上看，组织的边界在制度理论的研究中正在发生变化，而制度理论和其他理论（如权变理论、资源依赖理论等）的融合展现出了更强的研究解释力[320]。Oliver 指出，在不同的条件下，面对制度环境的要求，组织会选择从默许、妥协、避免到抗拒、操纵等不同的应对战略。该研究发现当组织因顺从制度环境的要求而能得到高合法性或是高效率时，组织则倾向于采用顺从策略；当组织所面对的制度环境发生冲突时，或是制度环境与组织目标发生冲突时，组织通常会设法与制度环境相协调或与之妥协；当组织面临制度环境所带来的压力且难以承受时，组织通常会以逃避的方式来回应；当组织意识到制度环境的要求不合理且与制度环境对抗的成本不高时，组织会采取抗拒的方式回应组织压力；操纵是组织面对制度压力最积极的回应，当组织可以选择增加压力源时，会采取该回应策略[323]。在此之后，Goodstein[324]拓展了 Oliver 的研究，发现组织对于制度压力的回应受到制度因素和技术因素的集成作用；Modell[325]在公共部门绩效评估情境下，用案例分析对 Oliver 的框架进行了检验和修订；Zhang 和 Gimeno[326]则进一步深化和论证了 Oliver 等的研究；Desai[327]则以实证研究进一步丰富了 Oliver 的观点，发现信息不对称与组织行为的可见程度（visibility）也对其遵从具有显著影响。

在公共管理研究领域，Hood 等学者发现新公共管理运动提倡的问责和绩效机制对组织产生了相互冲突的压力，使组织产生了转变、默认等一系列回应行为[328-330]。在后续研究中，Hood 与其合作者对公共管理实践中的“避责”现象进行了深入的分析，从行为科学的角度诠释了理性行动者对问责压力的回应变化[331, 332]，而这为解释中国当代基层干部的回应行为奠定了重要基础。Verhoest 等[3]在探讨新公共管理运动所提倡的“压力-回应”逻辑时，公共组织会以创新、沟通、印象建构、竞争抑制行为、对政治委托者的回应行为、政治联盟构建和游说及目标拓展等策略应对政治委托者给予的压力。他们的研究指出理性设计的制度既可能帮助组织实现最优安排，也可能导致非预期的负面后果。另外，在税收制度背景下，Braithwaite 等[333]从姿态的视角分析了行动者应对制度压力时会产生承诺、容许、对抗、逃避和博弈等回应行为。Black[334]则从规制的视角探讨了组织在规制体制中如何对多元的合法性和问责要求做出回应，以及如何在复杂和动态的环境中寻求建构合法性。组织在回应多元合法性要求时看似存在多重困境，即 Koppell[50]所说的多元问责失序（multiple accountabilities disorder），但实际上组织可以有选择地忽略某些合法性要求。同时，组织应对外部压力时会产生一系列回应行为。

在新制度理论视角下，印象管理研究得到了广泛诠释。Allen 和 Caillouet[183]指出组织与其他组织共存于关系网络中，这些关系能够刺激、约束或挑战组织的行动。面对问责压力，为获得合法性，行动者采用各种印象管理策略。其中，最能影响组织合法性的利益相关者是印象管理策略的首要影响目标，而组织对不同的利益相关者采取不同的印象管理策略。Samkin 和 Schneider[335]采取纵贯单案例研究方法和文本分析技术，发现新西兰的资源保护部门在面临新闻媒体广泛的负面报道压力下，采用了获得性和防御性的印象管理行为来获得、维持和修复自己组织的合法性。Westphal 及其合作者的研究也展示了组织行动者如何以印象管理行为来提升或维护自身的权力与影响，认为这些行为是制度逻辑的体现[168, 336-338]，但这些研究大多关注企业组织而非公共组织。

Arndt 和 Bigelow[339]发现在面临强制性和模仿性的压力时，组织倾向于采取防御性印象管理行为来回应多元组织结构的改变。Schwartz 和 Sulitzeanu-Kenan[340]认为，受结果导向价值支配的制度会减弱传统的科层问责，使出现不诚实行为的风险增加，并以 Romzek 和 Dubnick[35]、Romzek 和 Ingraham[72]的研究进行了说明。Ashforth 和 Gibbs[341]提出，由于合法性来源的多重性，组织可以采用多样的策略来满足合法性需求，他们在 Pfeffer 等学者研究基础上描述了强调实际变革的实质性管理（substantive management）和强调做出与社会期望相一致表现的象征性管理（symbolic management）两大类不同的策略。Bansal 和 Kistruck[342]指出，在模糊和不确定性的条件下，由于利益相关者难以识别和界定“务实”行为，“务虚”行为是最为有效的回应行为，组织能更便利地运用印象管理行为以使绩效看起来更高。利益相关者的权力、动机和政治技能越强，组织越倾向于象征性地表达利益相关者偏好的内容。

3.2.2 资源依赖理论

像新制度理论一样，资源依赖理论是当代组织研究的基本理论之一，同属于开放系统理论（open system theory）的范畴，它同样兴起于 20 世纪 70 年代的理论“寒武纪”①时期，对组织研究产生了深远的影响，成为研究组织的另一个基础理论。资源依赖理论可以追溯到 Selznick[343]对美国田纳西流域管理局

① 寒武纪生命大爆发（Cambrian explosion）是指在很短（地质意义上的很短，其实也有数百万年之久）时间内，生物种类突然丰富起来，呈爆炸式的增加。此处比喻在 20 世纪 70 年代产生了众多影响深远的理论，如权变理论、新制度理论、资源依赖理论、社会网络理论、种群生态理论、代理理论等。

（Tennessee Valley Authority）的研究，他提出了“共同选择”的组织符号策略（symbolic strategy）。这一研究同样也是新制度理论的起源之一，而该理论则以Pfeffer和Salancik的开创性工作为代表。Pfeffer[344]认为，要理解组织行为，就必须理解行为的情境，这是组织的生态。组织运行的动机是确保组织的生存和提高组织的自主权，同时维持组织在交换关系中的稳定性，这是许多组织行为背后的驱动力。组织所依存的情境或环境预示着组织行为，资源依赖理论讨论的是组织如何在这样的情境中生存。

资源依赖理论指出，一个组织最重要的生存目标，就是要想办法降低对外部关键资源供给者的依赖程度，并且寻求一个可以影响这些供给者，进而能够稳定掌握关键资源的方法。组织是具备大量权力和能量的社会行动者，其中心问题是谁将控制这些能量及实现什么样的目的。资源依赖理论认为，没有任何一个组织是自给自足的，即使有些组织看起来似乎是自给自足的，也都必须为了生存而与其环境进行交换[345]，其核心命题是“组织必须对外部环境做出回应”。资源依赖理论关注外部因素对组织行为的影响，强调在约束条件下，管理者会试图降低环境的不确定性和对环境的依赖。组织总是试图增加自己的控制权力而减少他人对组织的控制，即组织间的资源依赖产生了其他组织对特定组织的外部控制，并影响了组织内部的权力安排，而外部限制和内部权力结构构成了组织行为的条件。特别地，组织会尝试通过政治机制为自己创造更符合利益需求的环境，以及通过政治手段改变环境。在这种理论架构下，社会情境至关重要；组织具有多种提高自主权和追求利益的策略；权力对于理解组织的内部和外部行动很重要。

资源依赖理论认为外部的压力是推动组织进行管理变革的关键因素之一，但与制度理论强调组织的被动反应不同，资源依赖理论认为组织是策略性或自发性地回应外部的压力。资源依赖理论认为当组织面临复杂而多变的环境且资源有限时，组织除具有随环境变化而调整组织结构的能力外，还具有控制环境资源的能力。组织变迁的原则是增加资源的获取能力及降低环境的不确定性。因此，组织能够理性地与环境互动，做有效的改变。Galaskiewicz[346]指出，组织主动改变的能力体现在组织领导者面对环境压力时的理性决策，这种决策致力于最大限度地减弱环境的压力。

Schoorman等[347]指出当组织面对环境的压力时，为了获取资源克服环境中的不确定性，其通常的回应策略分为以下三种：合作、技能、建立声誉。合作策略是指将组织内外的多个竞争者相互联结起来，互相沟通，互相提供所需资源，以减少环境不确定性的影响；技能策略是指从组织环境中获取所需的专业技能，以增加组织本身决策的能力而减少环境压力；建立声誉策略是指通过提高组织的声誉促使资源主动进入组织当中，减少对其他组织的依赖。而从Oliver

的研究开始，新制度理论和资源依赖理论在解释行动者应对外部压力的议题上逐渐取得了融合。Oliver[323]认为新制度理论和资源依赖理论是互补的理论视角，从新制度理论视角易于观察到行动者为应对合法性压力而采取的被动和服从策略，而从资源依赖视角常常观察到行动者为获得资源和权力而采取的抗拒和操纵策略。

Tsui 等[348]指出，组织理论认为追求管理效能就要求管理者具备对冲突或不一致的角色期望做出回应的能力。管理者需要面对不同的支持者，他们向管理者投入或撤出资源（如信息、物质和努力），对管理者工作的成功与否产生重要影响。而这些决策取决于支持者对管理者的主观评价，如果他们喜欢管理者，就会给予支持。对支持者印象的管理在此过程中就发挥了重要作用。管理者对支持者期望的回应可以被看作为了管理支持者对其印象的尝试。Tsui 和 Ashford[349]的研究描述了管理者如何“管理”支持者的要求并对不一致的角色期望做出“回应”：首先，管理者设定自己行为的标准；其次，他们通过收集信息与反馈来对行为与支持者的期望进行比较；最后，他们设法减小二者的差异。他们将减小差异的回应策略分为两个独立的范畴：一种以改进管理效能为目标，另一种以维护管理者自尊为目标。基于 Katz 和 Kahn、Tsui 和 Ashford 的研究，Tsui 等[348]认为行动者的回应策略可能是双重导向的，并且从不同主体的视角来看是可变的，其中角色压力起着重要的作用。

Elsbach 和 Sutton[350]认为当利益相关者认可和支持组织的目标与活动时，组织就被赋予了合法性。由于外部利益相关者的期望之间常常冲突、模糊和不确定，如果关键利益相关者不满意，会减少参与或要求更多的资源用于交换。他们指出，组织理论提供了有效但不完整的视角来解释组织如何应对冲突和不一致的要求，在此基础上他们以案例研究表明行动者会以特定印象管理策略来应对这些要求，从而获得认可与支持，赢得合法性和资源。Pache 和 Santos[351]强调，当组织依赖于关键制度对象的资源时，倾向于与其期望保持一致，以稳妥地获得这些关键资源。Zott 和 Quy[352]的研究则更说明了印象管理对于获取资源的重要性。“务虚”的管理方式可以视为印象管理的子集，而印象管理历来被组织理论家视为获取资源的手段。事实上，这种旨在获取资源的印象管理在中国社会的管理情境中也普遍存在[353]。

3.2.3 权变理论

权变理论是当代组织研究的基本理论之一，该理论从系统观点出发，认为组织管理不存在一成不变、普适和最佳的理论和方法，组织必须根据环境和内部条件的变化而随机应变。权变理论认为环境占主导地位，组织则居于次要、被动的地位，组织的行为是被决定的、受制约的和适应性的，组织必须适应环境的需要，组织的成功与否取决于适应的效果如何。其中，匹配是新制度理论和权变理论共同关注的组织议题，权变匹配产生内部成效，而制度匹配产生外部合法性和支持，两者常常此消彼长相互矛盾，因此基于一个组织的最好的设计，既要考虑制度又要考虑权变。权变理论认为最好的组织方式有赖于环境的性质，并追求组织内在特征与环境要求的最佳匹配，以适应环境的需要，这与新制度理论和资源依赖理论对组织适应环境的观点有共通之处，强调组织与环境不可分割。

Tetlock 等[102]根据 Beach 和 Mitchell 的决策选择权变模型提出了社会权变模型（social contingency model），用以描述当个体不得不就某些行动或决策做出回应时，会激发出许多社会机制，进而产生个人权变行为。他们归纳出人们在面对不同问责条件时的三种策略，并在实验研究中得到了证实：①当人们了解问责主体的观点并不受承诺约束时，倾向于低水平努力，根据问责主体观点而改变自己看法，即遵从；②当人们不了解问责主体观点且不受约束时，会以相对多的努力进行思考和应对，即复杂化；③当人们感到需要为特定情况负责时，大部分精力用于做出解释，即支撑。根据 Tetlock 等[102]及 Hochwarter 等[120]的研究，问责影响绩效的机理具有情境依赖和权变的特征。

从 20 世纪 80 年代至今，Tetlock 和他的合作者一直聚焦于问责及其应对的实验研究[354, 355]。社会权变模型有三个基本假设：①问责（向别人解释其观点的压力）是现实世界中对重要议题决策的近乎普遍的特征；②决策者，尤其是在正式组织情境中，有动机来获得问责主体的赞许和尊重；③决策者采用多种认知策略来回应社会-组织环境的问责要求，这些策略包括：启发式接受，即以最小的阻力简单地寻求“重要的他人”可接受的方式；谨慎处理信息，即通过对备择方式的谨慎思考来避免偏误；坚持，即致力于使之前的决策看起来合理、正当（尽管产生的后果可能不好），这被 Staw[356]称为追溯理性（retrospective rationality）。根据权变理论，不同类型的决策者在不同任务环境下做出决策，因而不存在绝对和不变的规则。在此基础上，Lerner 和 Tetlock[357]梳理了问责研究的假设，包括动机假设（经济自利理性、自我尊重需求、印象管理需求）和认知假设，在此基础上归纳了接受性启发、预防式自我批评、防御式支撑和决策回避等四种应对问责的策略，梳理了个人特征的影响和约束条件，并分析了每种策略的优缺点（涉及个人绩效）。

Tetlock 借鉴了 Staw 等学者的观点，认为当面对外部威胁时，人们会主动关注效率、紧缩预算、缩减成本和增强问责。Lerner 和 Tetlock[98]从个人心理层面做了进一步的阐发，认为当人们意识到需要为其决策负责时，对信息处理和判断会更加警觉。这一认识也得到了其他学者实验研究的支持[358]。基于这种认识，

Tetlock[97]探讨了问责可能导致的回应策略和效应。他表明问责可能产生五种效应：基本归因错误、稀释效应、模糊趋避、吸引效应和继承效应。实验研究发现，问责使行为主体以更具分析性和复杂性的方式理解信息。而在面对问责压力时，人们一般采用的策略包括无条件支持组织、谨慎选择回应方式、绝不仓促决定方案及上述三种方式的混合策略，而人们应对问责的策略依赖于问责关系的本质（谁依据什么基本规则向谁负责）和决策者的认知与动机倾向（如认知类型、人际需求、自我尊重和职位安全）[359]。例如，实验研究发现，在预告知问责条件下，实验对象报告了对受试者更复杂的印象、更精确的行为预测，以及更恰当的自信水平[153]。在后续研究中，他们还探讨了更多的策略，如反事实思考、决策回避、反事实道歉等。

从积极的方面看，严厉的问责压力能减少个人决策中的主观性和促使其满足定量目标[360]。组织理论家过于强调组织对外部环境中多样性问责要求的适应，然而关于问责的文献表明，问责压力将会使处于利益冲突情境之中的专业人员面临道德诱惑的加剧。在工作中，专业人员首要的问责压力是向强势且独断的受众（如顾客或上级）就其做法做出说明。在不同的决策情境下，专业人员会采取不同的策略应对。人们并非生活在社会真空地带，而是必须经由特定的共享规范和实践来与他人相互作用。人的一项基本需求是获得他人的认可，这通常成为其行为的目的。得到他人的认可有助于确认自我价值，抑或是帮助自己得到获取稀缺资源的权力。这就要求个体向他人说明自己想法和行动，从而产生了问责压力。问责压力可以来自个体内部或外部，其中外部的问责压力来源于人与人之间的问责关系，个体需要以特定的信念、态度和行为向他人做出解释。在跨文化的情境中，发现个体的文化适应策略选择取决于内部和外部问责压力的组合。

从 20 世纪 90 年代至今，Frink 和 Ferris 与其合作者如 Hochwarter、Fandt、Breaux、Klimoski、Hall、Judge 等学者进行了一系列实证研究，在组织情境下进一步发展了 Tetlock 及其合作者关于问责压力与印象管理及其他应对行为的研究，并将组织政治知觉、动机、角色冲突等变量引入研究之中。基于 Tetlock 等学者的研究，Frink 和 Ferris[37]的实验研究认为，在不同问责条件下，个体有差异地接受任务和设定目标，即根据问责条件强弱表现出绩效导向的行为或使用印象管理行为。印象管理是人际活动的自然后果，是主动沟通和包装的一种途径。目标和绩效的关系在低问责条件下显著相关而在高问责条件下出现了解耦和不相关。Frink 和 Klimoski[128]提出，代理者会对委托者做出一系列的回应，包括遵从、回避、协商、拒绝、选择性关注、说服和结盟等。在不同问责条件下，代理者会有差别地做出回应，很容易导致组织或社会非预期的产出。

Dubnick 和 Yang[57]提出以基于机制的理论化方式构建中层理论，适应权变的情境特征。Frink 等[56]通过对宏观层次和微观层次问责研究的回顾，建立了组织外部（环境）和组织内部彼此间的联系，考察制度本身和制度被内化后的心理因素及其在行为上的反应。这种理论视角与“个人-环境匹配”理论有着很强的相似性，将个体的行为归因于个人和环境的互动，而组织行为正是由个人行为集合而成的。权变理论、新制度理论、资源依赖理论、角色理论和代理理论等较为流行的理论都能够运用于这一框架的分析之中，但忽略了作为解释组织群体和个体行为重要因素的动机因素。

3.2.4 对本书研究的启示

正如 Scott 所评述的那样，几乎同时期出现的新制度理论、资源依赖理论和权变理论均是以开放系统模型为基础的理论框架，在解释组织行动者与环境之间的互动关系方面提供了相互补充的视角[320]。新制度理论用对合法性和声誉的追求解释了行动者对外部压力的回应机制，提出制度塑造了行动者的行为，而资源依赖理论从资源和权力的视角强调了行动者在回应外部压力时努力降低外部依赖的主动角色，权变理论则提出了行动者的行为受到环境复杂性和不确定性的影响，为发展适于实证研究的中层理论开辟了空间。这些理论扩展了人们对于组织及环境的理解，使组织行动者与环境互动过程中的各个变量凸显出来。由上述分析来看，这些理论框架之间并非不可兼容，从更综合的视角理解和分析组织中的现象更为适宜。

新制度理论和资源依赖理论共同表明，组织外部制度与组织及其成员的印象管理行为之间存在紧密的联系，Elsbach 和 Sutton[350]等的研究说明了制度压力影响了特定的印象管理策略。Oliver[323]、Tsui 等[348]对于压力回应行为的深入分析则不仅展示了新制度理论和资源依赖理论各自逻辑的融合，也呼应了权变理论对压力回应行为多元化的认识。Tetlock 等的社会权变模型及 Frink 和 Ferris[37]等的研究丰富了权变理论对于这一理论问题的解答。Bansal 和 Kistruck[342]、Zott 和 Quy[352]及 Breaux 等[119, 137]的后续研究则在这些经典研究的基础上不断丰富了实证分析框架，引入了一系列新的分析变量。根据这些研究，与印象管理行为有关的制度因素、组织因素和个体因素均应纳入未来实证研究的框架，以期对行动者的印象管理行为及其“压力-回应”机制做出更可靠的解释。

3.3 本章小结

本章对关于乡镇政府领导行为及其影响因素的研究进行了梳理，阐述了新制度理论、资源依赖理论和权变理论关于“压力-回应”的主要观点和逻辑。国内外学者主要将乡镇政府领导行为归因于压力型体制、社会化角色和激励-动机的作用，然而这些研究往往描绘了中国政府体制的行为表征，而对政府官员的实际行为、担心顾虑及他们之间的相互作用尚未有深入涉及。在组织理论研究中，新制度理论、资源依赖理论和权变理论分别从各自视角对“压力-回应”现象做出了解释，可以从更综合的视角理解和分析组织中的现象，与印象管理行为有关的制度因素、组织因素和个体因素均应纳入未来实证研究的框架，对行动者的印象管理行为及其“压力-回应”机制做出更稳健的解释。

4 目标责任制：从现象到案例

4.1 研究背景与问题诠释

4.1.1 目标责任制的功能与局限

目标责任制是一项对当代中国基层政府管理产生深远影响的制度，其本质是一种绩效评价和问责机制。目标责任制是目标管理思想和行政责任制结合的产物，也被称为目标管理责任制，随着改革开放的深入逐渐在各级党政机关中得到运用。邓小平在《解放思想，实事求是，团结一致向前看》的著名讲话中，明确提出“在管理制度上，当前要特别注意加强责任制”[361]。而自 Drucker 提出目标管理思想以来，目标管理法在绩效考核的过程中得到广泛的应用，这些共同推动了目标责任制的发展。目标责任制先后在农业生产管理和国有企业管理中得到运用，在 20 世纪 80 年代中期逐渐在地方政府管理中得到采用和推广。在不同的地区，目标责任制演化出了在操作技术上存在一定差异的制度形式，如岗位目标责任制、专项工作目标责任制等。2000 年以来，随着政府绩效评估研究的兴起和问责概念的广泛传播，目标责任制的功能和重要性日益引起地方政府管理者的关注。

该项制度的基本特征是：一级政府或部门在一定时限内（一般为一年）的总体目标的任务确定之后，按照行政隶属关系向下层层分解、逐级落实（由上下级政府主要领导共同签订目标责任书），并依据落实的目标任务进行相应的考核，确定和判断一级政府或部门及其人员的工作优劣情况，并按照考核结果实行相应的奖惩。这项制度在实施中注重制定目标、考核、奖惩三个环节，而考核环节更是重中之重。这强化了上级政府与下级政府之间的委托-代理关系，提供了一种强调目标实现或结果达标的科层问责机制。借鉴 Lindberg 描述的问责机制时序分析框架[66]，可以将目标责任制的本质简化为作为委托者的上级政府与作为代理者的下级政府之间的问责关系。在实施目标责任制之后，上下级政府间的委托-代理关系得以借助这套管理工具不断精细化，并且使地方政府的管理方式趋于同构。

尽管《中华人民共和国地方各级人民代表大会和地方各级人民政府组织法》和一系列正式的法律法规构成了地方政府间问责关系的法理依据，然而这种问责关系必须依靠特定的手段实现，目标责任制承担起了这一使命。正如王汉生和王一鸽[12]所指出的，目标责任制的制度设计巧妙之处在于将地方政府及其主要领导的个人利益与任期责任联系在一起，采用管理控制的闭环系统驱动地方政府逐级完成上级政府下达的目标任务，从而最终实现中央政府的政策目标。从这个意义上说，目标责任制与西方行政管理体系中的辅助原则（subsidiarity principle）颇有相似之处。但是，与西方国家相比，中国的行政管理体制具有鲜明的特殊性，辅助原则也相对模糊和富于变化，很难简单地移植应用西方的政治和管理理论。

在单一制体制下，所有地方政权都是中央政权的执行机构，地方政权并不是严格意义上独立的政治实体。这尽管有利于中央政权实现国家的宏观管理职能，但自改革开放以来，中国政府已经认识到单纯依靠行政手段难以实现改革目标，必须进行相应的体制改革。目标责任制的实施使涉及中国五级政府的分权改革成为可能，它不仅在客观上巩固了县级政府和乡镇政府之间的科层问责关系，进一步强化了上级对下级的控制，而且以签订契约的形式给予了下级政府一定的弹性，产生了明显的激励效果，这些作用保证了管理幅度广泛的政府机构不会因政府间权力与责任的重新划分而受到限制。

然而，制度作用的充分发挥依赖于特定的情境，即使是正式组织的正式规则，也需要从其实际运行的情境出发考察其效果。自中国改革开放以来，以目标责任制为代表的问责制度在国家和社会治理进程中发挥了特殊的作用。实施目标责任制的最初目的是明确组织中的分工，从而提高工作效率和管理效能，减少推诿扯皮现象和权责模糊的时弊，实现对决策者的有效控制，其中考核和奖惩是责任制的核心。从实践来看，目标责任制的实施对于基层政府的自主性、积极性及管理方式的转变等都发挥了相当的积极作用，能够在较短时间内实现在相对较大的范围内构建责任体及将其责任与个体效用相挂钩，实现多部门的协同行动、展开攻坚，有利于地方发展目标的实现。

人们通常认为目标责任制的关键理论是 Drucker 在行为科学理论背景下提出的目标管理理论，其基本观点之一是目标管理能够促进沟通并减少角色冲突和混淆，但令人困惑的是在中国地方政府运用目标责任制的过程中，许多实际行为特征与目标管理理论所期望的并不一致，追求绩效改进和追求问责控制的不同目的之间也会出现一些矛盾，尤其是需要防范机械地运用理论、将日标与手段本末倒置。实际上，实践中的许多现象令人不得不反思目标责任制的理论依据，也亟待从理论上探讨目标责任制和组织行为与绩效之间的影响机制。

20 世纪 90 年代以来，绩效评估的兴起使人们从另一个视角重新理解这种制度，将其视为一类普遍存在于党政机关中的绩效评估和管理制度。绩效评估具有问责的功能，一些学者认为目标责任制起到了有效的作用，例如，王辉和苏立宁[362]发现目标管理导向下的绩效评估推动了县级政府管理实践的改善，引导了政府创新；吴建南和岳妮[363]对乡镇政府领导进行的实证研究表明，问责制度能够通过规范乡镇政府组织领导行为改进政府组织绩效。这些实践表明，目标责任制对于国家发展起到了重要的历史作用。

实际上，和其他制度一样，目标责任制也可能面临失效的风险①，因此需要不断地变革创新。在实践当中，很多制度都会随着时间出现“浴盆效应”：在早期，由于人们不熟悉目标责任制，其效能很难充分发挥出来；在中期，由于人们未达到目标责任制的要求，影响其效能的发挥；到晚期，由于情况的变化，目标责任制又不能很及时地适应变化了的情况，同样会出现低效能的现象。正如 March 等学者所指出的，从历史的角度看，一项制度通常都要经历建立、完善、修订、消亡的过程。只有不断创新制度，才能不断延续目标责任制的生命力。

4.1.2 目标责任制的实施机制：以 S 省为例

S 省的目标责任制经历了一个不断演化和创新的过程，具有较强的典型性。S 省从 1984 年开始就出现了目标责任考核这种形式。1991 年由省委组织部、省人事厅制定下发的《党政机关目标管理责任制试行办法》为省内上百个区县向下推行目标责任考核提供了政策依据，指导和推动全省初步建立了机关目标责任制考评体系。据 S 省人事厅统计，截至 2005 年，开展目标责任考核的县（区）已占到全省县（区）总数的 79%，许多市的目标考评实施范围覆盖到市以下各级党政群机关，包括对县（区）、乡（镇）目标任务完成情况的考核和对公务员履行岗位职责、完成年度工作任务情况的考核。2007 年，新一届省委、省政府开始进一步强化目标责任考核，从 2007 年 6 月开始在 11 个市区和 88 个省直单位全面开展了年度目标责任考核工作，由省委组织部具体负责。2007 年 6 月上旬，S 省委下发了《关于进一步加强领导干部作风建设的若干意见》和《关于各市（区）和省直部门年度目标责任考核试行办法》两个文件，省委、省政府办公厅同时发布了 2007 年度目标责任考核指标的通知。紧接着，各市区、省直单位纷纷成立了考核工作领导小组并设办公室，由各单位领导亲自安排部署工作。截止到 2008 年，目标责任考核在省内各级政府都得以贯彻实施。

时任省委常委、组织部长认为，S 省的目标责任考核具有四方面的定位，即“推动发展、引领方向、扭转作风、促进落实”。在考核内容方面，全省 11 个市区党委、政府需要完成“经济发展、社会发展、人民生活、资源环境、社会安全和

① 根据可靠性理论，每项政策都有其失效过程，分为早期失效、偶然失效和耗损失效。

班子队伍建设”6个大类、共21个子项的目标任务，体现出定量考核与定性考核、日常工作与重点工作、约束性指标和激励性指标并重的特点。在考核机制方面，采取了季报（按季度报送数据资料）、年考核的程序，对各单位分类进行考核，在市区一级单位采取了“下评上、民评官、基层评机关”等多种绩效评价形式。在考核结果使用方面，S省采取了依据排名、选优汰劣、直接将考核结果与干部使用挂钩等措施，为树立考核的权威性，还把考核结果与领导班子调整、干部福利待遇结合起来。

总的来看，在2007年之前，省内各地的目标责任考核存在碎片化的特征，基本上处于地方政府自发开展的状态。2007年以后，随着新一届省委班子施政方针的出台，“解决各级领导干部抓工作落实原动力不足的问题”成为目标责任考核的着力点。例如，B市目标责任考评委员会就这样总结，“年度目标责任考核与我市从20世纪80年代中期就推行的目标责任制管理工作既有相同之处，又有本质区别。相同之处在于都是通过量化指标考核工作、推动落实；本质区别在于年度目标责任考核把考核工作与考核评价干部、考核结果与管理使用干部有机结合起来，把考核结果运用于领导班子和干部队伍建设，作为评价使用干部的重要依据”。在这样的背景下，县级政府对乡镇政府的目标责任考核也迅速推进，出现了许多新气象。根据对S省内部分乡镇主要领导和县目标责任制考核办公室（简称考核办）领导的访谈，县级政府与乡镇政府之间目标责任制的具体实施流程如图4-1所示。

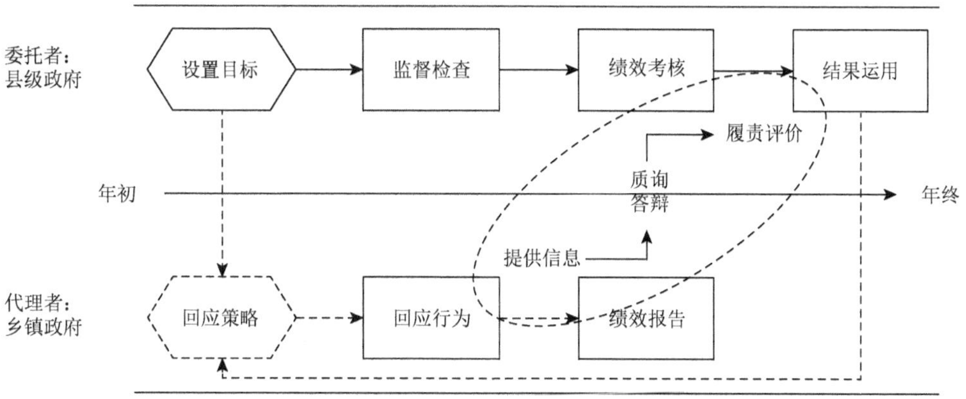

图4-1　县-乡两级政府间目标责任制实施机制

目标责任书的签订使县级政府与乡镇政府之间确立了委托-代理关系，签订双方和与目标责任考核有关的部门、个人都明确了各自的权力与责任及彼此间的关系，形成了一个由行为主体（单位和个人）及其关系所构成、能够实现绩效评估与问责功能的体系。在这一互动过程中，县级政府扮演着委托者的角色，乡镇政府则是代理者，而乡镇政府主要领导则是实际上的责任承担者。

4.2 目标责任制情境下的乡镇政府行为

自中国改革开放以来，目标责任制等管理工具在公共部门得到了广泛的应用，建立了具有中国特色的问责机制，绩效评估和行政问责的兴起使中国社会对问责给予了进一步的关注，要求政府机构及其成员为其行为表现负责并承担后果。实际上，中国自古就有自上而下监督考察特定政府及官员责任履行情况并对其进行奖惩的传统，如《孟子·告子》对古代天子与诸侯责任监督的关系进行了论述。问责制度的倡导者和拥护者认为，问责能使行使公共权力的官员感知到更强的职责压力，从而改进政府绩效。然而种种迹象表明，强化问责机制未必能够改进绩效，基层政府管理中存在着较为复杂的情况。目标责任制以目标责任书的合同形式建立了委托代理双方的问责关系，要求责任代理者为其绩效负责，是一种绩效导向的问责机制，即绩效问责。

本节关注相互关联的两个问题：从问责的视角看，目标责任制有着怎样的特征？这种问责机制如何对乡镇政府的行为产生影响？或者说，作为责任代理者的乡镇政府为何做出特定的回应？从国内外研究来看，尽管许多研究都涉及了对基层政府目标责任制的讨论，但很少有从问责机制视角展开的研究。其中，王汉生和王一鸽[12]系统地描述了目标责任制的制度特征，认为深入的学术研究“相当缺乏”。在其基础上，欧阳静[20]探讨了乡镇政权非正式运作的形态及其影响机制，狄金华[19]则从短期内集中资源完成重点任务的视角描述了乡镇政府应对目标责任制的行为，这些研究依据社会学研究范式分析和归纳了目标责任制的特征及其影响，但对于问责机制与其后果之间的关系仍缺乏深入的探讨。

本书在梳理有关研究的基础上，尝试通过案例分析进一步凝练绩效问责机制与政府回应行为之间的关系，为开展有关实证研究奠定基础。考虑到案例研究方法的基本优点之一在于它提供的分析的深度，本书在 S 省目标责任制的背景下设计了案例研究，以探讨目标责任制情境下乡镇政府领导行为的现象背后隐含着哪些关键的环境或个体因素。一般而言，案例研究旨在获得新的、可验证的理论，主要解答的是“为什么”和“怎么样”之类的问题。本书探讨的是制度、组织及个人因素与乡镇政府领导印象管理行为之间的关系，符合应用案例研究设计的要求。

4.2.1 作为制度的问责及其影响

作为制度的问责在不同情境下具有不同的表现形式。在中国地方政府管理情境下，目标责任制是一种典型的问责机制。简单地讲，目标责任制是地方政府为完成其发展目标，将当年的发展目标进行细化分解并与下级政府签订目标责任书，要求下级政府如期完成各项指标并进行考核和奖惩的管理制度。自改革开放以来，目标责任制在国家和社会治理进程中发挥了难以替代的作用，在各级党政机关中得到了推广。它在客观上巩固了县级政府和乡镇政府之间的科层问责关系，进一步强化了上级对下级的控制，而且以签订契约（即目标责任书）的形式给予了下级政府一定的灵活性，使之努力完成上级分解下发的（绩效）目标任务。从绩效管理的角度看，目标责任制形成了一种以绩效为核心的问责机制，委托者与代理者的互动关系围绕绩效责任而发生，因而目标责任制是一种基于绩效或绩效导向的问责机制。

实施目标责任制的初衷是明确组织中的分工，从而提高工作效率和管理效能，减少权责模糊现象的时弊，这与新公共管理运动以问责机制促使绩效改进的主张不谋而合。然而从现实来看，这种以绩效完成情况为衡量标尺的问责机制造成了同级地方政府之间的竞争，政府机构为了在这种问责机制下脱颖而出，会在不断规范和修正自身行为的同时完成既定目标。强有力的控制减少了下级政府的自主权并带动了经济增长，但难以防范行政主体的经济理性行为。在问责机制的压力（或激励）作用下，政府行为主体既可以以创新和学习等行为改进绩效从而获得激励，也会通过各种治理行为扩大自身优势，还可以使用频繁沟通、游说等策略实现同样的目的。

以往研究表明，作为制度的问责会对乡镇政府的行为产生影响，而这些行为既可能是正式行为，也可能是非正式行为。非正式行为是与组织目标没有直接关系的行为，是非正式制度在组织内的延伸，组织成员之间按照共同遵守的非正式制度的要求及相应的价值观来规范自己的社会角色和社会行为。如果将地方政府的科层体系视为一个大型的组织，那么位于基层的乡镇政府所表现出的各种策略行为都可以被归纳为组织非正式行为。根据社会交换理论，组织中的非正式行为极大地影响着组织的绩效和社会的效率，那么乡镇政府的非正式行为应当引起研究者的高度重视。本书即从正式行为和非正式行为的角度探讨基于绩效的问责机制对乡镇政府行为的影响，通过案例分析探讨问责机制与政府回应行为之间的关系。

4.2.2 Y 乡的案例分析

乡镇政府[包括镇和街道办事处（简称街道办）等，为研究便利起见简称乡镇政府]是中国政府管理架构中最基层的一级政权组织。一方面，乡镇政府数量庞大、职能复杂，是学术界探讨地方政府“制度”和“角色”的典型对象；另一方面，在国家改革和社会制度变迁过程中，乡镇政府面临许多复杂的社会问题，在国家-社会关系中具有特殊地位。在中国改革开放以后，农村治理实行的是乡制。1983 年中共中央、国务院印发《中共中央、国务院关于实行政社分开建立乡政府的通知》，到 1985 年各地基本都建立了乡政府（发达地区建立镇政府），同时按乡建立了乡党委和乡一级财政及相应的预决算制度。乡镇政府的职能在 2004 年第四次修订的《中华人民共和国地方各级人民代表大会和地方各级人民政府组织法》中有明确规定。广义的乡镇政府包括党委、政府、人大、政协四大领导班子，其中乡镇党委对乡镇政府有政治、思想和组织上的领导权，乡镇党委书记是乡镇政府的最高领导，带领乡镇干部履行对辖区的政治领导、行政管理和社会事务管理职能。

本书根据便利条件，选择了 S 省 X 县的 Y 乡进行案例分析。X 县位于省内中部地区，总面积为 1255 平方千米，截至 2006 年底总人口为 57.8 万人，经济社会发展处于当地中等水平，下辖 18 个乡镇。本书选择了其中的 Y 乡作为案例分析对象。Y 乡位于平原地区，南临山区，东与 X 县城接壤，西北毗邻其他平原乡镇。在历史上，Y 乡是一个物产富饶的农业乡，全乡下辖 21 个行政村，常住人口 2.6 万余人，以农业人口为主。Y 乡境内地势平坦，气候温和，适宜农作物生长，主产小麦、玉米。与同一行政区划内的其他乡镇相比，Y 乡的经济属于中等水平，2006 年度生产总值达到 17 300 万元，人均年纯收入 5000 元。

本书主要通过查阅档案资料、访谈获取定性信息，所采用的数据均以 2006 年历史情况为准。访谈采取面对面访谈或电话访谈的方式进行，对 Y 乡党政领导在不同的时间和地点进行了多轮访谈。首先，由笔者围绕“目标责任制与乡镇政府的状况”、“回应策略与行为”和“获得的效果”三个议题，引导受访者从自身经验出发进行阐述。接着，笔者对访谈资料进行归纳整理后，经过一段时间再分别进行回访，补充有关信息。另外，笔者详细查阅了 2003～2006 年 X 县对乡镇政府签订目标责任书和实施考核的所有文件档案，并根据访谈情况进一步补充了有关信息。

4.2.2.1 问责关系中的主体与客体

目标责任制的一个显著特征是责任委托者与代理者之间以契约形式约定受托责任。目标责任书的签订使 X 县政府与 Y 乡政府之间确立了委托-代理关系，签订双方和与目标责任考核有关的部门、个人都明确了各自的权力和责任及彼此间的关系，形成了一个由行为主体（部门和个人）及其关系所构成的问责体系。在这个体系中，X 县党委和政府是实质上的问责主体，而其下属机构代理其部分功能，如县考核办具体负责组织、协调及汇总领导班子成员年度考核工作，县职能部门负责对乡镇单项工作完成情况进行评估，将评估结果汇总给县考核办。例如，X 县各乡镇的经济建设情况（含重点工程）由县发展和改革委员会按照经济建设目标任务考核办法组织考核；各乡镇政府的其他目标任务由县委、县政府各职能部门对单项目标任务完成情况进行考核；政府综合部门岗位综合目标任务由 X 县四大班子领导、13 家考评委员会成员单位及特邀评委根据各单位汇报情况打分，以上考核结果均向县考核办提供。

X 县目标责任制考核的组织机构为县委、县政府组成的考评委员会及下设的考核办，考评委员会负责牵头组织目标责任制考核，考核办则具体组织实施目标责任考核。考评委员会主任由县委、县政府主要领导担任，考核办主任由县委组织部部长兼任，考核办成员则来自县委、县政府各职能部门。由于考核会涉及许多个人评价和奖惩，可能产生一些争议，为了确保考核正常、有序地开展，政府往往倾向于组建“委员会”和“考核办”这样的任务型组织。考核办的实际功能之一是将县委、县政府主要领导的意图和指示贯彻到目标责任考核过程中。考核办负责发布考核的最终结果，在此之前，有关人员需要和考核办的主要成员进行相应的沟通。

问责客体即县、乡委托-代理关系中的责任主体，在本案例中即 Y 乡政府（包括乡党委、政府及其他部门）。Y 乡政府的核心职能是经济发展、社会稳定和公共服务，其中经济发展一直是 Y 乡政府近年来的中心工作，而公共服务职能则趋于精简。在实际运行中，Y 乡的行政责任较为繁重，Y 乡党委书记说，政府要“一手抓发展，一手抓稳定”，哪一方面都不能出现重大失误。在“条块结合”体制背景下，县级各职能部门依据归口管理制度，各自在乡镇圈定自己的管理范围，将本应属于乡镇政府的管理事项纳入自己的职权范围，使得乡镇政府责任压力进一步加大。与其行政责任相比，Y 乡的财力还亟待充实。尽管分税制以来实行的财政体制使乡政府能够获得一定的财政收入，但乡镇财政所仍然由县政府财政部门直接管理，许多乡镇的财政来源依赖于上级拨款。

对于地方发展（尤其是经济）议题，乡镇政府领导表现出类似于西方管理理论中“企业家”“厂商”“经营者”“经纪人”等多重复合角色；对于上级政府或当地乡村而言，乡镇政府领导发挥着类似于西方管理理论中的“守夜人”作用，而在问责机制面前，他们的行为又类似于 Behn 提出的“稻草人”角色。例如，Y 乡政府领导既要谋求地区经济发展，又要提升乡镇政府的财力，还要充分考虑乡镇政府自身的完善和广大乡镇干部的职业发展。

在现实中，Y 乡政府的主要领导年富力强（平均不超过 40 岁），乡党委书记为大学学历，具有在县委工作的经历和较为广泛的人际关系，对目标责任考核的各个环节非常熟悉。在每年的年终考核之前，乡党政领导都会探讨研究考核方式流程并做相应准备，尽可能取得理想的结果。另外，由于县职能部门和考核办等部门具有相同或相近的价值取向，在目标责任考核的全过程中很难实现绝对的客观公平。

4.2.2.2 问责机制的定位与内容

在X县目标责任制考评委员会办公室向各乡、镇政府下发的《关于2006年度目标管理责任制年终总评工作的通知》中，将目标责任考核的目的归纳为：总结经验，表彰激励先进，树立典型，鞭策后进。增强各乡镇、各部门的竞争意识，进一步激发和调动全体工作人员的积极性、创造性；转变工作作风，提高工作效率，促进该县经济社会各项事业持续、协调、健康发展。然而在乡镇政府主要领导看来，目标责任考核的直接目的就是督促乡镇完成县政府分解下发的任务。实际上，县政府对乡镇政府的控制意愿通过考核也得到了比较明显的表达，使乡镇政府领导服从于上级政府。

X县对Y乡考核的重点是市委、市政府下达该县的目标任务及县重点目标、重大项目、创建卫生城市（简称创卫）、处理安全性事件等落实情况及列入目标考评有关工作的完成情况，如表4-1所示。其中特别突出了招商引资等指标在整个经济目标体系中的比重，明确提出当乡镇争取到上级计划外无偿资金和获得上级奖项时可获得奖励加分的机制。其中，经济建设目标任务是考核的重点，多为定量指标。重特大安全事故、维护安全稳定和信访工作、动物疫情防控、计划生育都属于“一票否决”指标，是乡镇政府领导最为关注的指标。

表4-1 X县下发Y乡的年度目标任务

目标名称	具体指标
经济建设	两项重点建设、农业生产、工业生产、招商引资、税收征缴（5.1万元）、村内道路硬化（5个，不少于2千米）、出村路硬化（3个）、计划生育（98%）、新农村建设（2个）、劳动社会保障就业、全民健身广场建设（1个）、村庄规划编制（10个）
精神文明建设	党的建设、党风廉政建设、理论学习和思想建设、社会治安综合治理（保密、信访等）、安全生产、食品安全生产（包括创卫）、开展“为人民服务，做人民满意的公务员”活动、临时性目标任务
目标管理/公务员管理工作	目标管理工作（目标责任制分解、组织考核、县重点和重要工作督促检查、乡镇中心工作督促检查）、公务员管理工作（制度法规落实、公务员宣传培训、事业单位改革）

除了与经济发展、社会稳定和公共服务有关的指标外，Y乡政府还需要为一些难以确定目标且难以测量的指标负责。另外，尽管上级文件中提出“本年度突发性或临时追加的目标任务也要适时纳入总体目标之中”，但许多消耗了乡镇干部大部分精力的、临时性的工作实际上仍然很难纳入目标责任考核内容中，基层干部

承担的工作较多，责任较大，而相应的工作激励仍有待加强。

4.2.2.3 问责机制的流程与方式

在X县，目标责任考核前后要经历多次上传下达的过程。首先，县各职能部门在年初根据该部门年度工作规划和工作思路提出该年度具体工作计划，并根据工作计划给各乡镇政府分解目标任务，上报县考核办。接着，县考核办根据各职能部门上报的计划，结合县人民代表大会等大型会议确定的全县发展战略规划，以及县领导的意见，设定各乡镇的考核目标。接下来，经县考核办召集县发展和改革委员会、县统计局等13家考评委员会成员单位对各单位上报的目标任务进行查漏补缺和论证修改后，送县委、县政府审核确定，并由县委、县政府以文件的形式下达，县委、县政府有关领导与各乡镇领导签订各种目标责任书。在之后一年的时间里，县政府及各有关部门会不定期地检查和抽查各乡镇各项目标完成进度，并在年终对各乡镇进行考核和分等排名。

问责机制的流程主要包括自上而下的中期检查考核和年终综合考核两个关键环节。中期检查考核一般在6月底至7月初进行，由县政府组织县发展和改革委员会、统计局等职能部门组成综合部门检查组，对照全年目标责任书，通过采集专项工作资料、召开小型座谈会、现场查看、访问干部群众、征求有关部门意见等方式，了解、印证和核实各乡镇上半年综合目标任务完成情况。县考核办对经济目标完成情况进行月检查、季通报，定期召开经济运行分析会。各乡镇需结合自己的实际情况自查自评并写出半年书面工作总结，接着由检查组在其基础上采取看、听、查的方式进行检查，并对检查情况进行通报。此外，实行重点项目县级领导包抓责任制，对重点建设项目和重要工作任务实行专项检查和监控。

每年12月至次年2月底的年终综合考核则更为关键。首先由乡镇政府自我总结、检查，在总结、检查的基础上写出总结汇报材料，报县目标责任制考评委员会办公室；其次由各分管领导带领各职能部门分五个小组，用一天的时间对各乡镇政府进行考评；最后，举办本年度目标责任制年终总评汇报会，会上要求各乡镇政府根据签订目标汇报完成情况，播放根据各单位目标责任完成情况制作成的多媒体资料，并邀请县级领导、县考评委员会成员单位和特邀评委对各单位、各部门予以评等打分，综合汇总并写出考核报告。根据考核组评价意见、主管领导评价意见、年度目标责任制完成情况、民主测评情况等进行综合分析，提出考核等次意见，提交考评委员会研究，报党委、政府审定。

年终综合考核之后，各项目标的完成情况将作为单位评优、对领导班子奖惩的依据。对年终考核中综合得分最低的四个乡镇和“一票否决”的乡镇，不确定等次，由县四大班子进行评议，对评议得分最低的一个单位做如下处置：第一年，对该单位领导班子挂黄牌或通报批评，不能参评和获得各种奖励，一般干部领三等奖（最末等）奖金的 50%；连续两年得分最低的单位，对领导班子做调整处理。对于其他几个单位，领导班子成员按三等奖奖金的 80%发放，一般干部按三等奖标准发放。年终考评等次评定比例分为四个序列，在除去末位单位和“一票否决”单位后，一等奖单位占 30%，二等奖单位占 60%，三等奖单位占 10%。2006 年，县财政拨专款 120 万元资金用于对目标责任考核获奖单位的奖励，基本上人人都有奖。奖惩级别和措施如表 4-2 所示。

表 4-2　X 县对各乡镇的奖惩级别和措施

等次	评选比例	奖惩措施
一等	30%	县委、县政府授予先进称号并颁发奖牌；给予乡镇优秀奖并兑现奖金；年度公务员考核优秀比例为 15%；党政主要领导年度考核等次原则上可与综合工作等次对应；可对领导班子成员、内设科室负责人适当发放一定奖金（由同级财政预算列支拨付）
二等	60%	给予乡镇完成任务奖并兑现奖金；年度公务员考核优秀比例为 13%；可对领导班子成员、内设科室负责人适当发放一定奖金（由同级财政预算列支拨付）
三等	10%（出现重大失误降等直接确定）	给予乡镇基本完成任务奖并兑现奖金；年度公务员考核优秀比例为 10%

总体而言，Y 乡的责任并不少。在具体责任的认定上，当地规定有关数据以县统计局提供数据为准。相对较少的责任目标及有限的加分，加上统计局的数据调查，使乡镇政府的责任认定相对更容易。

根据年终综合考核的结果，X 县对各乡镇划分等次而不排名。除“一票否决”制外，X 县还采用了末位淘汰制、重大失误降等制和扣分制作为影响责任追究（奖惩）的手段。乡镇政府的安全生产、计划生育、群体性事件等内容列入“一票否决”范围，安全生产、社会稳定、班子建设、重点或重要工作、上级其他明确规定等内容列入重大失误降等范围。凡是被“一票否决”的乡镇将不定考核等次，不能获得任何年终经济奖励和荣誉表彰，如果情节严重，被“否决”的乡镇政府主要领导会受到进一步的责任追究。例如，2003 年和 2004 年 Y 乡先后发生两起重大安全生产事故，其结果是除了 Y 乡政府被“一票否决”外，乡政府领导被撤职，一些干部也受到党政纪律处分。Y 乡在年终综合考核中的排名也逐渐下滑，从中上游趋向于“垫底”。尽管这给继任者带来了不小的压力，不过在一般情况下，如果乡镇没有大的问题且不处在换届时节，就不会对乡镇领导班子做大的调整。因此，乡镇政府最担心的就是“一票否决”，它会直接导致对乡镇政府领导的责任追究。

4.2.2.4 问责机制的运行质量

根据对知情人的访谈，Y 乡的目标责任制存在一定的改进空间。首先，目标设置不够合理，与实际有所差距。一是乡镇政府需要完成的责任目标较多，乡镇政府资源禀赋越差则越难以负荷；二是乡镇政府完成的上级交办工作往往在目标责任书范围之外，难以在年终综合考核中有效体现；三是许多目标（如党建和精神文明建设目标）难以量化，不同的人对其完成情况衡量标准的理解存在较大的主观性偏差；四是一些经济发展目标规定具体数字，但这些目标所提供的数据科学论证不充分。其次，受访者对考核过程中的种种不清晰的规则提出质疑，认为目标责任制在实施过程中存在不规范的情况，制度文本与其实际运行情况有差距。最后，目标责任制强调结果运用，但在很多时候正如一位受访者所说，一些地方和单位的责任制需要加大落实力度。

从 Y 乡的案例来看，Y 乡的目标责任考核呈现出一种类似博弈论中“博弈均衡”的稳定形态，即每年只是由县考核办对乡镇职能目标和一些具体实施细节做出微调，参与各方尤其是承受着较大财政压力和事务压力的乡镇政府，能够接受这一体系的继续存在。而从实际情况来看，目标责任制依然是基层政府在农业地区进行行政管理的有力工具，如 Y 乡也在对各村组的管理方面采取了目标责任制。然而，从 Y 乡政府的可问责程度来看，这种绩效问责机制存在问题，难以确保运行的效果。借鉴 Bovens 等学者的研究，本书采用问责质量来描述问责机制的运行效果，并从以下方面来评估这种问责机制的质量。

首先，问责机制在促进责任双方建立信任方面作用不明显。一方面，Y 乡的年度目标并不是由乡政府制定的，而是依据县职能部门和县委、县政府下发的行政任务来确定，这容易导致个人目标和组织目标、组织目标和公共目标之间的不协调。另一方面，无论是作为组织机构的考核办，还是作为评估主体的县委、县政府，其评估权力的监督都不够充分，而且考核办和县职能部门具有共同的利益基础，容易令评估对象产生怀疑，考核对评估对象的激励作用就大打折扣。

其次，问责机制的定位与内容导致正向激励不足。目标责任考核在乡镇政府领导眼中是一种控制手段，其对考核的认知不全导致其关注考核过程的同时更关注考核结果。加上部分考核指标对工作要求的规定不具体，难以测量，且许多临时性工作并没有体现为考核指标，容易使乡镇干部一方面不知道自己该怎么完成某些目标任务，另一方面自己所做的许多工作无法让上级了解，不利于提升乡镇干部工作的积极性。

4.2.2.5 问责客体的回应行为

Y 乡原本是一个经济社会发展基础相对较好的乡，然而新一届政府班子上任伊始，党委书记发现乡里干部工作干劲不足，积极性、主动性低，乡政府工作效率待提升，群众、上级领导、机关基层干部的满意度均不高。尤其是Y乡政府主要领导对前任领导由于任内治下出现重大安全生产事故而被免职的前车之鉴记忆犹新，感到较强的压力。他在分析前任领导的工作绩效影响因素时，认为前任领导班子没做到凝心聚气和没能有效地完成“一票否决”指标任务是最关键的失误，而对他而言，这是回应行为的基本原则。另外，作为刚刚履新的年轻干部，Y乡政府主要领导特别看重履行自己的职责，将乡政府核心职能和上级赋予的事责当作自己的工作重点。Y乡党委书记本人具有大学文化水平，是土生土长的本地人，在基层工作已超过十年时间，对当地老百姓有着深厚的感情，很想在自己的家乡做出一番事业。作为一名年轻干部，他的工作思路也较为新颖、开阔，行事作风相对低调。同时，与不少乡镇相比，Y乡的工作氛围相对较好，当地民风也比较淳朴，为他提供了较好的环境。

为了扭转局面，新一届乡政府总结了前任政府的经验教训，很重视与群众、下属和上级等各方面保持良好的关系，塑造乡政府积极、热心、主动的形象。对于群众，乡政府要求干部热心、耐心地处理信访案件，乡政府领导亲自协调各方面关系，包括挨个与有协调需求的群众进行恳谈，必要时对某些存在遗留问题的群众进行经济补偿。乡政府还重点抓出村路建设、街内道路建设、人畜饮水、用电安全等群众最关心也最不满意的事项，努力争取大多数群众的信任。对于当地干部，乡政府领导一方面关心其生活方面的需求，多方争取资金解决了干部手中长期未能报销的旧账，并想方设法改善干部待遇；另一方面关心干部的个人发展，乡党委书记通过各种公开渠道向县政府部门积极推荐优秀干部。乡政府领导还注意身体力行，在关键场合做出表率。上级领导和部门对乡政府的工作表现十分认可，乡党委书记超过一半的时间和精力都几乎用于到上级相关部门争取、协调项目和资金。

履任之后，Y乡政府领导采取了以下回应行为。

（1）强化内部管理，提高能力素质。Y乡政府领导采取的举措包括：加强政治理论学习和业务知识学习，通过半年多的学习、整顿提高干部的业务水平和解决问题的能力；加强制度建设，先后完善了《乡镇政务公开制度》《乡镇接待制度》《乡镇政府机关财务管理制度》《乡镇政府机关干部考核制度》《乡镇政府机关会议制度》《乡镇政府机关办公电话管理制度》等一系列制度，用制度规范乡镇干部行为，强化对干部权力运用的约束；通过多种形式锻炼团队精神，塑造和谐的同事关系。

（2）着眼大局稳定，积极创造公众满意的环境。Y乡领导的措施包括：认真对待群众来信、来访，及时妥善处理群众反映的问题，化解矛盾，搞好协调；重点抓好群众最关心也是群众最不满意的出村路建设、街内道路建设、人畜饮水、用电安全、学生上学、医疗卫生等实事；关心乡村干部的生活，适时地予以满足，并积极培养、向外推荐和输送干部，使之走上领导工作岗位，调动机关干部的积极性和创造性。

（3）严把用人关，坚持用好的作风选人。Y 乡领导认为工作要取得成绩，关键在于选好人、用好人，因此严格组织人事纪律，坚持公开、公平、公正的原则，选能干事、会干事、干成事的干部到重要的岗位担任领导职务，遏制用人不正之风。

（4）高度重视目标任务完成情况，严格落实责任到人。新一届政府采取了多项措施，围绕 Y 乡的责任目标，规范责任分解、落实、检查等工作流程，分工到人、各负其责，定期检查督促、查漏补缺。Y 乡领导的措施包括：多次召开专题会议，提前研究、部署落实工作；定期组织检查、指导、督促主管各部门落实情况，查漏补缺、采取措施；及时进行任务分解，按"谁主管谁负责"的原则办事，做到"千斤重担大家挑，人人肩上有目标"。

（5）重视领导示范作用，以身作则落实责任制。Y 乡领导特别强调"加强领导班子建设，形成强有力的领导核心，是搞好农村工作的关键"，在工作中以身作则，严格纪律，坚持原则，同时重视关键问题的解决，带头下到各村基层开展工作。

Y 乡政府行为的改变，直接带来了乡村各项工作的进步。这些举措使 Y 乡超额完成了当年年度目标任务，在下一年度综合考核中获得二等奖，次年又获得了一等奖，考核排名不断上升，各种荣誉纷至沓来。但是，从这些行为的动因来看，Y 乡政府领导的积极推进是一个重要因素，Y 乡政府领导对乡政府核心职能和上级事务的重视体现在内部管理和对外服务的各个方面，而这些活动与正式的问责机制并没有直接的联系。例如，Y 乡政府领导提到，在 X 县的其他乡镇，政府领导的努力应对程度并不相同，对应地存在制度落实方面的问题。

除了上述的正式行为之外，Y 乡政府领导还将许多精力放在了一些较难观测的非正式行为上，主要包括以下几个方面。

（1）通过积极申报项目争取资金。为了充实乡财政资源，在规范内部管理、节约行政成本的同时，Y 乡领导和班子成员想方设法谋求发展，通过各种方案方法，找上级部门申请和协调项目与资金。

（2）积极参与考核。即使当目标任务和考核指标有所偏差时，乡镇政府干部也会积极参与上级的考核。

（3）注重交流与配合。Y 乡要参与县上各部门的日常检查，故乡政府需要将一定的时间用于配合考核检查和与上级部门的沟通。在他们的认识中，配合程度高会提高考核结果的全面性和客观性，为了配合考核，他们在其中投入了很大精力。

这些行为既与Y乡政府主要领导的自身特征有关，如Y乡党委书记曾在县委组织部任职，具有较强的人际沟通能力，能够为Y乡争取资金；也与绩效问责机制有关，由于乡镇财力资源匮乏，一些任务很难完成，促使乡政府向上级寻求帮助，在沟通协调下完成考核目标。

4.2.2.6　问责机制与回应行为的关系

从问责机制的运行质量分析来看，这种绩效问责在促进乡镇政府绩效的改进中面临很多阻碍，然而Y乡的案例却似乎提供了相反的证据。但进一步的分析表明，Y乡政府“连年在目标责任考核中获得奖励”的事实直接归因于乡政府领导的正式行为，这些正式行为与绩效导向的问责机制之间却不存在强的关联。绩效导向的问责机制在运行质量方面的不足导致了各种非正式行为，这些非正式行为则对Y乡政府在年度考核中的排名上升起到了促进作用，但与乡政府绩效改进仍有所区分。

根据上述分析，可以得到如下的发现。首先，绩效问责机制在促进责任双方建立信任、增加正向激励、确保责任落实方面作用不显著，因而问责质量仍有待提升。这与Zhao[248]、Chan和Gao[17]及王汉生和王一鸽[12]等学者的研究发现一致。其次，案例分析表明，正式的问责机制会导致乡镇政府从事非正式行为。这间接佐证了周雪光“非正式行为是政府组织所处制度环境的产物”的观点，Y乡政府的非正式行为与存在诸多问题的问责机制之间有着密切联系，因而“是政府组织结构和制度环境的产物，在很大程度上也是近年来政府制度设计特别是集权决策过程和激励机制强化所导致的非预期结果”[18]。

不仅如此，案例分析还表明这种问责机制以外的因素，如乡镇政府的社会化特征，可能是解释其正式行为的主要因素。尽管目标责任制强化了国家对地方的控制，创造出强激励的政府间竞争机制和创新动力，而且随着绩效评估热潮的兴起，目标责任制的工具理性得到了进一步拓展，但这种绩效问责机制并不是影响乡镇政府正式行为的唯一因素。“一票否决”对乡镇官员的“淘汰压力”固然是对其理性回应行为的一种解释，而本书研究则说明，乡镇政府及其官员的社会化角色和财力-事责匹配程度，则可能是比绩效问责机制更为重要的影响因素，有待予以进一步的研究。

4.2.3　讨论与反思

从上述案例可以发现，在制度的实施过程中，人的因素至关重要。作为基层政府的公务员，直接面对着广大农村群众，乡镇政府领导和干部普遍感受到工作的压力。首先，来自上级的压力较多。一位镇政府党委书记说，“无论是党建工作、综治工作，还是经济工作，到了基层，都是中心工作，每项工作都松懈不得"，存在"中心工作多、硬任务多、责任状签订多"的三多现象。县区政府的各个职能部门都会对乡镇政府提出要求，对于乡镇政府领导干部而言，不仅要完成与这些职能部门有关的目标任务，还要一丝不苟、积极表现，给本部门领导留下好印象。其次，基层人力财力有限，工作难以有效开展。乡镇政府处理的主要是"三农"问题，在人力财力资源不足、人口素质参差不齐、社会问题纠结复杂等情况下，工作难度较大。尤其是在某些资源禀赋较差、历史包袱沉重的乡镇，个别离退休人员和下岗职工找到县乡主要领导要求解决吃饭、看病问题，各方面工作都受到影响。当贯彻上级政府的政令时，常常会遭遇部分农民和居民的不理解。

事实上，作为个人，他们背负的压力来自上级、同僚、家庭、社会等各个方面。在笔者所走访的乡镇干部中，大多数人认为乡镇干部这一职务难度较大。乡镇干部处于上级政府领导和广大农村群众之间，承担着来自各方的巨大压力。例如，笔者在S省某乡的访谈中发现，由于处于转型时期，社会问题集中涌现，乡镇领导干部普遍表示压力较大。一些研究则表明，乡镇政府干部面临着角色压力、人际关系压力等多种压力，对其工作积极性产生较大影响。"要兼顾发展、安全、稳定；上级考、群众评，样样工作都要县委书记负总责。许多'一票否决'的工作成为县委书记最关注也是最担心的工作重点"，西部一位县委书记如是说。

新公共管理运动的"压力-回应"模型为从乡镇政府领导压力的角度切入探讨印象管理行为提供了基本思路。根据新公共管理运动的信条，从事服务提供和政策实施的公共组织如果能够拥有足够的管理自主权并同时承受管理压力，将产生创新行为等有利于组织绩效改进的活动，但也会产生印象构建和政治游说等活动。新制度理论的观点认为，直接导致这些活动的原因主要包括市场压力、管理压力和政治压力。然而从资源依赖的视角看，除了外部环境赋予的压力，行动者本身的角色和动机也是可能的行为诱因。综合制度理论、资源依赖理论和权变理论的观点，在组织内部和外部压力的共同作用下，乡镇政府领导根据目标责任制的具体情境来判断并影响上级政府对自身的印象。具体来说，目标责任制提供的问责机制形成了自上而下的制度压力，乡镇政府内部的政治结构形成了自下而上的组织压力；乡镇政府领导个人的内在动机形成了由内而外的工作动力，多元利益相关者对乡镇政府领导的角色期望形成了由外而内的角色压力。

乡镇政府所要应对的目标责任制主要分解为目标设置、绩效考核和结果处置三个关键环节，县级政府通过这些与乡镇政府建立了稳定的契约问责关系，乡镇政府领导作为签署目标责任书的责任人，会感受到来自制度环境的压力。与此同时，在压力型体制下的科层组织结构中，乡镇政府领导还需要处理与组织成员之间的关系，掌握有限人事权力的他们必须要应对组织中的政治压力。另外，处在变革和转型过程中的乡镇政府被赋予了多重角色，乡镇政府领导则是直接承担这些角色期望的行动者，他们的角色状态构成了另一个压力源。作为乡镇政府的核心，乡镇政府领导的回应策略能够代表政府组织的决策和行为，正如欧阳静[20]、冯猛[21]和狄金华[19]等学者揭示出的那样，他们总是通过特定的方式维护着良好形象。这些印象管理行为具有情境依赖的特点，是乡村生活中管理艺术的展示。除此以外，根据管理学的基本原理，行动者的动机也是分析其行为取向的一个重要切入点，本书将乡镇政府领导从事公共事务管理和公共服务的个体动机作为其行为动力的来源纳入分析。

4.3　本 章 小 结

本章对研究情境进行了分析，分析了目标责任制的功能及其局限，并以 S 省目标责任制的实施背景和过程为例进行了说明。基于对已有研究的梳理，本章以 S 省 Y 乡为对象进行了案例分析，发现目标责任制这种绩效问责机制的问责质量仍有待提升，同时发现正式的问责机制可能引发乡镇政府从事非正式行为，而这种问责机制以外的其他因素可能是解释其正式行为的主要因素。这些发现展示出了基层政权运作的复杂性，揭示了目标责任制情境下“问责悖论”可能的形成机理，即理性设计的制度因素可能导致了非预期的结果。本章从问责的主客体关系、问责机制的定位与内容、问责机制的流程与方式等方面对绩效问责机制进行了探讨，有助于分析目标责任制实施效果的影响因素，为改进目标责任制的机制设计和开展相关的实证研究提供了启示。作为初步的讨论，本章留下的问题有待进一步的研究。例如，问责机制与乡镇政府的创新行为之间具有怎样的关系，乡镇政府领导的工作动机对其非正式行为具有怎样的影响等。

5 绩效问责与印象管理的关系

5.1 研究背景与问题诠释

从“问责风暴”开始，问责在中国逐渐成为一种常态的社会现象，在实践过程中不断出现的困难与障碍日益引起了人们的关注。问责制度在落实的过程中，很难杜绝公共政策执行者的自由裁量行为，其中涌现出大量旨在建立、维持或精炼自己在他人心中形象（或印象）的印象管理行为。2013 年 9 月习近平总书记在参加并指导河北省委常委班子专题民主生活会时，有地方领导干部提到了调研中某些地方政府印象管理活动，称“自己有时调研就像演一部下基层电视剧，事先有脚本，事中有导演，事后露露脸，自己就是一个演员”①。对于少数地方政府仅停留在表面的印象管理活动，习近平总书记多次予以严厉批评，强调“这种口是心非的‘两面人’，对党和人民事业危害很大，必须及时把他们辨别出来、清除出去”②。事实上，这些浮于表面的行为是过度和刻意营造积极形象的后果，表现出不恰当的印象管理动机。

要从根本上解决上述问题，需要从政府管理的体制机制入手，通过科学的研判找出解决之道。在中国本土化的政府科层制框架下，政府自上而下层级间的行政管理体制集中体现为由上级政府向下级政府下达指标、分解任务、量化考核的目标责任制，它创造了一种根据政府绩效状况进行奖惩的绩效问责机制。在转型时期，尤其是在“事权-事责”和“财权-事责”均需要进一步匹配优化的条件下，地方政府领导理性地采用各种印象管理手段以应对这种绩效问责机制。印象管理是对目标责任制情境中基层希望事半功倍倾向的一种深层次表达，对这一现象的分析有助于理解压力型体制下政府回应行为的发生机制。

值得关注的问题是，在目标责任制情境下绩效问责具有哪些特征，地方政府会在绩效问责过程中加入哪些印象管理策略。本章以乡镇政府领导为例进行探索性的研究。乡镇政府是我国国家政权的基石，直接面对着广大群众的利益诉求和“三农”问题的严峻形势，在反映社情民意、维系农村社会稳定和经济发展方面发

---

① 习近平：大胆使用批评和自我批评有力武器. http://www.xinhuanet.com/politics/2013-09/27/c_117526540.htm[2019-09-01].

② 习近平在第十八届中央纪律检查委员会第六次全体会议上的讲话. http://cpc.people.com.cn/n1/2017/0823/c64094-29489862.html[2019-09-01].

挥着巨大的作用；主要负责领导在贯彻落实科学发展观的过程中发挥着关键作用，《中共中央关于推进农村改革发展若干重大问题的决定》明确提出要“注重选好配强县乡党政领导班子特别是主要负责人”。本章首先对目标责任制情境下的绩效问责进行解读，进而从理性回应的角度分析和识别乡镇政府领导的印象管理策略，在此基础上归纳对政府管理改革的启示。

5.2 目标责任制情境下的绩效问责

目标责任制是一项对当代中国基层政府管理产生深远影响的制度，是目标管理思想和行政责任制结合的产物，自改革开放以来逐渐在各级党政机关中得到运用。目标责任制明确了政府组织及其领导的绩效责任，在强调上级政府战略目标贯彻落实的同时，采取“一票否决”指标对领导班子行为给出了约束性的规定，在实践当中创造了以绩效来判定责任履行状况的问责机制。从委托-代理关系的角度理解，科层制中的问责是指行动主体之间围绕责任而建立的作用关系，“谁对谁的什么负责”是问责概念的核心，绩效问责即以绩效责任为核心的责任。

Ebrahim[62]指出，问责制度的产生可以反映出三种规范逻辑：改进治理的逻辑强调内部控制（如监察和指导），带有较强的强制性和惩罚性色彩；改进绩效的逻辑强调绩效测量和结果导向，带有较强的专业化和工具化色彩；落实使命的逻辑强调组织使命的实现（如变革和组织学习），带有较强的战略性和适应性色彩。而 Dubnick 和 Yang[57]认为，从操作工具的视角看，问责机制的关注点不同，所体现的价值功能也不同：关注投入的问责机制强调控制，关注过程的问责机制强调伦理行为，关注结果的问责机制强调绩效。然而，在乡镇政府目标责任制情境下，问责制度及其运行机制实际上包含着混合的功能定位，既关注乡镇政府绩效的改进，又采取“一票否决”指标对领导班子行为进行了规定，兼具专业化和强制性色彩，同时强调上级政府战略的贯彻落实。对于不同的乡镇政府领导而言，对这种问责机制的理解和感受也存在差异。

考虑到情境依赖因素，对目标责任制情境下的问责机制可以从三个方面进行理解，如图 5-1 所示。问责机制的第一个情境特征是结构特征，对于不同的问责机制，有关的行动者之间具有不同的结构特征。问责关系是一种成对的关系，其中一方行动者扮演着向对方解释行为表现并承受后果的角色，另一方则对其责任履行情况进行批评和处置。根据角色理论，责任承担者因而被赋予了特定的角色期望，问责机制的作用在于采用特定的控制手段（如绩效评估和奖惩）使责任承担者有效地实现角色期望，这实际上形成了一种关于角色期望的控制与被控制关系。在特定情境下，每一种问责类型都反映出角色承担者受到控制的特定程度。

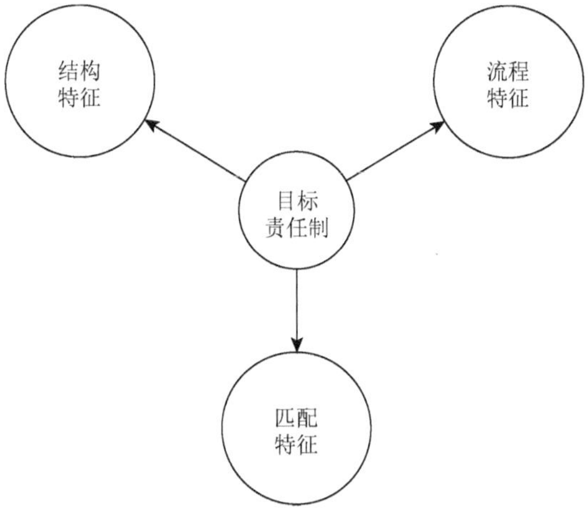

图 5-1 问责的特征分类

对于地方政府而言，其面对着来自各方的诉求，具体到乡镇政府目标责任制情境下可以将乡镇政府主要领导的关键相关者归纳为三类，如图 5-2 所示。县区政府领导是现实中乡镇政府主要领导权力的委托者和监督者，而乡村干部是乡镇政府主要领导的下属，是具体工作的执行者，当地公众（包括村民和企业及其代表）则是乡镇政府主要领导的直接服务对象。尽管从目标责任制的文本来看，乡村干部和当地公众难以对乡镇政府主要领导实施控制，但在文本之外的管理实践中，乡镇政府主要领导履行责任的过程无不受到这两类对象的制约，形成了潜在的控制，Tsai[229]对乡村复杂的人际关系的研究就说明了这一点。例如，吴毅[203]在小镇案例中就分析了父母也有公职的乡镇干部在拥有人际资源的同时，也不得不按照当地的规则做事。在不同的诉求面前，乡镇政府主要领导需要扮演不同的角色，用角色内的行为和产出对诉求者做出回应，体现责任委托者与责任承担（代理）者之间的问责关系。

不同的控制来源意味着乡镇政府主要领导被赋予了不同的角色期望，使不同的乡镇政府在问责关系上存在结构性的差异。从事于分类法研究的学者根据控制来源的不同归纳了不同的问责类型，而在现实中这些问责类型往往同时存在，形成了一种包含多元主体的混合问责。按照 Burke 的框架，这三类利益相关者对应的分别是上行问责、下行问责和外部问责[364]。在当代中国，地方政府间问责关系的一个突出特征是上行问责，这种结构特征导致了诸多两面性的后果[365]。此外，Tsai[229]所说的公众和村干部对乡镇领导的非正式问责对于乡镇政府的运行也相当重要，其本质是下行问责和外部问责的混合。而根据 Moore 和 O’Toole 等学者的研究，这三类问责实际上体现在分别面向政治委托者、科层代理者和外部网络环境的对上管理、对下管理和对外管理之中，对上管理旨在获取能够延续组织生存的

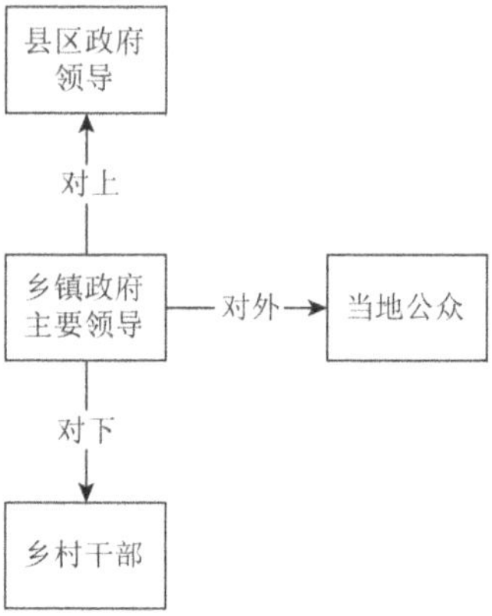

图 5-2　乡镇政府主要领导的相关者

合法性和资源，对下管理旨在控制组织和保持运转能力，对外管理则追求符合预期价值的产出，这正是不同角色期望的要求所在。

在“条块结合”的政府行政管理体制中，与乡镇政府有关的问责结构性差异相当复杂。乡镇政府处在国家与社会之间，对上是具有资源与支配性权力的各级政府科层机构，对下是自治的村级组织、根植于地域文化的乡村干部和日渐习惯于依法诉求的农民，这些问责主体共同构成了乡镇政府所面对的问责网络形态。Broadbent 和 Laughlin[64]将问责划分为以委托者与代理者之间的关系为核心议题的公共/政治问责和以组织日常运作为核心议题的管理问责。在目标责任制情境下，县级政府对乡镇政府的问责是一种混合问责，既是管理问责，也是政治问责。面对压力型体制，乡镇政府主要领导必须对上级政府负责，他们在完成目标任务时已不仅是完成行政任务，更要坚定政治立场，尤其是在安全稳定等“一票否决”指标的完成方面，必须显示出高度的政治责任感。也就是说，这种问责机制具有一定的政治色彩，强调的不仅是目标实现，更为关键的是实现上级对下级政府之间有效的管理约束，以至于目标责任制也被认为是一种“政治责任制”。与此同时，分权改革又使乡镇政府具有独立的诉求，乡镇政府的主要领导成为当地公共利益的创造者和维护者，只有不断地造福乡镇，政府主要领导才能获得自下而上的合法性认同。而作为一个组织的领导，乡镇政府领导还必须赢得乡村干部和村民委员会的支持。这时不能完全依靠行政命令，还得讲感情，能为乡村干部着想。如果乡镇政府组织的氛围不好，领导将很难集中精力于公共服务。在问责机制的作用下，乡镇政府主要领导肩负起地方管理者的职责，为当地公众提供公共服务，因而这种问责机制具有管理问责的特点。总体而言，乡镇政府不仅承受了多重角色期望，而且其受控制程度存在情境依赖。

问责机制的第二个情境特征是流程特征，即通过动态的、多环节的流程实现问责。角色理论认为，特定的问责关系反映出特定的角色情景，角色之间的互动通过特定的流程实现。尽管 Swiss[63]、Mulgan[67]、Neale 和 Anderson[68]、Bovens[26]、Lindberg[66]等学者对于流程包含哪些要素提出了各自不同的看法，但他们的分析视角都属于 Pettigrew[76]所提倡的过程分析。从过程分析的角度看，问责即行动者的行动，这种行动一般由三个或四个固定的环节组成。结合乡镇政府目标责任制特征，本书在已有研究的基础上将其概括为如图 5-3 所示的流程。这一流程围绕乡镇政府的责任展开，从责任的明确、履行、核查到兑现，形成了一个闭环反馈的控制系统。上下级政府间目标责任书的签订意味着自上而下的事责传递，根据角色理论，下级政府主要领导对责任和压力的承担就意味着对角色的接受或角色的形成。然而，在问责机制实际运行过程中，现实中广泛存在的矛盾、模糊和不确定性使乡镇政府主要领导在角色互动过程中存在角色冲突。

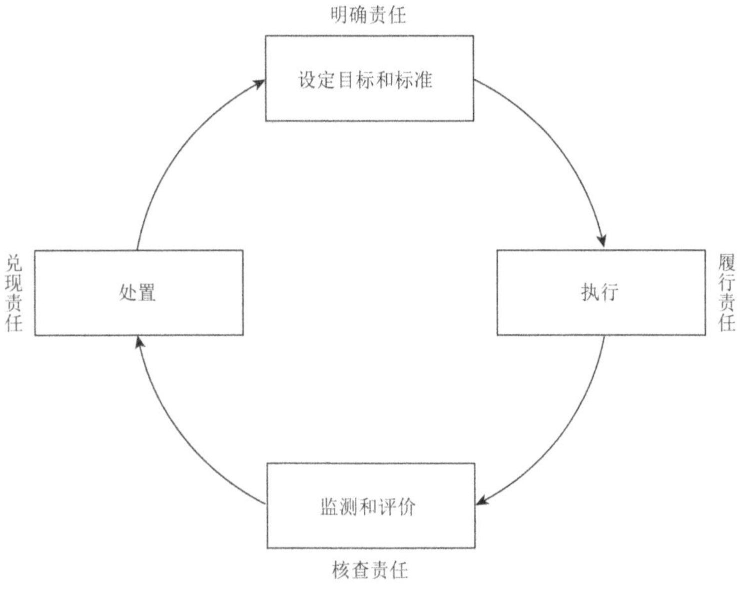

图 5-3 目标责任制情境下的问责实现流程

首先，县级政府在年初设定各乡镇的年度目标任务并与乡镇主要领导签订目标责任书（也称为目标责任合同或目标责任状），明确乡镇政府的工作任务和责任。目标设置是颇为学术界和乡镇政府干部所关注的环节，也是政府管理实践的关键点和难点。在压力型体制下，不仅关于“三农”的各项政策最终都要依靠乡镇政府来完成，乡镇以上各级地方政府的政绩也都要依靠乡镇政府来实现，乡镇政府因而被赋予了非常多元的责任和目标，乡镇干部承担着繁重的工作要求，工作难度较大。实际上，乡镇政府除了需要承担目标责任制规定的责任之外，还需要为一些没有被写入目标责任书的工作任务承担责任。在同时与多个部门沟通完成任务的过程中，一些目标任务彼此之间存在冲突，也有一些目标或指标不易量化。例如，Chan 和 Gao[17]在陕西的调研中发现，乡镇政府需要完成的一些经济目标与一些环境保护目标之间存在着矛盾，乡镇政府不得不做出理性的选择。不易兼顾的多元目标或不易量化的指标反映出乡镇政府接受了来自各方不一致的角色期望。

其次，乡镇政府履行所接受的责任，即按照目标责任书规定的内容完成目标任务。对于许多乡镇政府（尤其是西部地区的乡镇政府）而言，财力资源与目标任务之间的差距是制约政府行为的重要因素。在“乡财县管”的体制下，乡镇政府缺乏独立的财政权限，却需要承担上级不断下移的事责。财政分权改革进一步加剧了乡镇政府财力匮乏的境况，日益吃紧的乡镇财政很难保证目标任务的完成，乡镇政府往往试图通过向上级政府申请资助等方式尽可能争取更多的财力资源。财政分权使乡镇政府开始具有独立的诉求，从上级政权的代理者角色转向乡镇的管理者角色。不仅如此，乡镇政府实际上需要承担的责任并不局限于目标责任书中所列的内容，还要完成大量上级布置的临时性工作（如禁止秸秆焚烧等）并为之承担责任。长期以来，上级政府不断将支出责任下移[366]，这提升了乡镇政府对于完成任务所需资源的需要，也使乡镇政府呈现出了多元角色的特征。另外，在“乡村自治”的背景下，乡镇政府对基层干部的依靠也越来越强，乡村干部在许多工作的过程中必不可少，有些时候在很大程度上要依靠乡村干部取得当地群众的理解和配合。

再次，县级政府及下属部门会按照特定周期（季度或半年）或不定期对乡镇进行检查，并在年终组织对乡镇政府的年度考核，以评判乡镇政府履行责任的程度。考核是目标责任制的关键环节，许多人以目标考核代指目标责任制。一般情况下，县级政府授权考核办等机构组织有关职能部门，以看、听、查等形式收集乡镇政府的绩效信息，并以集中考核答辩的方式听取乡镇政府主要领导的汇报，对有疑问的内容进行提问，最终给出各乡镇政府的年度考核结果排名。乡镇政府不仅需要组织人员准备各项汇报材料，还要做好考核开展前后的一些相关工作。实际上，政府的信息收集系统面临着信息不对称等方面的挑战，乡镇政府能否在检查考核中实现预期目标，在相当大的程度上取决于上级部门的评判。为了取得预期的考核结果，乡镇政府的工作需要被这些部门认可。

最后，根据年度考核的结果，县级政府对乡镇中高绩效的乡镇政府予以奖励，同时对低绩效的乡镇进行惩罚并追究有关领导的责任。中国自近代以来一直有激励导向的官员考绩传统，根据绩效对有关责任主体予以正向或负向的激励，这也是现代绩效问责的核心思想。在目标责任制情境下，县级政府对乡镇政府最常见的激励方式是经济激励，即通过按考核结果的等次发放相应的奖金和福利。相对于经济激励，政治激励是更关键的激励方式，即根据政绩来提拔选用干部。然而正如黄佩华[366]指出的，乡镇政府长时期的财政资源匮乏限制了问责机制效果，最终的问责效果还受到地方政府组织因素的影响。此外，乡镇领导干部晋升也受到许多其他因素的影响。在许多乡镇政府领导看来，“一票否决”有着相当大的震慑作用，因而不被“一票否决”成为许多领导最基本的绩效目标。在政府基层，这些因素导致了问责机制出现了高度的不确定性。

一方面，由于在问责机制运行流程的每个关键环节都不同程度地存在着目标的冲突、难以量化及环境的不确定性，现实中的乡镇政府主要领导需要管理来自不同对象的角色期望，并努力降低各种不确定性，才能够获得组织及其领导的合法性基础。另一方面，问责机制的结构特征赋予了乡镇政府主要领导多重角色期望，目标责任制的潜在功能之一即要求乡镇政府主要领导实现其角色期望，而角色期望的来源则掌控着各种为乡镇政府及其主要领导工作所需要的资源。而结构特征反映出的多重角色期望，在问责机制的运行流程的各个环节也都有不同程度的体现。在乡镇政府目标责任制情境下，利益相关者对乡镇政府及其主要领导的角色期望往往超出了角色承担者的能力范畴，繁重的工作要求与有限的资源供给、相互冲突或不充分的角色期望，以及动态环境的不确定性对乡镇政府主要领导提出了较高的角色要求。这些角色要求形成了对乡镇政府主要领导的约束条件，其行为方式如果突破了约束，就会导致负面的后果。从流程的角度看，这种问责机制与中国自秦代以来盛行的官员考绩文化①极为相似。

问责机制的第三个情境特征是匹配特征，问责机制的手段与目标存在偏差。借鉴 Wang[92]对问责制度的分析，可以从两个方面来理解。首先从问责工具来看，县级政府对乡镇政府主要领导的问责采取了契约问责的形式，目标责任书是契约的具体表现。Behn[4]指出，新公共管理运动引发的政府改革范式分为两大阵营，一些国家主张用契约和激励“使管理者管理”，认为政治和行政可以分离，倾向于采用市场手段从事管理，而另一些国家则主张对管理者授权并“让管理者管理”，强调参与、工作弹性和放松管制。Romzek 和 Johnston[71]指出，有效的契约问责取决于契约标准、契约设计和问责设计三方面因素。但从乡镇政府目标责任制的实际情况来看，很难满足这些要求，例如，在指标设定、信息收集和维护乡镇政府自主权方面都难以满足有效契约问责的标准，而在实施过程中政治和行政难以分离，是以行政命令的方式达成市场化的契约，强调县级政府对乡镇政府的控制权。Behn[4]认为这种问责是建立在信息不对称和经济人假定基础上的管理方式。在这种情况下，契约更多地具有形式上的意义，乡镇政府还要考虑更复杂的政治因素，故而行政成为政治的一部分。

① 详细史料可参看《中国古代文官制度史略》（楼劲、刘光华著，中华书局 2009 年出版）中对秦汉、魏晋南北朝、宋、元、明、清等朝代官员考绩制度的描述。吕思勉的《中国通史》、钱穆的《历代政治得失》中也有相关简述。

其次从问责内容来看，这种问责机制强调乡镇政府的年度成果和产出，在目标责任书中无论是“硬指标”还是“软指标”基本上都不涉及过程指标，在表面上符合 Moynihan[367]、Ingraham[40]、Jos 和 Tompkins[60]及 Chan 和 Gao[17]等学者对绩效问责的界定，地方政府也认同目标责任制是绩效管理或追求高绩效的工具。公共服务追求能够定量化的成绩是当代公共管理的一个趋势，这在目标责任制实施过程中体现得很明显，大量指标都规定了乡镇政府应该完成的具体数字。然而，在众多的考核指标面前，乡镇政府实际上是根据当地实际情况关注或执行的方式完成目标任务。选择的原则并不复杂，对于那些“硬指标”尤其是“一票否决”指标，即使这些指标未必出现在目标责任书中，乡镇政府主要领导也要竭力完成，因为这些指标的完成情况关系到乡镇政府在年终考核中的排名，也关系到乡镇主要领导个人的评价和发展。这种问责机制已经从结果导向的问责转换为规则导向的问责或服从问责，对绩效的追求成为手段而非目标。

5.3　印象管理：乡镇政府领导的理性回应

上文提及的三个方面的特征——结构特征、流程特征和匹配特征，共同反映出在目标责任制情境下乡镇政府面临的绩效问责机制在发挥预期作用方面面临着一定的挑战。乡镇政府主要领导从中感知到了来自上级、下级和外部其他对象各异的角色期望，超出实际承载能力的任务量，极其有限的资源，以及自己无法有效达成角色期望时将可能面临的后果。前文的分析说明，目标责任制情境下的绩效问责机制在结构和实施过程方面存在冲突，且其问责载体和内容都存在预期定位和实际效果不匹配的特征，这些给乡镇政府领导完成目标任务带来了巨大的挑战。在地方上，如果乡镇政府主要领导无法在现有的绩效问责机制下完成任务，就不得不面对被问责的结局。为了做好该做的事，维持执政的合法性及在与其他乡镇政府领导的竞争中争取被分配到更多的资源，乡镇政府对基层干部的期望必须适应绩效问责机制，做出理性而恰当的回应。

对于组织而言，印象管理是指展示预期的形象以试图影响特定受众对组织的感知，是管理者用来获得合法性和所需资源的方式。大量研究表明，面对外部约束而产生的压力，需要依靠外部资源的组织领导会采用特定的印象管理策略对外展示合法可信的形象，以获得所需要的合法性和资源支持。在中国，“耻感文化”强调个人应关注如何使别人对自己产生或维持预期的形象，大多数人都非常注意维护自己在他人心目中的形象，譬如，《诗经 · 硕鼠》中有“人而无仪，不死何为”。中国的基层政府面对着一个“熟人社会”，印象不仅与个人身份有关，更决定了个人在人际互动过程中能够获得的资源的多少，人们就需要通过印象管理来塑造自身形象——这不仅关系到个人的身份、地位和权威，更是基层干部完成目标任务的必要条件。

前文已论述过，在目标责任制情境下，乡镇政府领导围绕考核及其结果的印象管理活动主要包括示功、示范和示弱等三类。体现乡镇政府绩效责任的年度目标被分解为各种刚性的“硬指标”和具有弹性的“软指标”，而实际责任承担者的任务完成能力又有高低之分。参考以往研究所使用的归纳法并结合笔者实地访谈的情况，乡镇政府领导主要会采取三类应对绩效问责的印象管理策略：当乡镇政府领导面对能够完成且具有刚性要求的目标任务时，会以示范的方式展示其执行力和对上级的绝对服从；当乡镇政府领导面对不易完成但具有一定弹性的目标任务时，会以示功的方式展示自身的竞争力和优势；当乡镇政府领导面对一些很难完成而又难以操作的任务时，会以示弱的方式打动上级领导，从而给自己留有余地，避免惩罚性的后果。从前文对绩效问责机制的分析来看，这三类印象管理行为都是乡镇政府领导理性选择的结果。

印象管理是乡镇政府领导在应对“向上负责”的绩效问责机制时管理艺术的体现。一方面，当面对目标责任合同中那些相对弹性的“软指标”时，如果汇报策略得当，上级给出的考核分数就会较高，因而乡镇政府领导会以丰富的示功方法展示自己的能力。当他们有能力完成特定的目标任务时，会选择宣传策略，而当不具备完成某些目标任务的能力时则会有技巧地展示成果，以求尽可能突出工作成效。另一方面，乡镇政府与上级政府签订的目标责任合同中还有一些“硬指标”，仅仅依靠示功难以确保乡镇政府领导能获得预期的形象。当他们有能力完成这些目标任务时，会很主动地展现、积极地示范，用功劳赢得上级的尊重；当他们认识到难以完成目标任务时，会想尽办法向上级示弱，用苦劳赢得一定程度上的谅解。

首先，示范指的是乡镇政府领导在上级面前展现出服从决策和积极完成目标任务的姿态。科层体制下的乡镇政府领导作为县级政府的代理者，有义务履行委托者赋予的职责，即按照上级目标责任考核的要求完成各项任务，其所对应的考核指标弹性较差，属于硬性规定的目标任务。张静发现能模范执行上级决议的基层干部往往得到晋升，他们能够给人以模范和道德品质好的印象[205]，这正是示范的作用所在。在目标责任制情境下，乡镇政府领导的示范是一种向上的回应策略，其目的在于改善对目标责任考核结果拥有较大影响的上级所形成的印象。

其次，示功是乡镇政府领导向上级展示高绩效以获得认可的活动。这些代理者要在竞争中脱颖而出，就需要取得理想的考核结果，他们为此向上级展示其竞争力。乡镇政府领导会更偏好完成那些上级重视的、与个人目标相一致的任务，同时向上级积极展示，以争取获得理想的考核结果。示功具有多种不同的表现形式，在完成任务程度不同的情况下，乡镇政府领导所采取的示功形式也有所不同。

最后，示弱指的是乡镇政府领导积极寻求上级政府对自己工作实际环境的了解，以避免考核结果对自己产生不利影响。乡镇政府领导是当地的管理者，在任务压力大而资源禀赋匮乏的条件下，示弱成为其常用的印象管理手段。当面对一些有挑战性而又必须要完成的任务时，他们会请求上级的支援，用“倾诉”等方式感染上级领导。其逻辑在于：通过阐明任务本身的困难性来解释为什么任务没有按照预期完成。在这种情况下，要么上级给予下级一定的援助和支持，要么就结合现实对考核结果予以调整，因而这种印象管理策略能够起到以退为进的作用。如果乡镇政府领导不这样做，在无法完成硬性的目标任务时就难免比较被动，甚至是要承受一些客观的损失。

在一般情境下，示好和示强也是常见的印象管理行为，然而在目标责任制情境下，它们较少在乡镇政府领导应对绩效问责的印象管理行为中出现。示好也是一种旨在提高受众好感度的印象管理行为。对于乡镇政府领导而言，处理好上下级关系是一种必要的人际沟通技术，但这种活动与应对目标责任制并无直接联系，即使自己不需要完成责任目标也需要与上级领导保持良好的人际关系。

此外，由于乡镇政府位于国家科层体系的末端，乡镇政府领导处于相对弱势的地位，在与处于相对强势的上级政府部门和领导共同指挥的过程中，很少会采取对事业不利的带有较强风险的示强行为。退一步说，即使乡镇政府领导对上级目标责任考核过程中的指令要求存在争议，也不会在公开场合随意批判，而代之以建议性的表达。事实上，拥有国家授权的乡镇政府领导熟悉正式规则，也同样熟悉正式规则下人际交往的方式。如果下级采取了示强行为，那么就会为组织所不容，以往研究也极少发现乡镇政府领导应对上级的示强行为。

5.4　小结与启示

处于国家行政“神经末梢”的乡镇政府是当今行政体系在农村承担公共责任最大的一级政权，为公民日常生活提供基本公共服务和公共产品，承担着较多的财政支出责任。从上文的分析来看，处于目标责任制情境下的乡镇政府面临着诸多矛盾：在结构特征方面，上级约束为主的绩效问责机制与下级和外部诉求之间存在需要协调之处；在流程特征方面，绩效问责机制的运行流程存在着目标冲突、财力-事责冲突、实绩-关系冲突和个人-组织冲突；在匹配特征方面，绩效问责的载体和内容存在预期定位和实际效果的不匹配。为了应对这种存在矛盾的绩效问责，乡镇政府领导采用示功、示范和示弱等印象管理策略，以塑造恰当的形象来获得所需要的合法性和资源。这些发现的启示在于以下几方面。

第一，应进一步深化政府行政管理体制改革，为地方政府绩效问责机制正确、有效发挥作用提供制度基础。乡镇政府领导的印象管理活动是其应对绩效问责的理性选择，在绩效问责在结构、流程和匹配等方面存在大量冲突因素的条件下，他们需要调整自己的行为方式以赢得执政的合法性和资源。从理论上讲，绩效问责机制应以激励管理者努力创造、促进政府绩效改进为目标，约束那些无助于提升政府管理效能的印象管理活动，而合理设定其事责目标和减少财力-事责之间的冲突是实现该定位的一个关键，是推进行政管理体制改革的重要方向。曾经广受社会民众热议的“383”改革方案提出“以优先调整事权、带动财力重新配置为重点，启动新一轮财税体制改革”，明确指出“以事权合理划分重新确定财力配置”“规范省以下各级政府事权边界”，为优化绩效问责机制的作用开辟了新的空间。

第二，以加快推动政府职能转变为契机，强化公众参与、重塑公共信任。在目标责任制情境下，政府职能的缺位、错位和越位可能使绩效问责机制偏离预期的后果。为了获得合法性和开展工作所需的资源，对上负责的绩效问责机制促使地方政府善于进行印象管理。当绩效问责机制运用不规范时，面对多元的相互冲突的各种诉求，理性的地方政府领导虽然会竭尽所能完成工作，但可能会导致许多非预期结果，甚至影响到社会中的信任基础。目前，政府转变职能、简政放权已成为当代社会共识，强化公众参与、重塑公共信任显得尤为必要，这给完善目标责任制情境下的绩效问责机制提供了契机。

第三，地方政府管理应注重“法治”，由依赖行政手段管理向注重运用法律手段管理转变。如果绩效问责机制过度强调控制与服从，就会将地方政府间关系简化为下级对上级负责，下级就可能采用更多非正式的行为策略来完成上级设置的任务。绩效问责机制中的“一票否决”若出现偏差，考核规定的落实和考核活动中的公平和公正性将难以得到保障，会激发乡镇政府领导更多的印象管理活动。随着依法行政理念逐步深入，这种情况出现的可能性已经大大减小。而要杜绝这种情况，就需要以《中华人民共和国政府信息公开条例》等法律法规为准绳，推进依法行政、公开透明，从源头上解决这一问题。

总体上看，尽管当代中国政府取得了巨大的历史性成就，但仍有体制机制上的改进空间，现实中绩效问责引发的问题值得学者和制度设计者更深入地思考和探索。尽管这些并未在本书中得到直接分析和验证，但前文所揭示的逻辑对于解释这些现象具有一定适用性。要有效引导乡镇政府领导的印象管理行为，需要从多个角度考虑这些现象背后的制度、管理和社会诱因，探索合理调控乡镇政府主要领导压力和动机的方式方法，健全更适宜于乡镇政府组织改革创新发展的制度体系。

6 乡镇政府领导印象管理的影响因素及其机制

6.1 理解乡镇政府领导印象管理前因的多重视角

Mintzberg[233]指出，组织是一个“政治舞台”。在正式组织中，问责机制至关重要，左右着行动者的行为，给予其作为行动者多重角色的压力。行动者所需扮演的角色和遵从的规则都源于特定的问责关系，其关系强度反映出行动者被赋予角色期望的程度或感知到规则“松”或“紧”的程度。按照 Bovens 等[48]对问责的理解，在行动者与其委托者的反复互动过程中，双方以显在的问责制度文本为基础，共同塑造出特定控制程度的问责关系。目标责任制就提供了这样的问责制度文本，它的三个方面的特征——结构特征、流程特征和匹配特征，共同反映出一个复杂的制度设计。面对来自上级、下级和外部群体各不相同的角色期望，乡镇政府主要领导需要动态地把握最佳的角色定位，让各个方面的群体都认可自己实际的角色表现。如果乡镇政府主要领导定位不清晰，在正式科层组织的舞台上无法给出上级、下级和外部群体所预期的表现，就可能会在问责机制的作用下面临“下台”的风险及其损失。

对于同一地区的多个乡镇政府而言，问责机制在表现形式上具有同质特征。这种问责机制是以自上而下的途径落实的，同一层级的政府机构面对的规则在表现形式上没有显著差异。也就是说，这些乡镇政府面对的问责机制具有相同或高度相似的结构、流程和匹配特征。然而，在同一省区市内各市、县的情况又存在明显差异，即使具有高度一致的问责机制实施框架，其具体的操作也会表现出情境依赖的特点。更重要地，个体对于这种同质机制的感知存在明显差异。Frink 等[56]给出的问责框架表明，行动者对问责的体验居于因果逻辑链条的中间环节，也呼应了这种情形。从研究的角度看，这种问责体验反映出的就是问责关系的强度，即规则约束“松”或“紧”的程度，在目标责任制情境下，就是县级政府对乡镇政府约束力和控制力的强弱。需要强调的是，这些主要是结果导向而非过程导向的约束和控制。总之，问责机制的结构特征、流程特征和匹配特征都映射为特定的问责程度，角色期望的不一致性越强或问责机制内生的冲突越剧烈，说明角色承担者所受控制和约束的程度就越强。尽管如此，不同的角色承担者可能对此有着不同的感知水平。

根据 Karasek[368]、Fox 等[369]及 van Yperen 和 Hagedoorn[370]等的研究，这些回

旋余地小、工作要求高的制度特征会导致行动者产生角色紧张感、角色冲突或角色模糊。而根据角色理论，这些角色特征的本质都是不一致的角色期望。一方面，当面对不一致的角色期望，并且可能面临的合法性（奖惩）后果时，就会对行动者形成潜在威胁，使其产生角色压力。在组织理论研究中，问责与行动者的压力有着密切的关系，例如，感知到的问责被视为工作场所的压力源之一，问责会导致角色冲突和角色过载。有研究发现，在多元主体问责的情境中，不同主体的问责关注反映出不同的行动偏好，导致冲突的出现，而更为复杂的混合问责会使行动者产生竞争性的压力。另一方面，当行动者意识到问责机制的运行结果可能受到其他不可控因素的影响时，也会产生紧张感或压力。为了维系组织的正常运行和发展，行动者就需要以各种印象管理策略和技术做出回应，以争取好的结果。例如，实证研究表明，当组织成员感知到角色模糊时，他们会从事于展示工作绩效的行为以提升其自我形象。根据这些理论研究揭示出的规律，乡镇政府领导的印象管理行为与其角色压力也存在关联。

不仅如此，乡镇政府领导印象管理行为还可能与其工作动机有关。在西方学术界，公共组织成员的工作动机通常被认为是公共管理的一个“大问题”，会对其绩效产生显著影响。组织活动是多个主体之间互动的社会活动，而不是一场“独舞表演”，这意味着在组织的舞台上每个人都要扮演好特定的角色，在与其他人的互动中履行其责任。当行动者面对外部压力时，印象管理是一种使之赢得利益相关者认可和重要身份的途径，也是一种解决合法性危机的理性工具，在许多情境下都是积极的行为。从这个角度看，隐藏在印象管理行为背后的个体动机可能是一种嵌入于组织文化中的内在动机。在中国的传统文化中，个体自尊和尊严是相当重要的内容，这种注重廉耻的特征被一些海外学者称为“耻感文化”。与西方社会认为人具有“原罪”的“罪感文化”不同，中国的传统文化强调个体行为需要受到诸多外在社会因素和标准规范的制约和支配，故而强调“面子”。实际上，这关系到个人的身份、地位和权威，在很多情况下是基层干部顺利推进工作的必要条件。

而从本书的研究综述与案例研究来看，乡镇政府领导的组织环境与其工作动机和印象管理行为具有密切联系。在中国，如果说“上面千条线”刻画了乡镇政府领导的问责机制特征，那么“下面一根针”则隐喻了乡镇政府领导工作复杂的组织和环境特征。周雪光和艾云[241]关于中国基层选举的研究表明，有些乡镇政府领导对于乡镇基层组织的政治运行非常敏感。这是因为如果基层干部配合乡镇政府工作，乡村社会的冲突就会较少，而如果他们不配合或工作不到位，乡镇政府在落实上级政策时就会遇到许多棘手的困难。这从一个侧面说明乡镇政府领导的行为会受到所在组织政治氛围的影响。事实上，乡镇政府领导在落实上级布置的目标任务时容易遭遇很多现实困难，要争取各方的理解和达成有效的共识，这考验着领导干部的工作能力和水平。在此情况下，如果乡镇政府组织内部的工作配合不协调，乡镇政府领导将承受更大的压力，为此需要从有限的精力中分配一部分用于协调和处理好内部关系，从而导致一定的精力分散。因此，正如 Rosen 等[371]的研究所揭示的，组织中的政治行为与行动者的行为也存在联系。综合上述分析，本书提出如图 6-1 所示的分析思路。

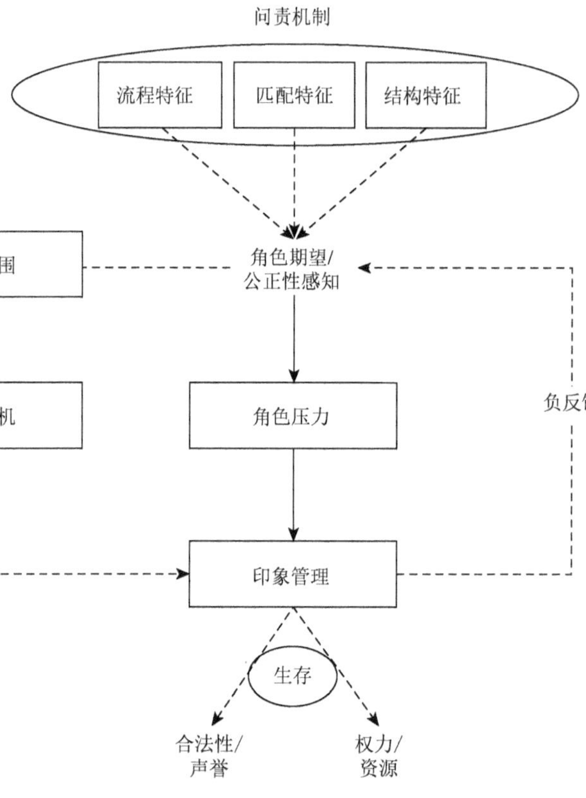

图 6-1　立论依据的分析思路

前文关于乡镇政府领导行为及其影响因素的研究综述表明目前存在着解读乡镇政府印象管理行为的不同思路，为本书提出理论模型提供了启示。在现有研究中，持压力型体制观点的学者认为，自上而下的目标责任考核给予了地方政府领导相当大的压力，而这种考核制度与财政分权和晋升等制度的协同程度决定了地方政府领导的理性选择和回应，表现为特定的印象管理行为。持社会化角色观点的学者则认为，在改革开放的社会化进程中，地方政府领导同时获得了多种身份，他们所表现出的行为都可以归因于所扮演的特定角色，而这种多重角色与行政体制改革的许多要素联系在一起，在不同的情境下有不同的角色状态和相应的行为。

而持激励-动机观点的学者认为体制因素（目标责任制、财政分权和其他行政改革）对地方政府及其领导形成了有效的强激励，使其在积极完成行政任务的同时表现出印象管理行为。另外，周雪光[18]认为地方政府的这些回应不能简单地归咎于政府官员或执行人员的素质或能力，其稳定存在和重复再生是政府组织结构和制度环境的产物，而 Tsai[229]、Chen 和 Huhe[306]等学者的研究则认为即使没有正式的问责制度，非正式的地方性社会问责也会促使乡镇政府干部从事符合乡村公共利益的行为。

实际上，这些研究的视角如图 6-2 所示：压力型体制视角的研究基于对组织内部特征（如文化因素、组织结构乃至资源禀赋等）的考察，着眼于分析个体（组织）如何相对被动地应对外部的制度压力；社会化角色视角的研究则跨越了组织边界，在承认制度压力的前提下，将组织内部与外部群体的角色期望视为分析的关键；激励-动机视角的研究将制度压力和组织特征等视为情境因素，从个体内在的动机出发探讨个体如何以特定的策略和行为满足其目标诉求；其他研究试图在这些视角之外整合其中的部分观点或寻找新的单一分析视角。这些观点的形成均有着较强的现实背景和充分的理论基础，分别刻画了单一机制的理论模型。尽管这样从简约的视角剖析乡镇政府组织行为有助于对复杂现象做出直观的解释，能够在一定程度上解释基层地方政府各种非正式或非预期行为的形成机理，但也可能难以全面地刻画乡镇政府印象管理行为的影响因素。

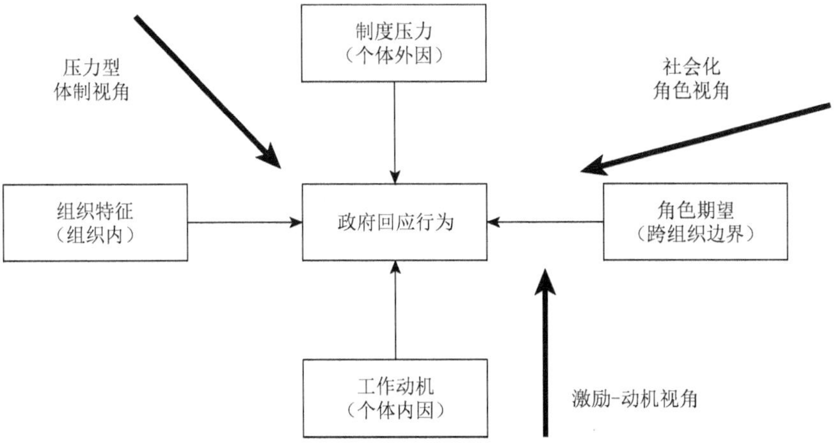

图 6-2　不同研究视角的比较

传统的组织理论认为，组织内部的激励机制和组织外部环境激发了相应的组织行为；换言之，组织行为是对组织激励机制和组织环境适应的结果。前文的研究综述表明，根据新制度理论和资源依赖理论的观点，行动者对外部环境的回应是理性选择的结果，是为追求合法性或资源而满足关键利益相关者期望的过程；而权变理论的有关研究指出，在不同的情境条件下，行动者会采取不同的回应方式。在本书研究中，乡镇政府领导的回应表现为多种印象管理行为，这些行为既是他们对组织激励机制和组织环境适应的结果，也可能是其内在利他动机导致的后果。动机理论的研究表明，对环境进行控制的实践活动是一种受内在动机影响的行为。近年来，公共服务动机的相关研究也指出公共服务提供者的利他行为源于内在的公共服务动机，行动者的公共服务动机也会对其心理与回应行为产生影响，许多案例研究都说明公共服务动机的确与印象管理行为之间存在关联。基于上述分析，本书提出了一个整合压力型体制论、社会化角色论和激励-动机论等观点的综合框架，如图 6-3 所示。

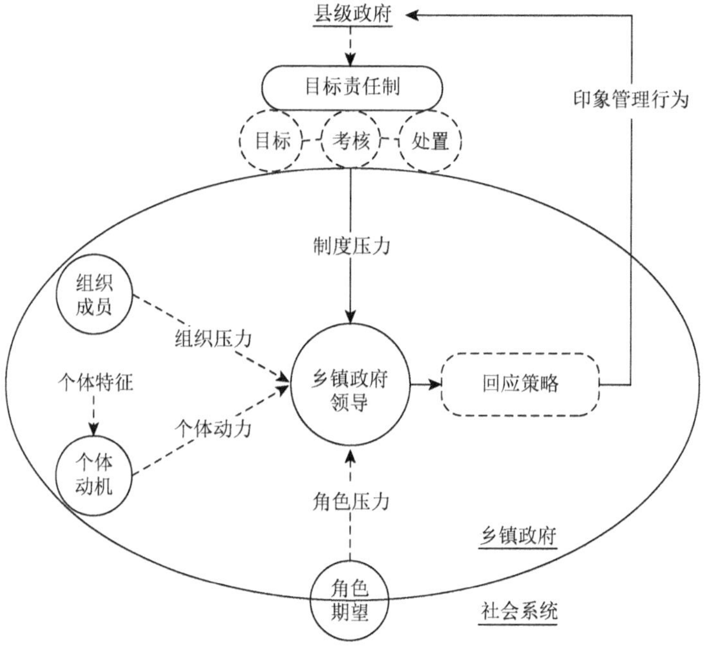

图 6-3　乡镇政府领导行为的影响因素

6.2　三种不同的影响机制

6.2.1　问责、组织政治知觉对印象管理的影响

目标责任制提供了一种目标和结果导向的问责机制，在实践中取得重要作用的同时，也容易引发一些误解和讨论。在地方政府管理实践中，接受考核的乡镇

政府干部既非常重视目标责任制的效力，也经常对目标责任制的制度设计和实施过程提出改进要求。这令负责目标责任考核的考核办等组织机构时常感受到压力，付出很多努力，总是试图制定完善、合理的考核办法。实际上，目标责任制只是诸多管理工具中的一种，其效果取决于各种情境因素是否能有效匹配，而不应期望以这一种工具来解决所有的管理问题。从理论上看，源于目标责任制的问责机制所产生的效应权变地受到组织内外各种情境因素的影响。根据Dubnick[44]基于社会机制的结构功能理论和委托-代理理论提出的模型——在给定的问责条件 K 之下，由于社会机制 M 的作用，代理者将以 p 的概率做出 x 的表现——代理者可能采取的策略完全是权变的。Acar 等[117]提出，这种问责机制会导致多元化的组织行为。尽管 Frink 和 Ferris[124]等学者发现问责在特定的情境条件下会导致行动者从事印象管理，但已有研究对于中国社会背景下的问责与印象管理之间的关系仍缺少系统的探讨。

前文的分析说明，目标责任制情境下的问责机制提供了一种旨在强化科层控制的强制性机制和模仿性机制。乡镇政府主要领导在地方政治舞台上必须向领先者不断学习，更好地完成本职工作，满足组织内外部群体的角色期望，从而获得或维持管理行为的合法性。如果他们缺乏必要的印象管理技能，难以赢得组织内外部群体的信心或信任，就可能在地区发展竞争中丧失机遇和资源。根据新制度理论和资源依赖理论的经典观点[237, 318, 345]，无论是这种带有问责标签的强制性机制，还是乡镇政府较强的资源依赖特征，都促使乡镇政府必须对作为决定行政资源分配的上级政府做出有效回应。在此过程中，印象管理是行动者用来获得合法性和资源的必要方式。大量研究表明，面对外部约束产生的压力，社会行动者的回应都试图降低不确定性、获得资源、提高稳定性和声誉，以及获得、维持或修复合法性。实现这些目的的关键在于改变利益相关者对行动者的印象，只有当利益相关者对行动者做出积极评价、认可其形象时，行动者才能够获得利益相关者的支持，因而行动者会采用特定的印象管理策略和技巧来影响利益相关者对自身印象的感知。因此，依赖于外部利益相关者提供资源的组织领导会采用特定的印象管理策略向对方展示值得信赖的品质特征，以获得发展所需要的合法性和资源。

上文的推导说明，在乡镇政府目标责任制情境下，乡镇政府领导感知到的问责是其采用印象管理策略来影响利益相关者对自身形象感知的前置因素之一。实际上，在面对外部制度产生的压力时，组织及其管理者会同时以多种方式做出回应。从前文的分析来看，外部压力导致的印象管理行为定位于树立行动者积极的形象和声誉，从而获得合法性和资源。由于特定的印象管理策略适用于特定的利益相关者，乡镇政府主要领导对不同的利益相关者会表现出不同的印象管理行为。恰当的印象管理行为能够为乡镇政府主要领导在上级领导面前赢得“能员”①或“好战士”的印象，而这些印象管理策略的目的是在特定对象面前树立行动者的良好声誉，故而主要体现为获得性印象管理策略。在本书研究情境下，乡镇政府领导应对目标责任制的印象管理策略主要包括示功、示范和示弱。在关于乡镇政府领导角色及回应行为的研究中，这些策略有着生动的体现，例如，桔镇案例中镇政府“要求县农业局下派科技副镇长”和拜访上级单位[20]是典型的示弱，麦乡案例中乡镇干部明知任务落实存在困难也想尽办法完成[19]体现出的是示范，而特拉河镇案例中的项目运作[21]是典型的示功。

从表面上看，乡镇政府领导的印象管理与目标责任制之间存在着千丝万缕的联系，而其背后还隐含着更为深刻的制度逻辑。在目标责任制情境下，乡镇政府领导需要完成多元化的年度责任目标，其中明确呈现在目标责任合同中的目标一般都在 20 个以上，此外还有许多临时性的目标任务需要他们完成，周黎安[11]、Tsui 和 Wang[282]等学者都认为目标责任制这种多维度、多任务的委托-代理结构在解决目标冲突方面难度较大。除此以外，目标责任考核过程中的种种不确定性也给乡镇政府领导带来了潜在的挑战，乡镇政府领导只有付出一定的努力，才能避免自己所在的乡镇在考核中“垫底”。从这个角度讲，绩效导向的问责机制具备明显的激励作用，例如，接受本书研究访谈的一位市考核办领导就认为目标责任制让本省的许多基层干部“动起来了”。然而，乡镇政府领导的回应行为并不完全一致，甚至存在较大的形式差异，那么为何在相同的问责机制作用下会出现这种情况，就需要深入的分析讨论。在目标责任制情境下，问责导致乡镇政府领导从事印象管理的现象实际上反映出三种不同的逻辑，从而体现为乡镇政府领导不同的印象管理行为。

首先，乡镇政府领导的示功行为反映出对合法性的追求。这种现象的根源在于现行发展阶段中的乡镇领导晋升制度，目标责任制为乡镇政府领导的晋升提供了基本的判断标尺。凭实绩用干部一向是党和政府选人用人的标准，相应的绩效考核与干部选拔任用历来是中国干部人事制度的核心要素。S 省自 2007 年开始实行的目标责任考核新政，更是突出了将考核结果与领导班子调整相结合，以目标责任制的考核结果作为干部晋升选拔的参考，进而通过“奖优罚劣”促使下级完成上级逐级分解下达的目标任务。各地目标责任制的领导机构是考核工作领导小组，组长由各单位“一把手”担任。在现行体制下，这种制度安排对于乡镇政府领导具有特别的意义，因为其任命和晋升都主要取决于上级主要领导，干部选拔的竞争程度较强。因此，作为理性行动者的乡镇政府领导总

① 杨善华和宋倩[13]在研究中引述了地方政府管理中“能员”的说法，“能员”是指那些能应对所辖社区中各种复杂情况和突发事件，并能出色完成县里交付的各项任务的乡镇领导干部。

是期望向上级展示其执政功绩与能力，呈现出最能体现其工作成就的一面。相反，如果他们不能够用恰当的方式显示其履职的成绩，可能会面临职业生涯的危机。因此，在晋升竞争激烈的基层，善于印象管理是政府领导干部必不可少的一项技能。

其次，乡镇政府领导的示弱行为反映出对稀缺资源的追求。在中国的地方政府管理体制下，财政资源通常是在政府内部自上而下分配的，而“乡财县管”的制度设计令处于最基层的乡镇政府需要重视从上级政府争取发展项目和财政资源。为了解决一些基层政府财力不足的问题，党的十七大正式提出“健全中央和地方财力与事权相匹配的体制”“完善省以下财政体制，增强基层政府提供公共服务能力”①，国务院于 2016 年 8 月印发《国务院关于推进中央与地方财政事权和支出责任划分改革的指导意见》，十九大报告更是为优化央地财政关系指明了方向②。在变革过程中，目标责任制为乡镇政府领导向上级争取资源提供了合理的途径。另外，具有“条块”特征的双重管理体制也正在不断完善，一些城镇化过程中出现的新议题，如流动人口的管理，也需要乡镇政府按照“属地管理”原则承担其职责。类似这样的公共管理任务需要处于基层的政府领导干部去设法落实完成，那么在遇到工作困难时，及时与上级政府进行适当的沟通，对于为乡镇政府争取尽可能充分的制度空间和各种资源很有必要。在很多情况下，以示弱的印象管理策略和技术更容易争取上级政府的理解和支持，避免上级领导对自己产生不必要的误解。

最后，乡镇政府领导的示范行为反映出对角色期望的理解，而其感知的角色期望与个人声誉和上级信任之间存在紧密的关联。目标责任制要求县乡两级党政“一把手”签订“责任状”或“责任书”（目标责任合同），这种方式强化了乡镇政府领导的执行角色，上级政府期望他们成为科层体系中的“好战士”。相应地，乡镇政府领导需要准确地理解上级意图，对直接上级分配的任务负责。同时，乡镇政府领导在履行目标责任的过程中建构了个人角色。生活在乡村社会之中、和本地父老乡亲熟稔的乡镇干部还面对着维护个人声誉的潜在要求，要赢得他们的信任，就不能在目标责任考核中让他们失望。“考核还是有压力，（乡镇政府领导）要考虑职工的奖金和个人的名声”，一位接受笔者调查的乡政府领导如是说。乡镇政府领导明白，如果对考核掉以轻心，不能够充分地展示自己的决心和能力，无法带动干部奋力争先，不仅可能令上级对自己乡镇的印象打折扣，直接影响到本单位公务员涨工资名额和上级拨款等，还会有损个人的威望，不利于今后工作的

① 高举中国特色社会主义伟大旗帜 为夺取全面建设小康社会新胜利而奋斗——在中国共产党第十七次全国代表大会上的报告. http://politics.people.com.cn/GB/8198/6429191.html[2019-10-21].

② 决胜全面建成小康社会 夺取新时代中国特色社会主义伟大胜利——在中国共产党第十九次全国代表大会上的报告. http://www.gov.cn/zhuanti/2017-10/27/content_5234876.htm[2019-10-21].

开展。总的来说，“发挥模范带头作用”的示范既是鼓励带动基层干部的需要，也是组织中“好战士”理应遵守的规则，成为乡镇政府领导在目标责任制情境下的必要选择。

本书的案例分析也能够为上述观点提供佐证。在案例中，乡镇政府的主要领导属于想为地方做事的“职业干部”，由于毕业多年，早已不具备从事其他职业的技能，而且他们都正当壮年，希望在工作岗位上施展才能；要实现自己的抱负，他们不仅要获得上级领导的认可，还要设法筹措地方发展所需的足够资源，在与上级和下属的互动中增强他人对自己的信任。因此，他们在工作中积极对待目标责任考核，重视和上级部门的交流沟通，并通过严谨、扎实的工作贯彻上级的意图，努力更好地呈现出自己的业绩和能力。在这个过程中，务实工作和创新必不可少，有技巧地营造良好氛围、塑造好的印象也不能缺位。在许多情况下，后者能为乡镇工作锦上添花，甚至在谋求一些机遇时能够起到雪中送炭的效果。从案例分析来看，乡镇政府领导感知的问责较为明显，在通过努力扭转所在乡镇在考核中排名靠后局面的过程中，示范起到了良好的效果。这在一定程度上说明，问责感知能够激发乡镇政府领导率先垂范、做出表率，推动工作落实和政策执行。

根据上述分析，乡镇政府主要领导感知到的问责越强，表现出的印象管理行为越明显。事实上，在目标责任制情境下，乡镇政府领导感知到的压力来自外部制度、组织政治氛围和其他因素。当这些压力形成对领导的约束时，印象管理策略被用于缓解约束性的压力。组织政治知觉也是一种压力来源，其形成和影响机制较为复杂。在组织理论研究中，学者大多认为组织政治知觉对组织成员的态度、心理压力和绩效都会产生显著影响。组织成员的政治知觉对其绩效可能产生积极影响，也可能会有消极影响。当组织成员所处的环境使其察觉到可能失去某些资源时，就会产生不安全感，进而演变成为一种组织压力，对组织成员的行为产生影响，出现工作倦怠、工作压力增加、减少公共服务承诺等多种表现。然而，Witt提出了组织政治知觉与工作绩效之间的关系关键在于工作情境的假设，认为上下级之间目标的匹配是组织政治知觉对工作绩效影响的关键因素，而印象管理常被认为是工作绩效的前因之一，这说明组织政治知觉可能与其他变量之间存在交互效应，共同对行动者的行为产生影响。

类似地，问责对组织成员心理和行为也会产生显著影响，其中既有工作满意等积极效果，也包含降低灵活性、减少合作和信息共享等消极效果。许多不一致的研究发现导致了学者在研究问责与组织成员心理和行为后果之间的关系时考虑问责与其他变量的交互作用，而组织政治知觉在这一过程中扮演着重要的角色。例如，Breaux 等[119]发现，组织政治知觉能够负向调节感知到的问责与工作满意度之间的关系，Hochwarter 等[120]也发现感知到的问责与工作绩效评定结果之间的关系受政治行为的影响。组织政治知觉对感知到的问责与组织行为后果的调节作用已逐渐为组织理论研究者所证实，尽管在印象管理研究中将问责和组织政治知觉同时引入模型的实证研究并不多见，但从印象管理作为普遍的组织行为的视角理解，组织政治知觉对问责与印象管理行为的调节作用会在特定情境下出现。

从乡镇政府的管理实践来看，领导一般对组织中的政治活动持警惕的态度。组织是一个政治舞台，人与人之间的互动可以看作一种政治活动。对于一般的组织成员而言这可能给自己带来有意义的挑战，而对于处在目标完成压力之下、资源有限的乡镇政府领导来说，“举全乡（镇）之力”来通过考核、塑造良好形象已经很不容易，如果此时组织中的政治活动过于活跃，必然要耗费自己更多的精力，甚至让自己在完成工作任务过程中时常分散注意力。经验研究表明，当组织政治知觉较强时，预示着组织环境的不确定性和模糊程度较高，会令组织中的行动者产生危机感，进而投入更多的精力来思考如何应对组织中的政治环境。由于基层乡镇领导面临着复杂的乡土社会环境和社会网络，其晋升和资源供给主要取决于上级政府，如果上级政府获悉自己治下的乡镇内部不够团结或氛围不佳，可能会有损于乡镇政府班子和自己努力塑造的对外形象，因而需要重视和处理好这一问题。另外，乡镇政府领导要率领个性、身份、知识结构和能力等方面都存在巨大差异的组织成员完成繁重的工作任务，在目标责任考核中取得好成绩，其前提条件是“人和”——组织内部的和谐。在访谈中某镇党委书记就告诉笔者，“乡镇干部之间有些分歧完全是不必要的，绝不能坐视他们打肚皮官司、互相不配合工作，一出苗头马上要协调”，这样才能有效地保障乡镇中心工作的完成。

根据 Breaux 等[119]的研究发现可以推断，乡镇党委书记感知到的组织政治知觉对问责与印象管理的关系可能起到负向调节作用。在现实中，当理性的行动者感知到组织中存在较多不和谐与分歧时，一部分注意力会从回应外部公众诉求转向解决组织中的矛盾，例如，我们在访谈中发现不少乡镇党委书记花费了许多心思用于协调化解组织中的不同意见和诉求。这说明组织政治知觉在一定程度上会使乡镇政府领导产生心理上的“稀释效应”，抑制他们将更多的精力用于对外的印象管理。如果乡镇党委书记对组织政治活动的感知相对更强，工作精力就容易相对分散，其对外的印象管理行为会相对较少。由此可以认为，组织政治知觉在问责与获得性印象管理的关系中基本上起到了负面调节作用。

上述分析说明，基层的乡镇干部是构成多元、诉求多样的松散群体，他们在竞争性的环境中有着独立而不同的现实偏好。现实中，尽管乡镇政府领导承担着目标责任和自上而下的各种压力，但“千斤重担人人挑”，这些责任和压力都会逐级向下分解，最终落在每一位基层乡镇干部的肩上。他们直接面临着需要精心维护的干群关系，个人收入不算高，提拔晋升的空间也有限，担负的责任却不轻。实际上，普通的乡镇干部多数都有照顾家庭的压力，也在为生存和生活质量而努力。如果乡镇政府领导的决策无法获得他们的认同，上级政策的贯彻落实将面临一定的困难，对整个地区的工作产生影响。因此，乡镇政府领导需要处理好与上级政府的关系，也需要处理好组织内部的关系。从这个角度看，乡镇政府主要领导的组织政治知觉越弱，感知到的问责对其印象管理行为的影响越明显。

6.2.2　角色压力对问责与印象管理的影响

目标责任制情境下的问责机制提供了外在压力，而行动者依据其角色将这种外在压力转化为角色压力。对问责的感知反映出的三种制度特征共同使角色承担者产生了角色压力。首先，问责机制的结构特征可能会使责任承担者需要面对不一致的角色期望和扮演多重角色。①从行动者特征看，乡镇政府主要领导既要代表上级政府管理地方事务，又要满足当地群众企业的诉求，还要管理好乡镇政府组织自身，在现实中具有多重身份，而多重身份相互冲突时就会导致角色冲突。②乡镇政府要同时完成多个上级部门布置的任务，接受不同部门的考核问责，而多头问责也可能会导致角色冲突。③从外部要求看，乡镇政府需要为各种不同类型的绩效目标负责，例如，既要追求经济发展，还要保护环境；既要提高土地开发的效率，还要在拆迁过程中维护公平正义。这些政策要求在具体执行过程中有时也会发生冲突，造成角色模糊、角色冲突或角色过载。④从价值导向看，县级政府既希望乡镇政府按照预定计划完成各项目标任务，又要求其严格履行属地管理职责，并积极对外部要求做出回应，这些多元化的价值取向可能也会造成问责期望冲突。因此，问责机制的结构特征可能会导致乡镇政府主要领导感知到不一致的角色期望，即角色压力。

其次，问责机制的流程特征可能会导致责任承担者所处环境的不确定性和感知角色期望的不一致性。如前所述，问责机制的运行流程由设定目标和标准、执行、监测和评价、处置等关键环节组成，在每个环节都存在着角色期望的不一致性或环境的不确定性，这直接导致了行动者的角色压力。更重要的是，这种问责机制尽管采取了契约问责的方式，但却难以满足使用契约进行管理的前提条件。Christensen[372]等学者指出，确保透明是新公共管理范式下使用契约的先决条件，它包含四个方面的要求：控制和服务提供应更加开放以便于监察、目标清晰、监测体系到位及激励体系明确，而兰德公司（RAND Corporation）对美国公共服务部门的研究报告也得出了类似的结论。然而从前文对目标责任制情境下问责机制的运行流程分析来看，这四个方面的要求过于理想化，在现实情况中很难同时满足。已有研究表明，目标设置不当可能会导致角色冲突和角色模糊，不合适的监测与奖惩也不利于提高绩效评估与激励的公平感[373]。与此同时，乡镇政府完成“契约”（目标责任制合同）乃至日常运转所需的资源都取决于上级政府部门，工作任务要求越高则意味着角色冲突和角色模糊可能越强。这些都说明了问责机制的流程特征可能会导致不确定性与不一致性。

最后，问责机制的匹配特征也会造成责任承担者的角色压力。在目标责任制情境下，这种问责机制是采用契约问责的方式实现委托者对代理者的控制，以及采用绩效问责的形式确保代理者对委托者的服从。这可能会造成问责机制“名”与“实”的分离，使乡镇政府干部在遵守法律法规与实现发展目标之间难以兼顾。从地方政府绩效考核实践来看，随着《关于建立促进科学发展的党政领导班子和领导干部考核评价机制的意见》等文件的陆续颁布，尽管自上而下的目标责任考核对领导干部的激励和约束更强，但却面临着“目标替代”的挑战。从西方发达国家的经验来看，依据委托-代理思想设计的、旨在提高外部激励和约束的管理实践容易缺乏对政策执行者价值观、习俗和动机的考察和人文关怀，容易出现 Moynihan[367]所说的犬儒主义倾向。Mishra 和 Spreitzer[374]指出，处于变革过程中的组织成员会因感知到对个人的威胁而表现出犬儒主义。由这些理论可以推测，在目标责任制情境下如果过于强调“一票否决”或“末位淘汰”等惩罚性的约束，会增强责任承担者的不安。在组织中，当面临个人-环境匹配问题时行动者就会出现角色压力。在此情况下，问责机制的匹配特征会使乡镇政府主要领导面临增强的角色压力，带来一些非预期的后果。

目标责任制将政策执行者的责任与其激励相挂钩，强化了乡镇政府在市场化过程中的理性——如果完成了各种目标任务，乡镇政府就能获得相应的经济和政治收益。而乡镇政府与上级政府之间存在的是多任务委托-代理关系，需要乡镇政府完成的目标任务多达数十项甚至上百项，乡镇政府与上级政府的“一把手”要共同签订综合性的目标责任书和十余项专项目标责任书，每册专项目标责任书对应着上级垂直管理机构的职能和特定的绩效目标，如环境保护、土地管理等。这种双轨责任制旨在增强“条”与“块”之间的联动性，减少政府体系内部的摩擦，但也可能会提高各个部门对乡镇政府领导的角色期望，增强乡镇政府领导的角色压力。李侃如[375]等学者对此有许多形象的分析和解释。从这个角度讲，许多地方近年来的飞速发展就可以得到有力的解释，各级地方政府在其中发挥了非常关键的推动作用，同时其角色压力也相应增强。

谢玉华[376]发现地方政府领导者拥有复杂的角色集，除了目标责任制所塑造的规定性角色，还有带有地缘社会关系特征的诸多开放性社会角色。而在改革过程中，乡镇政府的多重角色也越来越明显，乡镇政府领导需要在更为复杂的角色之间时常转换，以应对快速发展变化的形势。由于每一种角色期望对理性行动者的激励程度不同，乡镇政府领导可以有选择性地优先满足特定的角色期望，从而出现目标替代。在西方经济学研究中，Holmstrom 和 Milgrom[377]从理论上论证了在多任务委托-代理关系中，过于强调绩效考核容易引发代理人激励结构的扭曲，即当某两个任务具有一定替代关系，并且任务完成情况的可观测性存在着强弱差别时，绩效考核容易导致代理人在可观测性较强的任务上的激励强化，同时在可观测性较弱的任务上的激励弱化。在中国快速发展的压力条件下，乡镇政府领导的角色压力已经引起了一些研究者和实践者的重视。国内外许多研究已经揭示出，感知到的问责会对个体行动者的心理压力产生显著的正向影响。上述分析表明，在目标责任制情境下，乡镇政府主要领导一项显著的感知压力来源于其扮演的多重角色及其角色期望。

在目标责任制情境下，作为行动者的乡镇政府主要领导会因角色压力的驱动而采用印象管理策略。首先，西方管理学的研究认为，对于一般组织情境中的行动者而言，角色压力意味着合法性危机，即行动者担心其行为不被利益相关者所认可。Pfeffer 和 Salancik[345]指出，当利益相关者认可和支持组织的目标与活动时，组织就被赋予了合法性，而一旦关键利益相关者不满意，就会减少参与或要求更多的资源用于交换。问责制度的结构特征决定了行动者必须对关键利益相关者负责，例如，乡镇政府主要领导意识到较强的角色压力时，必须获得或维持自身行为的合法性，否则可能面临惩罚性的后果，如受到责任追究。对职业干部而言，这种责任追究很可能意味着自己政治生涯的终结。根据新制度理论的经典观点，西方社会的组织一般通过实质性管理和象征性管理两种基本的管理方式寻求合法性，印象管理是后者的一种典型途径。象征性管理能够向利益相关者展示行动者的可问责性，而这种管理活动的直接出发点之一是制度压力。在欧美公共管理领域，印象管理是公共组织管理者应对压力的常见策略，例如，Verhoest 等[3]的“压力-回应”模型指出，沟通和形象建构及象征性的回应行为都是组织面对合法性压力时的理性选择，也是不确定性和风险政治环境导致的合法性压力间接产生的激励效果。

在复杂的组织环境中，印象管理是一种艺术，往往能够发挥点石成金般的作用。Elsbach 和 Sutton[193, 350]在案例研究中解释了当面对冲突和不一致的要求时，组织及其代表如何使用印象管理来改善利益相关者对其角色形象的认知，从而获得合法性，为组织赢得了生存机会。Allen 和 Caillouet[183]也提出了相似的观点，即制度影响行动者的行为，面对问责产生的压力，行动者采用各种印象管理策略以获得合法性。正如这些研究所指出的那样，印象管理策略常被用于影响利益相关者的感知，使组织获得合法性。在这些管理情境中，组织管理者与组织之间有着休戚与共的关系，组织的印象管理策略实际上由组织管理者所主导，而其使用效果则依赖于组织管理者对环境的判断与决策。Bansal 和 Kistruck[342]指出，在存在模糊和不确定性的条件下，象征性管理行为最为有效。根据西方组织理论的经典观点，这是由于不确定性使利益相关者难以识别和界定实际行动，而在模糊条件下，组织能有更大余地做出印象管理努力并使用多种策略以宣传其环境绩效。利益相关者的权力、动机和政治技能越强，组织越倾向于至少象征性地表达有利于利益相关者的信息。也就是说，对于作为最重要利益相关者的上级，其注意力对下级组织至关重要，当利益相关者偏好与组织计划一致时，组织更可能做出实质上而不是象征性的回应。

此外，角色压力也意味着行动者对稀缺资源的追求。资源依赖理论指出，尽管组织行为受到情境因素的约束，管理者依然能够降低环境不确定性和对环境的依赖。由于权力意味着对关键资源的控制，组织及其管理者的行动以获得权力为核心目的，试图减少他人对自身的控制而增加自身对他人的控制权力。简单地说，组织的行为是在试图创造符合自身利益的环境。在目标责任制情境下，从责任的明确、履行、核查到兑现，县级政府不仅牢牢掌握着对乡镇政府进行目标设置、绩效评估和奖惩的权力，而且在"乡财县管"式的财政管理体制下，县级政府拥有对乡镇政府进行财力资源配置的重要权力。尽管现实中的乡镇政府具有一定的自由裁量权和与上级政府进行磋商和沟通的渠道，但其所需的关键资源供给大多取决于上级政府，乡镇政府必须对上级政府负责，让上级认可其形象和努力，才能争取到关键的经济资源与政治资源。对于一般的乡镇政府主要领导来说，只有掌握了这些资源，地方发展的条件才更充分，做事才有足够的底气。为此，乡镇政府领导必须善于运用印象管理策略和技术，以减轻自身压力，创造更多机遇。在"乡村自治"以后，乡镇政府与乡村干部与当地群众的关系也从行政管理转向了协同治理，乡镇政府也必须团结和带领当地干部与群众，利用好社会资源。周雪光认为，组织间的非正式关系程度与资源依赖程度成正比，即资源导致的角色压力对印象管理会产生正向影响。

关于组织的大量研究表明，管理者需要模仿其他成功者获取合法性的实践，影响评价者对自己的印象，努力降低管理者与评价者之间期望的不一致程度，从而影响资源供给。Oliver[323]根据资源依赖理论指出，组织的选择受到一系列外部压力的限制，出于自利动机的驱使，在应对外部环境的制度压力时，组织会采取各种策略以试图控制外部的影响，获取稀缺资源并减少不确定性。Tsui 等[348]认为，在分析与此有关的现象时，应当对管理者的角色压力予以关注，角色压力是解释管理者行为的一个重要变量。在组织情境下，管理者需要面对不同的支持者，他们是否向管理者投入资源（如信息、物质和努力）对管理者工作的成功与否至关重要。而这些决策取决于支持者对管理者的主观评价，如果他们认可管理者，就会给予支持，因而对支持者印象的管理扮演了重要的角色。Pache 和 Santos[351]强调，当组织依赖于关键制度对象的资源时，倾向于与其期望保持一致，以稳妥地获得这些关键资源。Zott 和 Quy[352]的研究则更说明了印象管理对于获取资源的重要性。象征性管理方式可以视为印象管理的子集，而印象管理历来被组织理论家视为获取资源的手段。在西方发达国家，针对企业家的经验研究发现，表现出大量象征性回应行为的企业家相对地能够频繁且艺术地获得更多的资源。

角色压力导致印象管理的原因与问责机制的匹配特征有关。前文分析指出，强化的问责机制可能会增强责任承担者的角色压力，而根据西方政治经济学的有关研究，在结果导向的改革环境下，这种绩效契约不利于建立领导者对制度的可信承诺。在科层制情境下，如果政策执行者不信服于问责机制，泰勒主义和科层理性主导下的组织设计就显得苍白乏力，各种正式制度就容易被束之高阁而难以充分发挥作用。实际上正如黄宗智[378]所说，近代以来中国的地方政府管理并不完全依赖于正式规则，而是推崇“儒法合一”的地方治理传统，使得正式规则与非正式规则通常共生共存。在这种社会情境中，目标责任制的问责机制设计就必须考虑各种现实因素的影响，而理解乡镇政府领导的印象管理行为也不能脱离对问责机制匹配特征的考察。在正式规则与非正式规则并存的地方现实管理生态下，乡镇政府领导需要灵活而努力地满足各方对自身的角色期望，塑造良好的形象。

问责机制的匹配特征反映出制度理性与个人理性之间的冲突，而冲突的调和依赖于角色扮演者的印象管理策略与技巧。角色压力最主要的来源是不一致的、模糊的角色期望和不确定性，管理者只有平衡不一致的、模糊的角色期望或降低不确定性，才能缓解角色压力。这种特征，如角色模糊，历来被视为预示行为结果的关键因素。现代组织理论认为，追求高管理效能就要求管理者具备对冲突或不一致的角色期望做出回应的能力。从这个意义上讲，高绩效的管理者和领导应该善于协调各种角色关系，平衡内部和外部利益相关者对自己的角色需求，使自己不仅“干得好”，更要“看着好”。Elsbach[379]指出，当人们对组织中的领导抱有积极的刻板印象时，领导为了维护自己的积极形象，就不得不从事于一些使自己看起来高效的行为。如果行为得当，不仅能够对组织绩效产生积极的贡献，而且能够提升个人权威，达到“双赢”的效果。根据 Grant 和 Mayer[380]、Bolino 等[381]的研究，组织管理者较之一般的组织成员更要既扮演“好演员”的角色，又扮演“好战士”或“主人翁”的角色。这种角色扮演对责任承担者的能力提出了要求，如果应对不当，就会造成非预期的负面效果。

在当代中国社会，领导的角色压力是普遍现象，正如 Tsui 等[348]所说，具备回应冲突或不一致的角色期望的能力是组织管理者理所应当具备的特质。处于科层体系末端的乡镇政府处在国家与社会的联结枢纽，发挥着不可替代的职能，每天都可能面对地区发展过程中的矛盾，如何在这种矛盾中寻求平衡，则取决于乡镇政府领导的管理艺术水平。吴毅[203]用案例说明，乡镇政府领导在基层工作中遇到的种种真实问题和真实困难常常超出社会主流舆论的理解，他们需要为地区发展付出艰辛的努力，运用高超的技能化解发展中的难题。只有善于运用印象管理技巧和策略，他们才能在国家社会快速转型过程中赢得主动权。目标责任制对他们的约束越强，乡镇政府领导感知到的问责就越强，其角色压力相应增大，而特定的印象管理策略能够缓解角色压力，为乡镇政府领导更好地完成考核任务提供助力。

首先，在现行的乡镇领导晋升制度之下，当乡镇政府领导从角色压力中感知到对合法性的需求时，他们必须恰当地展示出自己的能力和竞争优势，获得上级领导和部门的认可。为此，一些乡镇政府领导善于示功，把握显示宣传当地工作成绩的关键机会。笔者在各地调研走访时发现，一些乡镇的主要领导很擅长呈现当地政府的工作亮点。据他们介绍，乡镇干部承担的任务很多，工作环境和待遇都期待不断改善，而社会舆论时常对他们有误解。从内心深处讲，他们都希望通过向上级展示自己的能力和业绩，有机会更充分地发挥自己的才干，实现造福于民的志向。因此，他们中的许多人非常努力，不断追求个人进步，巩固自己的实干本领和竞争优势。

其次，在现行的“条块结合”体制和县乡财政制度之下，当乡镇政府领导从角色压力中感知到对资源的需求时，他们必须不失时机地向上级反映自己乡镇的实际情况，避免因遭遇责任追究而失去宝贵的发展机遇。笔者在访谈中发现，一些乡镇政府领导会有策略地向上级示弱，陈述当地发展中亟待上级帮助解决的难题，或争取获得上级政府和部门更强有力的支持。在现实中，一些历史遗留问题的解决相当不容易，适当的“陈情”或“诉苦”有助于引起上级部门的足够重视，从而及时调整政策议题设置，为地方发展提供更好的制度基础和政策环境。据一位乡镇政府领导介绍，他在清理规范当地政府资金使用时就遇到了不少的实际困难，仅凭个人之力很难在短时间内解决好该问题，于是他设法向上级政府和部门反映实际情况。由于方式方法得当，上级政府对他的工作态度非常认可，给予了有力支持，顺利解决了问题。

最后，在现实中的乡村社会网络中，当乡镇政府领导从角色压力中感知到可以借由自己的积极行政赢得利益相关者尤其是上级领导的信任时，他们会尽可能地克服困难，按照上级目标责任考核的要求部署工作，表现出示范行为。在他们看来，自己需要遵从上级的正式权威，以示范的方式展示其执行力和对上级的绝对服从无疑是必要的。在本书分析的案例中，Y 乡党委书记治理的乡镇有着较好的经济社会发展基础，他带领全乡严格遵守考核要求，力求重塑 Y 乡的形象。履新期间的示范是他对上级领导信任的回报，也是降低自己角色模糊程度的途径，而这种信任产生的激励效应是否能够持续，仍然需要更长期的细致观察和分析。

6.2.3 公共服务动机对组织政治知觉和印象管理的影响

从发达国家的实践经验来看，当公共领域的改革对公务人员形成外部激励时，可能会产生公共服务动机的“挤出效应”，即旨在奖励个人利益的控制系统设计将会“挤出”内在动机，导致其公务人员出现道德风险现象。公共服务动机是一种利他的内在动机，Perry 和 Hondeghem[227]提出公共服务动机包含理性的、基于规范的和情感的三类动机。国内外研究先后表明，组织氛围和外在激励等因素都能够对内在动机产生影响。有学者从认知评价理论出发，指出欧美国家组织中的可见报酬、最后期限、监督、评价等控制性外部因素会削弱内在动机，而提供参与机会等信息性外部因素则会增强内在动机。Weibel[382]根据自我决定理论认为当外在奖励使个体感受到自主性受到限制时内在动机将会降低。而根据公平理论，当组织成员在人际沟通时感知到越公正时，会在任务面前产生越强的内在动机。

此外，Burke 和 Litwin[383]指出，传统的组织理论认为工作场所的氛围会对个体动机产生影响。相关研究也表明，与问责有关的负面心理与行为后果会对个体履行职责的动机产生影响。发达国家的经验证据表明，在结果导向的改革情境下，政府管理者感知到的政治环境对其心理和行为都会产生显著的影响。一些学者在中国情境下的研究则证实了在组织中善于运用政治行为的人更能获得上级的认可，被认为具有更好的绩效和发展潜力，组织政治知觉对个体行为有着重要的影响。从这个角度看，组织成员的组织政治知觉程度越强，说明组织中存在着更多的竞争，组织成员感知到的威胁越强。由于组织政治知觉也属于阻碍型压力源，会通过消极影响行动者的工作动机而影响绩效。Rosen 等[371]则发现组织政治知觉会对组织成员的公民行为产生抑制作用，表明组织政治知觉对其亲社会动机可能存在负向影响。

Perry[384]认为，公共服务动机是后天习得的结果，外在动机能够“挤出”内在动机。在中国社会，当乡镇政府领导的组织政治知觉作为一种负向激励时，同样可能会对其公共服务动机产生挤出效应。在传统的乡村社会中，向来有所谓胥吏政治的传统，“官”与“吏”之间有着清晰的界限，而地方性事务的完成通常离不开二者之间的合作。钱穆先生在评述历代政治得失时，一针见血地指出“一切文书簿籍，例案掌故，却全经他们手”[385]。在当代基层治理中虽然已不存在所谓的“官”和“吏”，却存在国家正式公务员和编制外人员共同完成上级目标任务的现象。这二者的职业发展特征截然不同，即周黎安所比喻的“官、吏分途”，而编制外人员通常在本地乡村社会有较大的影响力。乡镇政府领导要想有效地开展工作，就需要理顺这种人员身份差异所可能导致的组织内部矛盾，否则就可能给工作目标实现带来障碍。

由于各地乡镇政府面临的地区发展阶段差异较大，乡镇干部的思想觉悟各不相同，其公共服务动机可能具备多样性的特点。在一些工作条件较为艰苦的地区，处在复杂工作环境之中的乡镇政府领导面对着许多压力和挑战，如果不能够很好地处理好乡镇组织成员之间的关系，他们的工作可能会较为被动。已有研究表明，组织政治知觉会减少个人的组织承诺和组织公民行为，即组织政治知觉会抑制个体的亲社会动机。公共服务动机是一种内在的亲社会动机，也会因环境因素而消磨，因而过强的组织政治知觉对于乡镇政府领导“为人民服务”的公共服务动机也会形成阻碍。从许多实践案例来看，乡镇政府主要领导普遍具有较强的公共服务动机，但如果他们一直受到组织政治活动的困扰，会对于他们保持公共服务动机造成不利影响。

新制度理论指出，组织在相同或相似的制度约束下会发生“同构”，同时行动者之间会相互模仿，然而本书的案例分析表明，即使在相同或相似的目标责任制情境下，不同乡镇政府主要领导的印象管理行为也存在差异。这种差异可以由基于动机的个体差异来解释，即印象管理的使用依赖于管理者个体因素，其中内在动机特征非常重要，其差异将导致行动者表现的差异。由此推断，乡镇政府主要领导内在动机的差异是解释其印象管理行为差别的一个重要因素。实际上，组织外部的制度能否起到预期效果，在很大程度上由制度本身的因素和人的内在动机因素共同决定。在探讨行动者的印象管理行为时，不可避免地要涉及其角色与行为的动机，尤其是行动者的内在动机。从文献综述来看，几乎所有的国际“压力-回应”研究都采用了“理性经济人”的行动者动机预设，例如，Tetlock[97]认为人们都是逐利者，而 Allen 和 Caillouet[183]、Frink 和 Ferris[124]、Dubnick[83]等学者从各自学科背景出发不约而同地对此命题进行了诠释。

然而，随着动机理论和印象管理研究的发展，人们逐渐意识到印象管理行为背后的动机未必是自利动机。Leary 和 Kowalski[116]提出印象管理包括印象动机和印象建构两个部分，印象动机是指个体试图控制他人对自己的印象的愿望或动机，而个体决定给他人产生什么样的印象及如何产生这种印象被称为印象建构，印象建构取决于印象动机。按照这一两因素模型，本书中的示功、示范和示弱属于印象建构范畴，而公共服务动机正是一种可能的印象动机。Treadway 等[386]的研究则发现内在动机也会导致组织中的政治行为，而政治行为与印象管理行为在很多情境下常常难以区分，作为一种内在动机，公共服务动机也可能对印象管理行为产生影响。

在动机理论的发展过程中，Shamir[387]对西方传统的动机研究提出了批判，认为建立在自利动机预设基础上的动机理论存在五个方面的不足。第一，传统动机理论认为个体能理性地判断效用最大化，而这种偏好假设无法解释亲社会行为。第二，传统动机理论强调的“显著情境”，即以清晰目标、丰富报酬和奖赏与绩效一致为特点的情境过于理想化，难以在现实中普遍存在。第三，传统动机理论在解释“一般与特殊、当前与长远、分散与连续”的行为分类之间没有差异，无法做出详细说明。第四，在现实中极可能存在的情况是，完成一项任务可能没有任何奖赏，甚至没有快乐，只是因为它对人们有意义而被要求去做，而传统动机理论忽略了这类现象。第五，动机研究很少考虑行动者的价值观和道德因素。

对于公共组织和公共管理者而言，“理性经济人”的动机预设更值得商榷，对行动者行为的解释容易以偏概全。采用自利的动机预设有助于简化对现象的分析，获得简洁的发现，但文献和实践都表明这种预设与实际情况之间存在不小的差距。尽管行动者从事印象管理的目的是管理利益相关者对自身的形象感知，这的确会给行动者带来潜在的好处，但并不应就此将印象管理的效果等同于其动机。相反，印象管理也可能受到行动者其他动机的影响。公共服务动机的有关研究指出，许多研究对政府工作人员存在动机方面的偏见，例如，将研究对象视为理性选择、追求效用最大化的个体，但实际上公务员具有为公众服务的动机。在公共管理领域，公共服务动机的作用往往不可小觑，在某种程度上比外部制度的作用更为关键。Perry 等[228]指出，外部的制度激励可以看作为行为提供了发生的机会，而公务员内在的公共服务动机是其行为的前提。而 Taylor[388]等学者认为，组织中内部和外部的激励因素会与公共服务动机共同对组织成员的态度及行为产生影响。

Dilulio[389]指出，对发达国家政府官僚的自利动机假设忽视了政府组织的文化基础，在解释其行为时出现了失灵现象。在中国文化背景下，深受儒家文化濡染的领导干部与西方发达国家的政府职业官僚不同，历来崇尚所谓“穷则独善其身，达则兼济天下”的人生理念，即使不能“为官一任、造福一方”，也希望能够“对得起老百姓”，尤其是较为年轻的基层干部，总希望能够在公共服务方面有所作为。Tsai[229]的研究说明，中国乡镇政府干部有很强的动机来为当地公众提供公共产品，甚至是义不容辞地竭力为乡亲们服务。另外，对于许多乡镇政府领导干部来说，从政是目前能够兼顾个人成就与公共价值的出路，可以更好地实现个人抱负。乡镇政权在国家政权体系中居于末梢地位，是国家公共服务供给链条的终端，面对着繁重而紧迫的事责、有限的财权及复杂的工作环境，乡镇政府主要领导在工作中必须应付接踵而来的各种困难，而有所作为的前提是克服困难完成任务。

大量研究表明，在公共组织中公共服务动机与个人绩效呈正相关关系，而印象管理则被视为获得个人高绩效的手段，这意味着更强的公共服务动机可能伴随着更高水平的印象管理。例如，有学者发现公共服务动机相对更高的个体更倾向于展示出高水平的“社会利他行为”。Gailmard[390]指出，当公共服务者感知到自身与组织和环境的价值冲突时，公共服务动机也可能导致其运用自由裁量权来追求自己的目标，从而难以避免道德风险等委托代理的常见问题。在目标责任制情境下，乡镇政府主要领导想要继续从事公共服务，履行为公众服务的使命，就必须通过考核，而如何实现这一点则取决于其印象管理的水平。从这个意义上讲，其公共服务动机与 Makris[391]所说的公共组织委托代理框架下的使命动机是一致的，公共服务动机越强的乡镇政府主要领导越希望赢得关键利益相关者的支持，而关键利益相关者的支持来源于所产生的好印象。

Rosen 等[371]的研究表明，组织政治知觉会造成组织成员的挫折感，进而对组织公民行为和任务绩效产生负向影响。在组织行为学研究中，组织公民行为与示范等印象管理行为非常近似，而且与公共服务动机有着紧密的关联，由此可以判断，组织政治知觉会对组织行动者的亲社会动机产生负向影响，最终反映到其特定的行为上。因而，当乡镇政府主要领导的组织政治知觉越强时，公共服务动机越可能会被“挤出”，对其应对上级目标责任考核的印象管理行为产生抑制作用。

在中国，公共服务动机越强的人越希望在公共部门工作。这反映出儒家文化所提倡的“学而优则仕”理念对中国人的职业观念有着深远的影响，许多人都将实现政治抱负作为自己择业的标准之一。如果组织中存在着大量的组织政治活动，而个体又无法改变这种局面，那么政治抱负就会成为空中楼阁，长此以往将逐渐消磨个体的公共服务动机。前文的分析表明，在现有体制下，乡镇政府领导要想更好地“为人民服务”，就必须在地方发展竞争中显示自己的能力水平，同时能够赢得上级给予的资源和信任，为此他们通过示功、示弱和示范等策略影响上级政府的印象。但是，过于强化的组织政治活动是掣肘因素，因为组织政治知觉会牵制他们的精力，减少他们对公共利益的承诺，抑制亲社会动机。只有在组织政治活动相对有限的情境下，乡镇政府领导才会不断强化自我“为人民服务”的意愿；而他们越想要为人民服务，越需要恰当地运用示功、示范和示弱等技巧和策略来营造出适当的形象。在目标责任制情境下，乡镇政府领导必须始终寻求这种平衡，适当运用一些非正式的手段更好地保障乡镇政府组织正式功能的发挥。

实际上，高公共服务动机的领导干部并不等同于理想主义者，本书所关注的是那些能够适应组织制度环境且具有公共服务意愿的乡镇政府主要领导，无法兼顾到所有的对象，也可能所提出的理论不适用于那些具有鲜明个性特征的“另类官员”。对于一般的情况而言，即使是公共服务动机强的干部也会根据自己的需要运用自由裁量权，而不仅是投身于公共服务，其行为取决于他们对自身角色的理解。在目标责任制情境下，乡镇政府领导表现出印象管理行为很可能是为了捍卫当地的公共利益，或者是为了使自己能够继续从事公共服务。从这个意义上讲，并不能简单地依据印象管理行为来断定领导干部的个人动机或品质，即使是公共服务动机很强的基层干部也可能从事印象管理，印象管理只是手段而非目的，是出于特定的角色和现实需要。这也解释了为何在相同的问责制度框架下，不同乡镇政府主要领导表现出印象管理行为的程度存在差异。

6.3 本章小结

本章在前述概念辨析基础上，凝练形成了包含制度压力、组织压力、角色压力、工作动机和回应策略的现象分析框架。接着，分别对问责、组织政治知觉与印象管理的调节作用关系，角色压力对问责与印象管理的中介作用关系，以及公共服务动机对组织政治知觉与印象管理的调节作用关系进行了探讨。这三个方面的分析提供了解释目标责任制与乡镇政府领导印象管理行为之间关系的具体视角。

7 组织政治知觉的影响

7.1 研究背景与问题诠释

从实际情况来看，目标责任制考核既是一个包含了跨层级授权和反馈的管理过程，也是一个政府科层间相互影响的政治过程，其方式、方法在不同地区、不同行政层级之间均存在较大的差异，导致人们感知到的问责呈现出情境依赖特征。在目标责任考核的过程中，问责集中体现在乡镇政府需要向县级政府提供与年度目标有关的绩效信息、对考核主体的质询做出回复并接受其评价，以及为年度绩效承担后果。不仅县级政府及其领导、部门的行为特征差异会影响乡镇政府领导对问责的感知，乡镇政府自身的领导特征、组织特征和环境特征也会使其对这种问责机制的感知各不相同。在目标责任考核情境下，发展阶段、资源禀赋和管理能力各异的乡镇政府需要完成不同的目标，应对不同内容和规模的考核检查，其主要领导对问责的理解和认知就存在差异。另外，在目标责任考核的各个环节，作为代理者的乡镇政府都需要做出特定的回应。这些回应方式的共性之一即维持或树立乡镇政府领导在上级心目中的积极形象，从而赢得上级领导的支持，属于目标责任考核情境下具体化的印象管理行为。

对于组织而言，印象管理是指展示预期的形象以试图影响特定受众对组织的感知。印象管理是人际关系互动过程中的基本组成部分，其本身并无好坏之分。在委托-代理关系之中，代理者并不是被动的行动者，而是在不断地与环境进行着互动，因而印象管理是人际活动的自然后果，它是主动沟通和包装的一种途径。组织活动是社会活动，而不是单独行为，这意味着在组织中每个人都要完成自己的角色要求并与他人互动。为了在特定对象面前树立自己的良好形象，行动者会倾向于使用积极的印象管理策略。例如，使用印象管理的下属会因表现出高水平的组织公民行为而被上级视为“好士兵”，而对于政府组织领导来说，恰当的印象管理有助于树立“好干部”的道德形象，这往往比追求管理效率和技术理性的行为更重要。

近年来，学术界逐渐开始关注制度因素对组织印象管理的影响，而多数研究都以企业组织及其成员为研究对象。尽管在研究对象、主题和情境等方面存在较多差异，许多实证研究均发现企业会采用积极的印象管理策略来缓解压力、维护合法性或实现组织的战略目的。在国内研究方面，有研究提出绩效考核会促使组织成员采用印象管理策略实现个人目的，而另一些研究则发现上级领导的特定管理方式会激发下属从事积极的印象管理，如有益于组织绩效改进的建言行为。仅有极少数国际公共管理研究涉及该主题，例如，有实证研究表明领导与下属的互动会促进“好士兵”现象的出现，而针对美国管理和预算办公室政策执行的研究表明政府机构会以不同的印象管理方式应对科层问责。与这些研究相比，本书在中国基层政府目标责任考核情境下采用实证研究探讨问责对印象管理的影响，能够拓展和丰富问责和印象管理的研究视角，进一步识别政府组织印象管理的特征及其深层次的制度因素，为基层政府绩效管理机制设计提供更充分的依据。

7.2 问责对印象管理的影响

正如欧阳静[20]等学者揭示出的那样，处在变革和转型过程中的乡镇政府领导为了应对目标责任考核，总是通过特定的方式维持好的形象。从理论上讲，当组织面临问责导致的危机时，为获得特定目标受众的认可，从而获得合法性和资源，会理性地选择特定的印象管理行为[392]。实际上，印象管理是一个高度情境依赖的现象，已有研究表明行动者在不同情境下的印象管理行为各不相同。特定的印象管理策略服务于特定的目的，组织领导会在权衡风险与收益等因素的基础上有选择地运用不同的印象管理策略。如果运用不当，组织领导非但难以在受众心中树立预期的印象，还可能导致负面后果，这种风险迫使其必须谨慎地选择适合情境和需求的印象管理策略。

在目标责任考核的多任务情境下，问责的内容包括各种刚性的“硬指标”和具有弹性的“软指标”，而实际责任承担者的任务完成能力又有高低之分，力求标准化、规范化的目标责任考核未必能使基层干部的行动整齐划一，不同的干部在考核情境下的反应存在明显的差异。根据前文的研究，可将乡镇政府领导应对上级考核的印象管理策略主要分为三类：当乡镇政府领导面对能够完成且必须完成的目标任务时，会以示范的方式展示其执行力和对上级的忠诚；当乡镇政府领导面对不易完成但具有一定灵活性的目标任务时，会以示功的方式展示自身的竞争力和优势；当乡镇政府领导面对一些很难完成而又难以运作的任务时，会以示弱的方式打动上级领导，从而给自己留下退路，避免惩罚性的后果。

7.2.1 示功

示功被 Rosenfeld 等[393]称为“window dressing”，以展示行动者的能力和成就为主要行为特征，在很多情形下与情绪管理领域的“表层扮演”有类似之处，而后者与 Goffman 的拟剧论有着密切的关联。在目标责任考核情境下，有选择的示功行为不仅能带来好的声誉，还可能获得资源、组织支持等现实的回报。因此，面对上级政府这一最关键的利益相关者，理性的乡镇政府领导会在考核过程中尽可能扬长避短，利用考核传递优秀的政绩信号，塑造正面的形象，以赢得上级的认同或赏识。当上级政府在为乡镇政府分配目标任务时，如果没有充分考虑到执行的成本和难度，导致目标任务和考核指标脱离实际，下级会采取多种方式、集中优势资源完成最具有显示度的目标任务；另外，上级领导会根据下级人员的工作态度和实际效果等而予以适当通融。

7.2.2 示范

示范是一类社会舆论所期望看到的行为，具有传统公共行政道德样板的行为取向。然而，如果说在目标责任考核情境下，即使上级政府制定的目标不合理、考核过程对乡镇干扰大，乡镇政府领导依然严格按照要求完成各项任务，就难以排除这是一种潜在的默契行为。在目标责任考核情境下，一个上级政府与多个下级政府同时形成了多任务委托-代理关系，这种关系促成了地方官员在竞争中的各种默契。在现实中，各个乡镇政府之间存在激烈的竞争，如果乡镇政府领导不能像上级所期望的“标杆”那样做出策略性回应，就难以在目标责任考核的竞争中处于优势地位。总体来看，这类行为既能够推进地方发展和政府工作，也能够为乡镇政府领导在上级政府领导心里留下“好干部”的印象。

7.2.3 示弱

由于作为代理者的乡镇政府与作为委托者的县级政府相比属于“弱者”，在完成责任目标或迎接考核时一旦遇到困难，向上级示弱也是一类常见的印象管理行为。通过向上级政府陈述自己（乡镇）的难处，以说明自己在考核中可能会“吃亏”、遭遇不公平对待，乡镇政府领导能够以婉转的方式获得上级的认可。李芝兰和吴理财[22]认为，在现行体制下，基层政府通过“倾诉”等极富感染力的游说向上级陈述困难，如描绘目标责任考核内容与乡镇实际的差距，在一定程度上能够影响上级对自己的认同，从而减轻来自上级的压力；另外，在“倾诉”的过程中，展现工作困难的行为也能给乡镇政府更好地推进工作带来一些便利。

综上所述，面对目标责任考核情境下的问责机制，乡镇政府主要领导在组织间的政治舞台上必须熟练自如地管理上级对自己的印象。无论是这种带有问责标签的强制性机制，还是乡镇政府较强的资源依赖特征，都迫使乡镇政府必须对作为关键利益相关者的上级政府做出回应。在面对特定组织议题时，印象管理是管理者用来获得合法性和资源的手段，有助于管理者影响其利益相关者对自身印象的感知。

7.3 组织政治知觉的作用

在目标责任考核情境下，当外部压力形成对乡镇政府领导的约束时，印象管理策略被用于缓解约束性的压力。在此过程中，目标责任考核情境下的组织政治因素不可小觑。事实上，不同基层干部的工作方法和个人发展预期各不相同，组织环境中会存在竞争行为，同时其行为难免受到组织中其他成员行为的影响。从制度设计上看，尽管乡镇政府领导承担着目标责任和自上而下的各种压力，但实际上这些责任和压力都会向下分解，最终主要由普通基层干部完成目标任务。基层干部的综合素质水平不一，但他们都直接面临着多样化的干群关系、有待提升的工资待遇与有限的职业出路，生存与生活质量改善的压力较大。一旦他们没有很好地遵从乡镇政府领导的决策，上级意志的贯彻将面临强大的阻力。因此，正式体系对基层乡村干部相当重视。如果乡镇政府领导在基层无法立足并赢得当地干部的支持，无论其如何努力投入工作，最终也难以实现目标；相反，如果组织内能够团结一致，为通过目标责任考核而共同努力，乡镇政府领导才能更好地施展能力才智。

在这样的政治生态环境中，乡镇政府领导需要对组织政治活动具备清醒的认知。组织政治知觉是组织中的个体对其他成员政治行为的主观知觉和评价。经验研究表明，当组织政治知觉较强时，预示着组织环境的不确定性和模糊程度较高，会令组织中的行动者产生对局面失控的感觉，进而投诸更多的精力来思考如何应对组织中的政治环境。在现实中，当理性的行动者感知到组织中存在较多的竞争性行为时，注意力会从回应外部利益相关者转向组织中的同僚，解决组织内部的分歧或纷争。因此，乡镇政府领导对组织政治行为必须严加控制，才能够确保在压力型体制下的政绩对比中胜出。对于他们来说，努力完成上级任务的印象管理已经占据了大量的个人精力和组织资源，如果组织中竞争过于活跃，就会迫使自己从对上级负责转向对内部人际关系的关注。这在一定程度上说明，组织政治知觉会抑制乡镇政府领导将更多的精力用于管理外部关键利益相关者的印象，产生了心理上的“稀释效应”。

此外，从问责的相关研究来看，问责对组织行为既可能产生积极影响，也可能出现消极效果。目前，关于问责和印象管理关系的实证研究尚不多见，引入组织政治知觉有助于更准确地解释问责与印象管理的权变关系。从上述分析来看，印象管理是目标责任考核情境下普遍的组织行为，组织政治知觉能够调节问责与印象管理之间的关系。由此可以认为，组织政治知觉对问责与印象管理的关系有负向调节作用，即乡镇政府主要领导的组织政治知觉越弱时，感知到的问责对其三类印象管理行为的影响越明显。

根据上述讨论，得到如图 7-1 所示的理论模型，用于下文的实证分析。

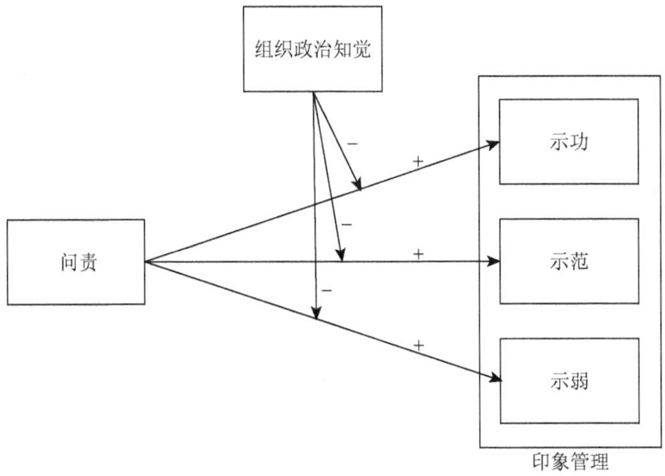

图 7-1　实证研究的模型

7.4　样本选取与数据收集

7.4.1　样本来源

本书研究属于一项国家自然科学基金项目的一部分，该基金项目旨在探讨目标责任考核与财政分权的制度设计对政府行为及其绩效产生的影响，而中西部经济欠发达地区有许多较好的观察点。从 2008 年开始，我们围绕该项目多次到中西部地区进行实地调研，对乡镇政府进行了多个案例研究，在此基础上计划以问卷调查的方式进行有关研究。在进行此次问卷调查之前，西安交通大学绩效管理研究中心组织成员专程对北方某省 L 市进行了调研，以完善实证研究设计。我们借助私人关系，于 2009 年 4 月底到 L 市进行了调研，考察了市、县（区）、乡（镇、街道）三级政府机构的目标责任制相关情况，就目标责任考核的制度设计、考核效果及其影响、问责、财政管理与预算等内容进行重点分析。调研发现，尽管调研各地的情况不同，但在目标责任制的制度情境和乡镇政府的组织行为等方面具有高度的相似性。而从文献综述情况来看，许多中西部地区的目标责任制及政府行为也都具有高度的相似性。由于中国是单一制的政体，在同一行政大区划内同级的政府组织之间存在极强的同质特征，这与企业组织之间的差异性不同，因而现实中一种可行的方式是选择具有代表性的地区进行问卷调查，以点带面地反映具有同质性的管理现象。

经过考察，我们选择 A 市作为调查数据的来源，主要基于以下五点考虑。第一，A 市具有地理区位上的代表性。A 市地处 S 省东南部，位于四省市的接合部，是南北文化的交汇之地。第二，A 市是典型的农业地区，所辖的乡镇在中西部地区具有较高的代表性。在 A 市，既有位于山区的乡镇，也有位于平原的乡镇，大多数乡镇的主导产业仍是农业。第三，A 市所辖的乡镇数量在中西部地区处于平均水平，在任的乡镇政府（乡、镇、街道办）主要领导数量符合统计调查的需要。截至 2009 年 8 月，该市共辖 10 个县（区），共有 108 个镇、87 个乡和 5 个街道办，每个乡、镇、街道办的党政领导至少有 5 人。第四，选择该市乡镇政府主要领导进行调查研究的另一个重要原因是可靠的私人关系能够为实施调研提供极大的便利。在公共管理领域从事经验研究或实证研究，尤其是与地方政府打交道时，可靠的人脉会为研究开展提供保障。第五，考虑到调查研究的人力、物力、财力和时间等因素，就近选择对本次调研相对不太敏感的乡镇政府主要领导进行调查，能够兼顾调查研究的成本与有效性。综合以上因素，我们认为 A 市综合情况符合项目研究的需要。从本书研究来看，其样本来源和抽样规模也能够满足理论框架下有一定统计效力的测验范畴。

7.4.2 问卷设计

在问卷设计方面，有关变量和测量题项主要参考了国外 SSCI（Social Science Citation Index，社会科学引文索引）源期刊发表的研究文献，在考虑中文表达习惯等因素的基础上，结合乡镇政府目标责任制的具体情况进行了微调。西安交通大学绩效管理研究中心大部分成员都参与了问卷设计有关工作，尤其是进行了多次集体讨论，对问卷结构和表述反复推敲。美国中佛罗里达大学终身教授王小虎博士向我们提供了 1999～2000 年全美市级政府首席政务官绩效管理与问责调查的问卷，为本书的问卷设计提供了参考。在问卷编制过程中，我们还得到了 A 市考核办主任及有关同志的大力协助。首先由他们对问卷初稿进行了阅读并提出修改意见，接着经过与西安交通大学绩效管理研究中心成员的面对面讨论形成新的问卷版本。经过三天时间的反复修改，在确保当地政府机关干部能够明白无误地理解问卷题项的内容后，形成了最终问卷。另外，我们将问卷发送给西安交通大学绩效管理研究中心部分来自县、乡两级政府且熟悉目标责任制的 MPA（master of public administration，公共管理硕士）研究生，根据他们对问卷的修改意见和建议进行了修订。

在编制问卷之前，我们设计了由两个大方面、七个小方面的研究内容组成的框架。这一框架从“绩效考核与管理体系创新”和“行政文化建设”两个方面共同反映落实科学发展观和树立正确政绩观的效果。其中，前者是按照 A 市及下辖区县创新绩效考核方案的要求，转变对绩效考核与管理制度的认识，获得不同于以往的管理效果；后者是指积极建设组织的行政文化，以良好的精神面貌、进取的行政导向和充沛的动机来提供公共服务。具体地，在“绩效考核与管理体系创新”中，研究问题涉及上级政府对乡镇政府的支持、上级政府对目标责任考核的认识、乡镇政府领导配合考核的方式及绩效考核的效果等四个方面。在“行政文化建设”方面，本次调查考察了三个方面的内容，分别是乡镇政府领导的公共服务动机、乡镇政府领导的心理与精神面貌及组织内部的文化价值导向。按照问卷编排的有关要求，我们对题项顺序进行了调整。本书研究根据实际需要使用了其中部分题项。

问卷题项采用了利克特量表的形式，由被调查者根据题项所拟的观点或现象与自己或所在单位的实际情况进行比较，做出非常不符、不符合、无所谓、符合或非常符合的判断。我们在整理问卷时，将其分别赋值为 1～5。在问卷中，首先询问了被调查者的人口统计学信息，包括性别、年龄、政治面貌、教育背景、现任职务、任现职时间等，接着按照各项研究内容分别设置了题项。在问卷设计方面，我们采取了以下措施以保证问卷调查的有效性：①问卷采取匿名方式，为了进一步消除被调查者的担心，我们在卷首语部分强调所有答案都无所谓对错且将得到保密处理，并提示被调查者将填答完的问卷密封后寄出，同时在正式题项中尽可能减少第一人称的表述。②为了避免因问卷过长而影响被调查者的配合程度，在不影响研究内容的前提下，我们尽量对题项数量进行了缩减，并确保每道题项以尽可能少的文字清楚表达含义。③根据前人的经验，我们在设计问卷题项时，尽量避免出现双重问题，由多名研究者反复对问题表述方式进行阅读和研讨，并及时征求 MPA 学员的意见与建议。④在问卷的每一部分，我们都设计了反向题项，以检验被调查者的填写是否真实。

7.4.3 调研过程

本书研究的调研是西安交通大学绩效管理研究中心 2009 年在 A 市调研的一部分，该调研分为前期准备、预调研、正式调研和结果整理四个阶段。在前期准备阶段，我们查阅了 A 市乡镇政府的有关信息，包括统计年鉴、地方志等资料，并通过与 A 市市委有关领导的接触，提出了调研的整体设想。在预调研阶段，我们于 2009 年 7 月 20～25 日到 A 市的 HY 县和 SQ 县进行了实地调研，通过座谈、个别访谈和实地走访等方式，进一步明确了调研对象的特征，我们返回后又进行了深入研讨，进一步细化研究设计。我们在预调研过程中了解到，A 市从 20 世纪 80 年代后期开始实施政府机关目标责任制，而自 2007 年 S 省委、省政府全面强化目标责任考核工作以来，A 市的目标责任制出现了许多新特征，例如，2008 年分别成立了市、县两级考核办，专职负责目标责任落实与考核工作。在这样的背景下，A 市市委、市政府对目标责任考核非常重视，认为实施年度目标责任考核是全面落实科学发展观、转变干部作风、狠抓工作落实的一项重大举措。经过与 A 市市委、市政府的沟通，我们于 2009 年 8 月上旬进行了正式调研，以函寄问卷的方式面向当地乡镇政府的主要领导进行了大规模问卷调查。全部问卷回收工作于 2009 年 9 月初结束，在收到寄回的问卷后，我们用一周左右的时间对所有问卷进行了整理、编号和数据录入。

根据与 A 市市委、市政府有关领导和部门负责同志的反复沟通，综合考虑了抽样代表性、样本数量和发放回收便利程度等因素，选取了 HB 区、SQ 县、HY 县和 XY 县这 1 区 3 县的乡镇一级政府作为样本框。其中，HB 区共有 43 个乡镇和 3 个街道办；SQ 县共有 15 个乡镇；HY 县共有 18 个乡镇；XY 县共有 28 个乡镇，共计 107 个乡镇和街道办。借助私人关系，本次调研得到了 A 市市委、市政府及党委组织部门和市、县两级考核办的大力支持，我们借助他们的工作经验修改问卷，以获得想要收集的信息。问卷自 2009 年 8 月 12 开始发放，截至 2009 年 8 月 20 日，HB 区的 44 个乡镇政府（含街道办）及另外三个县的所有乡镇政府共计 105 个乡镇政府的 661 位领导干部填写了问卷。

所有调查问卷经过复核编码工作，我们通过 Excel 2003 和 Access 2003 软件录入计算机，并使用 SPSS 17.0 软件进行逻辑查错及 MATLAB 7.0 软件进行雷同检查。为了保证问卷录入的准确性，我们将问卷录入人员分为两组，每录完一定数量的问卷后，由两组人员分别对对方组的录入数据进行核查。经西安交通大学绩效管理研究中心 4 位研究人员与若干名本科生志愿者的反复筛选、剔除后，发现多数受调查者在填写问卷中“职务”一栏时明确填写了所担任的具体职务（如乡党委书记、乡长、镇长等），但也有一些受调查者并没有明确填写具体职务，而是代之以“正科”“副科”“党委委员”等，经过与当地有关部门的沟通，我们得知这些受调查者也属于当地乡镇政府领导。经剔除非领导职务人员填写及填写雷同的问卷后，最终得到由乡镇政府领导填写的有效问卷 584 份。结合本书研究的需要，我们将担任主要领导职务人员（即乡镇党委、行政、人大、纪委四大班子领导职务人员）所填写的 505 份问卷样本用于实证分析，占回收问卷总数的 76.4%，而将由其他乡镇领导所填写的 79 份有效问卷用于小样本测试。

7.4.4 调研对象的基本特征

本书中实证分析所使用的调查样本包括来自 102 个乡镇政府（含街道办）的 505 个受调查者，这些受调查者的基本信息主要包括性别、年龄、政治面貌、教育背景、职务等五项基本特征。有关的描述性统计结果如表 7-1 所示。

表 7-1 调研对象特征的描述性统计结果

主要指标		频数	百分比	有效百分比	累积百分比
性别	女	36	7.1%	7.1%	7.1%
	男	469	92.9%	92.9%	100%
年龄	35 岁及以下	166	32.9%	32.9%	32.9%
	36～40 岁	168	33.3%	33.3%	66.1%
	41～45 岁	120	23.8%	23.8%	89.9%
	46 岁及以上	51	10.1%	10.1%	100.0%
政治面貌	非党员	5	1.0%	1.0%	1.0%
	党员	500	99.0%	99.0%	100.0%
教育背景	大学本科以下学历	224	44.4%	44.4%	44.4%
	大学本科及以上学历	281	55.6%	55.6%	100.0%
职务	党委正职领导	91	18.0%	18.0%	18.0%
	行政正职领导	85	16.8%	16.8%	34.9%
	党委副职领导	86	17.0%	17.0%	51.9%
	行政副职领导	174	34.5%	34.5%	86.3%
	其他职务领导	69	13.7%	13.7%	100.0%
样本数		505			

在现实中，乡镇政府领导是一类较为特殊的人群，其选任需依照严格的组织程序进行，受人为因素的影响较大，因而其政治面貌等人口统计学变量难以符合正态分布。就受调查者的基本特征来看，受调查者中男性 469 人，占整体受调查者的比例为 92.9%；女性 36 人，比例为 7.1%。其中，党员 500 人，所占比例为 99.0%，其余 5 位为非党员，比例为 1.0%。就受调查者年龄特征来看，受调查者中 35 岁及以下的有 166 人，占整体受调查者的比例为 32.9%；36～40 岁的有 168 人，比例为 33.3%；41～45 岁的有 120 人，比例为 23.8%；46 岁及以上的有 51 人，比例为 10.1%。就受调查者的教育背景来看，受调查者中有大学本科以下学历（包括高中、中专和大专）者 224 人，占整体受调查者的比例为 44.4%；大学本科及以上学历（包括大学本科和硕士研究生）者 281 人，比例为 55.6%。

就受调查者职务特征来看，受调查者中担任乡、镇、街道党委正职领导（党委书记，其中包括兼任其他党政职务的党委书记）的有 91 人，占整体受调查者的比例为 18.0%；担任行政正职领导（乡长、镇长或街道办主任，其中有些领导兼任其他职务）的有 85 人，占整体受调查者的比例为 16.8%；党委副职领导（党委副书记，其中有些领导兼任纪委书记或其他职务）共 86 人，比例为 17.0%；行政副职领导（副乡长、副镇长或街道办副主任，以及个别乡长助理、镇长助理）共 174 人，比例为 34.5%；担任其他领导职务（包括人大、纪委等机构的领导职务）者共 69 人，比例为 13.7%。党委正职领导和行政正职领导都是乡镇政府事责的第一责任人，而从乡镇政府的权力构成看，党委正职领导具有最高决策权并掌握着与人事和财政有关的权力，行政正职领导也需要接受党委领导，而党委副职领导、行政副职领导和其他职务领导的权能依次递减。

7.5　数据处理方法

7.5.1　方差分析

方差分析（analysis of variance，ANOVA）又称“变异数分析”或“*F* 检验”，由 Fisher 提出，用于检验两个及两个以上样本的平均值是否存在显著性差异。其理论基础是各类观察对象常受到某些因素的影响，以致其特性常发生不同的差异变化。而此种差异在统计学中以变异（离差平方和）表示；变异产生的原因通常有以下几个方面：①已知原因的变异；②抽样误差；③未知原因的变异（或称为实验误差）。本书运用单因素方差分析对样本平均值进行比较，同时运用配对样本 *T* 检验方法，这些检验均通过 SPSS 17.0 软件实现。

7.5.2　因子分析

因子分析又称为因素分析（factor analysis），于 1931 年由瑟斯顿（Thurstone）首次提出。其主要目的是“浓缩”数据，即通过研究众多变量之间的内部依赖关系，探求观测数据中的基本结构，并用少数几个假想变量（因子）来表示该结构。这些假想变量能够反映原本众多的观测变量所代表的主要信息，并解释这些观测变量之间的相互依存关系。换句话说，因子分析就是研究如何以最少的信息丢失把众多的观测变量聚合为少数几个因子，这一过程即数据的降维过程。因子分析包括探索性因子分析和验证性因子分析（confirmatory factor analysis，CFA），两种因子分析都是以普通因子分析模型作为理论基础，但二者具有不同的应用条件和理论假设。

探索性因子分析通过对数据特征的分析来识别构念的因子构成（包括因子个数、题项的因子载荷、因子间关系等），找出事物内在的本质结构，而验证性因子分析是基于特定理论对数据进行分析的统计技术，可以用来检验构念的维度或检验已知的构念是否与理论预期相一致。本书首先采用小样本数据对修订过的测量量表进行探索性因子分析，与理论构念进行对照后再采用大样本数据进行验证性因子分析。在做因子分析前，可用 KMO（Kaiser-Meyer-Olkin）样本测度检验数据是否适合做探索性因子分析。KMO 值越接近 1 表明数据越适合做因子分析，一般认为 KMO 值大于 0.5 就表示适合进行因子分析。

本书运用 SPSS 17.0 软件进行探索性因子分析，其结果一般需要报告方差矩阵显著性水平、Bartlett 球型测验结果、KMO 测度值等；采用 Lisrel 8.70 软件进行验证性因子分析。Lisrel 8.70 软件输出的验证性因子分析结果一般包括四类拟合指数，如表 7-2 所示。

表 7-2 验证性因子分析各拟合指数及评价标准

项目	指数名称	指数含义	评价标准
χ^2 检验统计量	χ^2/df	卡方自由度比，衡量拟合模型与真实模型的接近程度	[2,5]
拟合适配度指数	GFI	模型拟合得到的方差和协方差能够解释数据资料的方差和协方差的程度	＞0.90
	AGFI	将自由度纳入考虑之后对 GFI 的调整	＞0.90
	NFI	假设模型与独立模型的差异	＞0.90
	NNFI	将自由度纳入考虑之后对 NFI 的调整	＞0.90
	IFI	将自由度和样本量纳入考虑之后对 NFI 的调整	＞0.90
替代性指数	CFI	既考虑了假设模型与独立模型之间的关系，也考虑了假设模型与理论模型的中央卡方分布的离散程度	＞0.90
	RFI	考虑了 NFI 低估和 NNFI 波动问题的相对拟合指数	＞0.90
	RMSEA	用自由度对 F0（用样本量对非集中性参数进行调整）进行了调整	≤0.080
	CN	说明样本规模的适配情况	≥200
残差分析	SRMR	标准化的残差均方根指数	越小越好

注：GFI 即 goodness of fit index，拟合优度指数；AGFI 即 adjusted goodness of fit index，调整拟合优度指数；NFI 即 normed fit index，规范拟合指数；NNFI 即 non-normed fit index，非规范拟合指数；IFI 即 incremental fit index，增值拟合指数；CFI 即 comparative fit index，比较拟合指数；RFI 即 relative fit index，相对拟合指数；RMSEA 即 root mean square error of approximation，近似误差均方根；CN 即 critical number，临界样本数；SRMR 即 standardized root mean square residual，标准化残差均方根

7.5.3 调节效应的检验方法

调节变量也是回归分析中的重要统计概念，调节效应即交互作用模型。温忠

麟等[394]指出，如果变量 Y 与变量 X 的关系是变量 M 的函数，就是说 Y 与 X 的关系受到第三个变量 M 的影响，则称 M 为调节变量。当自变量 X 和调节变量 M 都是连续变量时，一般对调节效应的检验采用带有乘积项的回归模型，做两步骤的层次回归分析：①做 Y 对 X 和 M 的回归，得测定系数 R_1^2。②做 Y 对 X、M 和 XM 的回归得 R_2^2，若 R_2^2 显著高于 R_1^2，则调节效应显著；或者，做 XM 的偏回归系数检验，若显著，则调节效应显著。调节效应示意图如图 7-2 所示。

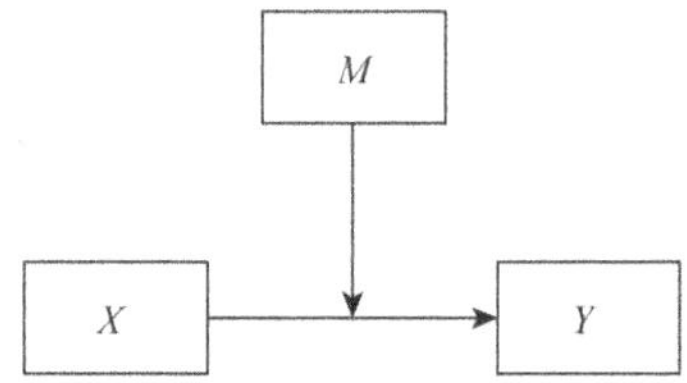

图 7-2　调节效应示意图

在检验变量间是否存在调节效应时，需要对变量进行去中心化变换，即以变量减去平均值产生新的变量。本书中调节效应的检验通过 SPSS 17.0 软件完成。

7.6　变量测量

7.6.1　测量题项选择的依据

变量测量是管理研究的难点和重点，直接关系到假设能否被有效检验，影响到理论的解释效力。为保证问卷测量的有效性，我们按照以下原则设计具体的测量题项。

第一，尽可能采用成熟量表。本书中关于所有变量的测量全都参考公开发表在 SSCI 源期刊上且得到其他学者引用的文献，尽可能使用原始量表或已得到国内研究使用的中译版量表。

第二，根据经典文献对部分测量题项的顺序进行调整，例如，根据本书对问责等变量的操作化定义，对原始量表的个别题项顺序进行了调整。

第三，对于来自英文文献的测量题项，在不改变问题原意的前提下，在翻译上对问题的提法和陈述方式进行了一定调整，尤其是结合 A 市当地官员的建议进行了修改，以保证问卷在文法上更符合中国人的阅读习惯。

第四，突出中国乡镇政府目标责任制的具体情境，删除了成熟量表中一些不存在的题项，并在测量行为变量的问题上突出了目标责任考核的背景。

7.6.2 变量的测量题项及依据

本书中所有的测量都借助利克特量表完成。由于印象管理、问责、角色压力、组织政治知觉和公共服务动机等构念都很难通过定量的客观数据来衡量，本书采用了主观打分的方式。这种方式便于测量心理和行为变量，使对变量的测量具有可比性。构念常被理解为具体测量指标的诱因，即潜变量（latent variable），一般存在构成型和反映型两种类型。反映型潜变量的测量指标彼此间可相互替代，其测量信度和效度会随之变化，但不妨碍对构念本质的认识。根据本书研究的目的，以及对各变量进行验证性因子分析的需要，本书按照 Bollen[395]的建议，用于测量每个构念维度的所有题项都是反映型的。

为了尽可能控制变量测量的共同方法偏差（common method variance），我们根据此次调查的实际条件并参考 Spector 的建议，在可控的问卷编排环节反复推敲，除了采取匿名填答、设置反向题和随机排列题项（打乱按照变量设计的题项顺序）等措施外，我们还在具体题项中多次更换提问的人称形式，根据当地政府干部的意见将学术术语替换为平白易懂的词汇，采用更易于当地干部理解的表述。本书中所使用的变量测量量表为经过同行评议的 SSCI 源期刊文献所使用的量表，在一定程度上能避免更大的偏差。尽管这并不能保证完全消除共同方法偏差，但正如 Spector[396]指出的那样，共同方法偏差是单一的调查方法和多元研究方法都无法避免的问题，而本书所使用的变量分别测量的是对外部制度的描述、个人内心的心理状态及对行为的描述，构念彼此之间的性质有明显差异，这些因素使得本书在变量测量方面具有足够的可靠性。

印象管理的测量一方面参考组织实证研究的文献，另一方面紧密结合乡镇政府运行的实际情况进行了修订。本书关注的是乡镇政府主要领导为配合考核所采取的印象管理策略，这些行为代表的不仅是其个人决策的结果，而且是对整个乡镇政府组织印象管理行为的主观感知。Highhouse 等[173]在 Staw[356]、Bolino 等[184]、Whetten 等[172]的研究的基础上提出，组织层面的印象管理策略可以借鉴个人印象管理的分类并进行调整。Bolino 和 Turnley[187]依据 Jones 和 Pittman[196]的经典分类，开发了从五个维度测量一般情境下印象管理行为的量表，相对最能表达获得性印象管理的内涵。但是在特定情境下，这五类获得性印象管理行为未必同时存在，例如，陈炳和高猛[353]就指出在中西方不同的社会文化环境中印象管理行为有着明显差异，在公共部门和私营部门也存在明显的差异。

本书将目标责任制情境下乡镇政府领导应对上级考核的印象管理行为划分为示功、示范和示弱。印象管理即在基层政府目标责任制情境下的政府领导为了在目标责任考核中胜出而通过展示其遵从于上级期望的行为来获得高绩效的印象，能够帮助乡镇政府领导增强或保持其权力与影响，令上级对其产生“好战士”的印象。根据对目标责任制情境下印象管理的概念界定及分类，以及第 4 章中的多案例分析，本书参照以往研究中对示功、示范和示弱等三个变量的测量，根据中国乡镇政府管理情境对有关表述进行了适当修改。为保证测量的信度与效度，本书先采用小样本数据对其三维结构进行探索性因子分析，接着再采用大样本数据进行验证性因子分析。该部分最终量表由 9 道题项组成，测量乡镇政府领导的示功、示范和示弱等三种旨在向上级展示特定“形象”的行为。

问责是一种高度情境依赖的社会机制，在不同的管理情境下有着不同的存在形式和特征。在实证研究中，学者多采取单指标或指数测量的方式来衡量问责机制某一方面的特征，如问责的强度、力度等。在中国乡镇政府目标责任制情境下，尚未见到测量县-乡政府间上行问责的实证研究量表，为此本书借鉴了 Othman 等[163]的研究。他们开发量表的题项来自 Sinclair[28]等学者的研究，采用因子分析等方法开发出了包含 15 道题项的量表。这份量表基于华人地区的地方政府管理情境（测量对象为马来西亚地方政府机构主要领导），相对更适合本书研究的需要，本书参考该量表并结合案例研究进行了删减和修订。

在本书中，问责指的是上级政府能够使乡镇政府领导汇报其责任履行情况并为之负责的程度。O’Loughlin[82]在科层管理情境下将公共部门中的问责界定为代理公共责任的科层机构与其所代表的组织之间的关系，认为问责包含三个维度的含义：外部行动者对科层决策的影响、科层管理者与外部行动者间的沟通及科层管理者自由决策的程度，进而从方法论层面提出了描述和测量问责的方式，即从外部影响程度、沟通质量和自由决策程度三个维度来反映这一构念。考虑到 Othman 等[163]所采用的量表缺乏对问责构念维度的分析，本书借鉴了 O’Loughlin 对问责测量的三维框架，对 Othman 等的测量题项进行了修订，保留了符合本书的问责理论框架的题项。

在具体题项表述方面，本书主要借鉴了华人学者 Wang[92]、Tsou 和 Wang[88]的量表及 Bovens 等[48]的测量题项量表。其中，Wang[92]的研究尽管以美国地方政府为背景，但其本人精通中英文且熟悉中国国情，对本书研究提供了指导；Tsou 和 Wang[88]的研究以台湾财政主管部门为对象，调查数据来自服务对象的感知；Bovens 等[48]在 O’Loughlin[82]的研究基础上，进一步提出了评估公共部门问责质量的题项和标准。本书研究在访谈中对有关量表题项的表述进行了进一步修改。该部分最终量表由 9 道题项组成，分别反映了问责机制的外部影响程度（衡量上级政府对乡镇政府的责任追究情况）、沟通质量（衡量上级政府绩效信息收集和责任核查的水平）、自由决策程度（乡镇政府决定目标任务的自由程度）。

在本书中，组织政治知觉指的主要是乡镇政府领导对组织中存在的政治活动的感知程度，侧重于对组织中个体理性行为的评价。组织政治知觉量表主要采用了 Kacmar 和 Ferris[397]经典量表的缩减版，在测量题项上采用了否定性的叙述方式。Kacmar 和 Ferris 提出的组织政治知觉量表（perception of organizational politics scale，POPS）探索了这一概念的因子结构，并由 Kacmar 和 Carlson 进行了修订，成为组织行为研究中测量组织政治知觉的常用量表，而学者多根据研究的情境有选择地对该量表进行修订或缩减。后来，Podsakoff 等[398]通过对大量实证研究文献的回顾，提出将组织政治知觉、角色冲突、角色模糊等归纳为“阻碍型压力源”，并为广大学者所认可。本书参考了 Kacmar 和 Carlson 的组织政治知觉量表缩减版来测量这一构念。原始量表为 3 个维度、12 道题项，而本书只关注其中“同事与小团体”这一维度，从中撷取了 3 道题项用以衡量乡镇政府领导对于组织中与小团体有关的政治活动的感知。

本书研究在实施初期设计的控制变量主要包括受调查者的性别、年龄、职务、教育背景和政治特征，这些是一般中观层次问责研究中常见的控制变量。经验表明，担任不同职务的人承担着不同的责任，男性和女性在面对压力时的行为特征也存在差别，而年龄和性别也是重要的分析因素。然而，对调研对象基本特征的描述性分析表明，绝大多数（占样本总数的 99.0%）的受调查者政治面貌均为党员。从实地调查和访谈情况来看，在基层政府从事领导工作的人员绝大多数都是党员，这与目前基层政府工作环境的特点也非常一致，将政治面貌纳入模型不具备较强的现实意义。基于上述考虑，本书最终选择受调查者的性别、年龄、教育背景和职务作为控制变量。

7.6.3 测量效度、信度检验

在进行数据分析前，本书对反向题进行了重新计分。为了检验测量的共同方法偏差，本书根据 Podsakoff 等[398]的建议，对研究所使用的所有题项进行了 Harman 单因素检验，结果显示未发现解释力很大（＞0.30）的因子，可以认为不存在严重的共同方法偏差。另外，为确保本书中统计分析部分的所有题项具有足够的鉴别度，根据吴明隆[399]建议的方法，本书对测量题项的临界比率进行检验，即将每个有效样本包含的所有问题的得分进行加总，求出每个样本的总分，然后按照总分由高到低进行排序，将排名在前 27%的样本作为高分组，将排名在后 27%的样本作为低分组，再针对每个问题求出其在高分组和低分组的平均分，最后对每个问题在高分组和低分组的平均分做 T 检验。如果两者间有显著差异，则说明这个问题是有效的，如果没有显著差异则问题无效。显著差异性的判断有两个标准，首先看各题项的 F 检验统计量是否显著，如显著则说明题项有效，否则需进行第二步检查，看 T 检验统计量是否显著，如显著则为有效，否则为无效。本书对临界比率值不符合显著性标准的题项进行了剔除。

7.6.3.1　效度分析

效度（validity）是指测量题项能够测量研究人员所要衡量的事物的程度，管理研究中的效度检验主要关注内容效度和结构效度。内容效度（content validity）反映的是量表内容切合研究主题的程度。若测量内容涵盖研究计划所要探讨的所有架构及内容，就意味着具有较好的内容效度。一般通过主观方式判断内容效度的高低，如采用专家判断法，由相关专家和专业人士就题项恰当与否进行评价。本书中所使用的变量具有扎实的理论基础，采纳和借鉴国际顶级期刊论文的成熟量表设计问卷，并结合案例详细探讨，针对研究对象的特征进行了审慎的修改，可以认为本书所使用的测量工具应能符合内容效度的要求。

结构效度（construct validity）主要是用来检验量表是否可以真正度量出所要度量的变量，主要分为聚敛效度和区分效度两种，其检验一般包括单维度性分析、信度分析和效度分析三个步骤。单维度性分析主要考察每个测量题项是否只测量了某一个潜变量；信度分析则指测量结果的一致性、稳定性及可靠性，在本书中主要通过 KMO 值、Bartlett 球型检验和内部一致性信度检验予以考察；效度分析包括聚敛效度分析和区分效度分析，在本书中主要通过验证性因子分析和平均提取方差值（average variance extracted，AVE）等来判断。聚敛效度是指同一个因子所包含的各个题项之间的相关性程度，而区别效度反映了因子中的每一个题项的唯一性和独特性，以及该题项与其他因子题项之间不相关的程度。

7.6.3.2　信度分析

在统计学中，信度就是对测量一致性程度的估计，是统计测量学的一个基本参数。本书从两个方面衡量变量测量的信度。

首先，管理学研究中常用内部一致性信度来反映变量测量的整体信度。在单一维度内考察测量题项之间内在一致性最常用的指标是 Cronbach's α 系数。一般认为，当 α 值低于 0.50 则表示至少有一半的观察变异来自随机误差，因信度不足而不应接受。而根据吴明隆[399]的观点，量表分层面的信度系数在 0.50～0.60 即可接受，但达到 0.70 以上最好。

其次，本书在内部一致性信度分析的基础上，采用复合信度（composite reliability，CR）来分析变量测量的信度。传统的经典测量中，Cronbach's α 系数假设所有指标和测量变量之间完全相关，没有误差，这与实际情况并不完全相符，有失严谨。Raykov 提出采用复合信度弥补这一不足。复合信度是指一个复合变量（composite score）的信度。

在测量理论中，每一个测量题项的观察方差都可以分解为两个部分：

$$\sigma_{xk}^2 = \lambda_k^2 \sigma_T^2 + \sigma_{\varepsilon k}^2$$

其中，λ_k^2 是真方差；$\sigma_{\varepsilon k}^2$ 是误差方差，一般用平均提取方差值即 λ_k^2 占观察方差的比例来衡量复合信度。在管理学研究中，一般要求复合信度大于 0.60。本书按照上述规范和标准进行了操作，问责和印象管理的测量指标见表 7-3。

表 7-3　问责和印象管理的测量指标

变量	维度	内容	题项			EFA 指标
			1	2	3	
问责	外部影响程度	对奖金发放额度的影响	0.651			KMO=0.746 Bartlett's χ^2 =198.915 df=36 Sig.=0.000 Cumulative TVE=64.865% Cronbach's α =0.706
		对提拔和任用的影响	0.765			
		对工作经费的影响	0.783			
	沟通质量	上报绩效信息的真实程度		0.797		
		考核结果对工作绩效的反映		0.636		
		明确自身责任的程度		0.681		
	自由决策程度	考核任务的明确程度			0.830	
		考核指标的明确程度			0.830	
		评定标准的明确程度			0.869	
印象管理	示功	影响考核指标内容和任务	0.754			KMO=0.615 Bartlett's χ^2 =312.755 df=36 Sig.=0.000 Cumulative TVE=72.906% Cronbach's α =0.666
		影响考核指标的权重比例	0.880			
		争取领导和认定机构的认可	0.859			
	示范	严格按照考核要求完成各项工作任务		0.733		
		努力协调好各项工作		0.871		
		严格按照整改建议积极整改		0.886		
	示弱	向上级反映指标权重与实际不符合的情况			0.905	
		向上级反映考核制度存在的不合理问题			0.924	
		向考核部门反映考核制度存在的不合理问题			0.741	
样本数			79			

组织政治知觉的测量采用了原始量表的中译版，并根据调研情境进行了相应的调整，采用了反向题的陈述方式。经探索性因子分析表明这一单维度变量的 KMO 值为 0.679，内部一致性 Cronbach's α =0.687，各题项因子载荷均大于 0.60。在一般情况下，KMO 值大于 0.6 且 Cronbach's α 系数大于等于 0.65 即可接受，而对于尚未验证过的变量尺度，只要其 Cronbach's α 系数大于 0.60 即可接受。探索性因子分析的结果说明，本书基于前人研究和研究情境修订后形成的印象管理量表和问责量表在测量意义上具有足够的结构效度和信度，可以用于进一步的分析。

最后，本书采用独立的大样本数据（N=505）进行问责和印象管理测量变量的验证性因子分析，以进一步验证测量量表的结构效度。其中，问责测量的 χ^2/df =1.98，RMSEA=0.044，CFI=0.99，RFI=0.96，GFI=0.98，CN=450.30，SRMR=0.032；印象管理测量的 χ^2/df =3.07，RMSEA=0.064，CFI=0.97，RFI=0.93，GFI=0.97，CN=283.93，SRMR=0.055，均优于验证性因子分析的一般标准。进一步地，本书计算了印象管理各因子的平均提取方差值（AVE）和复合信度（CR），发现示功（AVE=0.617，CR=0.815）、示范（AVE=0.512，CR=0.754）和示弱（AVE=0.600，CR=0.813）的有关指标均高于一般标准。以上检验说明，本书的问卷测量具有良好的效度与信度。

7.7 分析结果及其讨论

7.7.1 结果描述

本章的理论模型侧重于探讨问责与示功、示范和示弱等三类印象管理行为的关系及组织政治知觉对它们之间关系的调节效应，在数据分析时这三类印象管理行为分别被视为相对独立的因变量进行检验，以更具体地分析组织政治知觉的调节作用。

首先，本节主要对回归分析中的主要变量进行了描述性统计分析。表 7-4 给出了自变量、中介变量和调节变量的描述性统计结果。就变量的平均值等信息来看，被调查的乡镇政府领导认为目标责任制情境下问责机制的约束较强（平均值为 3.9008），对组织政治行为的感知程度较强（平均值为 2.1776，数值越接近 1 则表明感知越明显）。就变量分布的离散程度来看，乡镇政府领导感受到的组织政治知觉离散程度相对大于问责的离散程度。

表 7-4　自变量、中介变量和调节变量的描述性统计结果

变量	平均值	标准差	中位数	最小值	最大值
问责	3.9008	0.42524	3.8889	2.00	5.00
组织政治知觉	2.1776	0.72309	2.0000	1.00	5.00
样本数	505				

其次，在目标责任制情境下，本书研究所关注的示功、示范和示弱等三类主要的乡镇政府领导印象管理行为应存在显著差异。由表 7-5 可以看出，这三种印象管理行为之间的确存在显著性差异。其中，示范行为的平均值相对最高，可以认为受调查者认为示范行为是自己表现最多的印象管理行为，示功行为的平均值相对最低，可认为其出现的频率相对最低。

表 7-5 三种印象管理行为的配对 *T* 检验结果

变量	平均值	标准差	示功	示范	示弱
示功	3.078 5	0.8452 8			
示范	4.147 9	0.4441 1	0.138**		
示弱	3.684 5	0.7051 6	0.189***	0.261***	
样本数	505				

***表示 $p<0.001$，**表示 $p<0.01$

再次，本节采用方差分析方法就受调查者的基本特征对印象管理的影响差异情况进行了分析并给出了分析结果，如表 7-6 所示。

表 7-6 三种印象管理行为的 *F* 检验结果摘要

变量	性别	年龄	教育背景	职位
示功	5.369*	0.001	1.148	3.251*
示范	3.563+	5.258*	3.276+	0.581
示弱	0.972	2.252	0.044	1.569
样本数	505			

*表示 $p<0.05$，+表示 $p<0.1$

根据方差分析结果，可以得出以下发现。

（1）性别影响。受调查者的性别特征对示功行为（5.369，$p<0.05$）与示范行为（3.563，$p<0.1$）的主观感受评价存在显著差异，而对于示弱行为的影响并无显著差异。

（2）年龄影响。受调查者的年龄特征对示范行为（5.258，$p<0.05$）的主观感受评价存在显著差异，而对示功和示弱行为的影响并无显著差异。

（3）教育背景影响。受调查者的教育背景特征对示范行为（3.276，$p<0.1$）的主观感受评价存在显著差异，而对示功和示弱行为的影响并无显著差异。

（4）职位影响。受调查者的职位特征对示功行为（3.251，$p<0.05$）的主观感受评价存在显著差异，而对于示范和示弱行为的影响并无显著差异。

进一步地，本节进行了各变量之间的相关分析，发现除组织政治知觉与示功无显著相关性外，其余变量均在 0.01 水平上显著相关。同时可以看到，所有变量间的皮尔逊积矩相关系数均小于 0.80，应该不存在多重共线性，即线性回归模型中的解释变量之间由于存在精确相关关系或高度相关关系而使模型估计失真或难以估计准确的现象。

最后，本节对问责与三类印象管理行为之间的关系进行检验，并按照 Baron 和 Kenny 的建议进行了调节效应检验。本节对自变量和因变量均进行了去中心化处理，以尽可能减少因变量高阶化产生的多重共线性现象。同时，本节在所有回归模型中都计算了方差膨胀因子（variance inflation factor，VIF），结果显示各变量的 VIF 值均小于 2.0，说明变量之间的确不存在较强的多重共线性。本节得到如表 7-7 所示的统计分析结果，其中性别、年龄、教育背景和职务作为控制变量。

表 7-7　组织政治知觉对问责与印象管理的调节效应检验

变量		示功				示范				示弱			
		模型 1	模型 2	模型 3	模型 4	模型 5	模型 6	模型 7	模型 8	模型 9	模型 10	模型 11	模型 12
控制变量	性别	0.017 (0.147)	0.026 (0.146)	0.027 (0.146)	0.025 (0.143)	-0.120^{**} (0.076)	-0.089^{*} (0.063)	-0.092^{*} (0.062)	-0.093^{**} (0.062)	−0.029 (0.123)	−0.011 (0.116)	−0.013 (0.116)	−0.014 (0.116)
	年龄	0.001 (0.081)	−0.017 (0.081)	−0.011 (0.081)	−0.000 (0.079)	0.070 (0.042)	0.004 (0.035)	−0.007 (0.034)	−0.003 (0.034)	0.051 (0.068)	0.014 (0.064)	0.006 (0.064)	0.009 (0.064)
	教育背景	0.090^{+} (0.081)	0.083^{+} (0.080)	0.079^{+} (0.080)	0.071 (0.079)	0.069 (0.042)	0.043 (0.035)	0.051 (0.034)	0.048 (0.034)	−0.010 (0.068)	−0.025 (0.064)	−0.020 (0.064)	−0.022 (0.064)
	职务	−0.003 (0.030)	0.010 (0.030)	0.005 (0.030)	−0.013 (0.029)	−0.024 (0.015)	0.021 (0.013)	0.032 (0.013)	0.025 (0.013)	-0.079^{+} (0.025)	−0.052 (0.024)	−0.045 (0.024)	−0.049 (0.024)
自变量	问责		0.153^{***} (0.089)	0.186^{***} (0.097)	0.177^{***} (0.095)		0.570^{***} (0.038)	0.499^{***} (0.041)	0.496^{***} (0.041)		0.327^{***} (0.071)	0.280^{***} (0.077)	0.278^{***} (0.077)
	组织政治知觉			0.080 (0.057)	0.089^{+} (0.056)			-0.172^{***} (0.024)	-0.168^{***} (0.024)			-0.113^{*} (0.045)	-0.110^{*} (0.045)
交互项	问责×组织政治知觉				-0.203^{***} (0.114)				-0.082^{*} (0.049)				−0.048 (0.093)
R^2		0.008	0.031	0.036	0.077	0.029	0.345	0.369	0.376	0.008	0.112	0.122	0.124
adj. R^2		0.000	0.021	0.025	0.064	0.021	0.339	0.362	0.367	0.000	0.103	0.111	0.112
ΔR^2		0.008	0.023^{**}	0.005	0.041^{***}	0.029^{**}	0.316^{***}	0.024^{***}	0.007^{*}	0.008	0.104^{***}	0.010^{*}	0.002
F 值		1.046	3.188^{**}	3.117^{**}	5.922^{***}	3.710^{**}	52.604^{***}	48.589^{***}	42.753^{***}	0.955	12.536^{***}	11.529^{***}	10.068^{***}
N		505											

注：括号内为标准误

***表示 $p<0.001$，**表示 $p<0.01$，*表示 $p<0.05$，+表示 $p<0.1$

在表 7-7 中，模型 2、模型 6 和模型 10 分别反映了问责对示功、示范和示弱三类印象管理的影响，结果表明问责对这三类印象管理行为均在 0.001 水平上具有显著的正向影响。

模型 4 为问责与组织政治知觉对示功产生交互作用影响的结果，其中乘积项的标准化路径系数为–0.203（$p<0.001$），且问责对印象管理具有正向影响，表明组织政治知觉对问责与示功之间的关系起到了显著的负向调节作用。类似地，模型 8 也说明了组织政治知觉对问责与示范之间的关系起到了显著的负向调节作用。而在模型 12 中，乘积项的路径系数不显著，没有观察到组织政治知觉对问责与示弱之间的调节作用。

为了进一步明确组织政治知觉如何调节问责与示功和示范行为之间的关系，本节依据 Aiken 和 West[400]的做法，绘制了如图 7-3 所示的不同组织政治知觉条件下问责-示功、问责-示范的影响关系。在组织政治知觉相对较低时，乡镇政府领导感知到的问责对其示功和示范的影响更加明显。

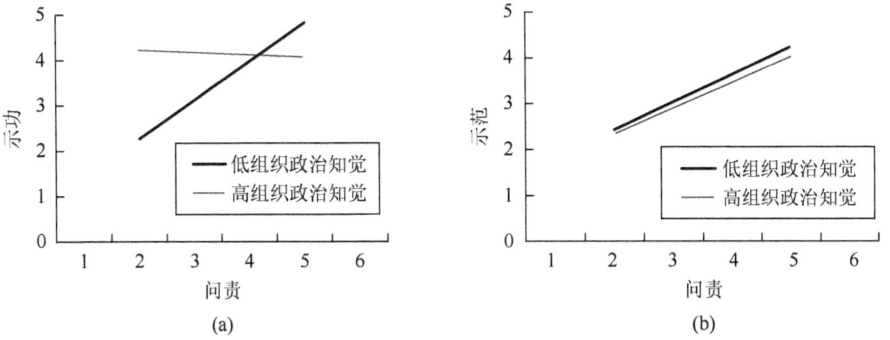

图 7-3 组织政治知觉对问责-示功和问责-示范之间关系的调节效应

7.7.2 结果讨论

该实证研究有两个主要发现。首先，实证分析结果说明乡镇政府领导感知到的问责对示功、示范和示弱等三类印象管理行为均具有显著的正向影响，这与已有理论观点和经验认识相吻合，也丰富了问责和印象管理的理论研究。在早期的问责研究中，许多学者先后提出问责在特定情境下会导致个体的印象管理。例如，Fandt 和 Ferris[126]的研究发现，当组织中的问责程度较高而环境模糊程度较低时，行动者更倾向于选择性地管理信息，以呈现出自己的正面形象。在强问责条件下，高自我监控者更热衷于从事信息的操纵。Ferris 和 Judge[185]认为在问责条件下，行动者为避免失去地位和权力而管理利益相关者的印象，他们需要运用印象管理的影响技巧来管理自己与关键利益相关者的“共享意义”。而 Allen 和 Caillouet[183]进一步指出，行动者在面对问责压力时，为获得合法性，会采取一系列印象管理策略；对组织而言，需要对不同的利益相关者采取不同的印象管理策略。Frink 和 Ferris[124] 与 Fandt 和 Ferris[126]的研究发现类似，通过实验室实验和现场实验发现在强问责条件下，个体会选择从事印象管理，他们将此理解为一种自然的人际活动[65]。

但是，大量的问责研究都局限于探讨行动者的个体行为，而较少上升到组织层面上来思考这一问题。尽管 Stapleton 和 Hargie[392]等的研究开始将问责与印象管理关系的讨论延拓至组织层面，但关于问责影响印象管理的实证研究仍不多见。本章在目标责任考核的具体情境下，识别了示功、示范和示弱三类主要的印象管理行为，分析和验证了问责对这些组织层面印象管理行为的影响，弥补了以往研究的不足。研究结果表明，目标责任考核情境下的问责机制的确能够引起乡镇政府领导的重视，即感知到的问责越强，乡镇政府领导越会设法在上级面前树立"好干部"的印象，而具体的回应策略则呈现出权变特征。

从实证检验结果看，上述发现深化了对乡镇政府积极配合考核行为的理解，揭示出制度因素对印象管理行为的影响。目标责任考核是一种目标导向的责任控制工具，建立了责任委托者和代理者之间的问责关系，而目标责任考核的具体实施状况对代理者所感知的问责产生着重要影响。由于乡镇政府在财力、人事等方面的自主权相当有限，当作为代理者的乡镇政府领导感知到较强的问责时，只有在竞争性的考核中顺利通过，才能够维护其合法性和获取资源，他们在理性的驱动下采取特定的回应策略来改变上级政府领导和部门的印象。这意味着，成功的乡镇政府领导必须善于塑造恰当的形象，努力完成上级交办的任务、获取上级认可是他们在竞争中赢得关键利益相关者支持的重要手段；换言之，对于基层政权"经营印象"的活动，目标责任考核在客观上起到了推波助澜的作用。实际上，2008 年《中共中央关于推进农村改革发展若干重大问题的决定》已经鲜明地体现出党中央对此类问题的深刻认识，将改革的着力点放在县级财政制度和人事制度等方面，本书研究则从理论上揭示出改进目标责任考核对于改变乡镇政府领导行为的积极意义。

其次，研究发现乡镇政府主要领导的组织政治知觉会负向调节其感知到的问责与示功和示范两类行为之间的作用关系。研究结果表明，问责对示功和示范两类印象管理行为的影响与其组织政治环境有着密切的关联。在目标责任考核情境下，当乡镇政府领导感知到的组织政治活动较强时，问责对示功和示范的影响相对较弱，说明乡镇政府领导的印象管理行为不仅受到目标责任考核等制度因素的影响，也与组织内部环境特征密切相关。从该研究发现来看，基层政权运作和地方社会治理呈现出高度的复杂性和多样性，组织政治是影响基层政府行为的一个重要因素。在本书研究情境下，当感知到的组织政治更强时，说明行动者认为组织中流行着竞争性行为，会以更复杂的思考来应对外部压力。在此背景下，旨在通过强化责任获得高绩效的问责机制就会遇到潜在的阻碍，定位于积极配合考核的印象管理行为减少，行动者可能会转向采用防御性的印象管理行为（如逃避、自我设障等）。与之相比，示范等获得性的印象管理行为更有利于组织绩效的改进。当乡镇政府感知到的组织氛围不同时，应对目标责任考核的精力和重点就存在差异。在目前的体制环境下，尽管乡镇政府在配合考核时产生了一系列非预期的后果，但客观地讲，良好的考核结果对乡镇政府组织绩效改进更加有利。

Frink 等学者将问责视为工作场域重要的环境压力来源。行动者在问责条件下会管理支持者对自己绩效的印象，即从事印象管理。在此过程中，资源、能力等组织环境因素会调节问责与行为的关系。本书研究定位于从中国乡镇政府主要领导的视角来思考其应对问责的心理和行为，将乡镇政府主要领导视作积极的社会行动者，将其所在的组织视为开放的社会系统，可以看作对 Frink 等学者理论的具体诠释和拓展。本书研究对组织政治知觉和印象管理的关注不仅是从组织理论视角审视中国乡镇政府目标责任制情境下的现象，实际上还意味着将问责机制置于相对特殊的社会化情境中进行分析，印象管理被赋予了转型时期社会的象征意义。

在压力型体制下的科层组织结构中，掌握有限人事权力的乡镇政府领导必须要应对组织中的政治压力，人际关系、官场文化等因素都会影响其行为方式，而印象管理行为则是他们在特定组织环境中管理艺术的展示。在不同的组织政治知觉条件下，乡镇政府领导对问责机制的反应也不同，其行为的后果将表现出权变特征，人们在不同时间或从不同视角看到的表象可能不一致。这能够解释诸如“问责为何难以改进绩效”或“问责为何能够改进绩效”这样的困惑。事实上，作为一类普遍的人际互动现象，印象管理本身并无好坏之分，只能依据行动者的动机和行为的后果来综合评判。由此推论，印象管理的存在使问责与绩效改进的关系呈现出高度的权变特征。

本书研究的实证检验结果说明，管理者需要对问责机制设计的制度逻辑进行反思，更关注组织环境因素的权变作用。事实上，在地方政府管理实践中，接受考核的乡镇政府干部常将目标责任制的负效应归因于制度设计的不完善或不合理，而目标责任考核的组织机构尽管付出很多努力却总难以制定完善、合理的考核办法。单纯地改进目标责任考核的制度设计而忽视组织环境因素的作用并非根本的解决之道，只有系统地分析乡镇政府目标责任考核实施的内外部条件，寻求问责机制与组织政治氛围之间的平衡才是改进制度运行效果的有效途径。在推进目标责任考核工作过程中，有关部门如果只迷信量化的数字管理，热衷于体现新理念、新技术，而忽视与之相适应的组织环境，反而可能导致事与愿违。例如，如果将乡镇政府主要领导呈现的“好印象”等同于“高绩效”，打着“精细化管理”的旗号不断借助目标责任制强化结果导向的控制，会导致大量难以甄别其后果的印象管理活动，制造出更多的非预期后果。这些发现对新公共管理运动以来倡导的“压力-回应”模式和目标责任制运行过程中倚重制度设计的现象提出了反思，也为从机制设计方面改进目标责任制的实施效果提供了借鉴。

7.7.3 进一步的反思

乡镇政府是我国五级政府架构中的基层政府，是整个国家政权的基石，直接面对着广大群众的利益诉求和“三农”问题的严峻形势，在社情民意的上传下达、维系农村社会稳定和经济发展方面发挥着巨大的作用，是当今行政体系在农村承担公共责任最大的一级政权。乡镇政府领导干部是乡镇政权的中坚力量，是实现乡镇职能和目标的关键，被群众称为乡镇的“主官”；而加强基层组织建设和干部队伍建设，尤其是提高乡镇政府主要党政领导的能力素质，决定着我国农村基层现代化建设的进程，是在当前形势下关系到民心向背、事业兴衰的重大问题。领导班子和领导干部是贯彻落实科学发展观的关键所在，《中共中央关于推进农村改革发展若干重大问题的决定》明确提出要“注重选好配强县乡党政领导班子特别是主要负责人”；《中共中央 国务院关于加大统筹城乡发展力度 进一步夯实农业农村发展基础的若干意见》中着重指出要“加强乡镇党委书记队伍建设，选好配强乡镇党委班子”；中共中央组织部在《关于加强乡镇党委书记队伍建设的意见》中指出，“乡镇党委是乡镇、村各种组织和各项工作的领导核心”，要“培养造就一支思想政治素质好、贯彻执行政策能力强、推动科学发展能力强、处理复杂问题能力强、联系服务群众能力强的乡镇党委书记队伍”。

然而自改革开放以来，一系列乡镇机构和管理体制改革造就了乡镇政府与上级政府之间错综复杂的政府间关系，使乡镇政府面临着“事权-事责”和“财权-事责”有待优化的困境。在中国“条块结合”的政府矩阵结构中，乡镇政府并没有实质上的财权和人事任免权，重要的审批权和执行权一般也由县级以上的主管部门掌握，而从 1980 年开始的财政改革、1988 年的“财政包干”到 1994 年实施的分税制、2005 年的税费改革，再到 2006 年取消农业税，乡镇政府的财权不断萎缩，许多乡镇的可支配财力捉襟见肘。而处于国家行政“神经末梢”的乡镇政府需要提供公民日常生活的基本公共服务和公共产品，一直承担着较多的财政支出责任，介入的社会管理和经济发展事务呈现日益增加的趋势。根据“属地管理”原则，事责须按照科层制结构逐级细分，自中央政府下达到地方的各项方针政策最终均需由乡镇政府负责落实，即乡镇政府承担着较多的事责与支出责任。借助目标责任制，上级政府得以对乡镇政府进行多重指标的量化考核，强化了对作为政权代理人的基层官员在其行政任期内的控制，这使得乡镇政府的权责更容易出现不同步的现象。

在这种背景下，面临着复杂组织环境的乡镇政府领导可能会理性地采用各种印象管理手段以应对挑战。一方面，随着近年来群众自我维权和争取利益等意识的增强，一些争取自我权益的现象时常出现；另一方面，乡镇干部文化素质参差不齐，部分干部意识不到位、积极性不高、执行力不足，这些给乡镇政府领导的工作带来了不小的阻碍。在现实中，他们面临着多重考验的窘境，一些乡镇政府领导还常陷入工作和家庭的冲突之中。在这种环境下，乡镇党政领导只有在复杂环境中游刃有余，具备较为全面的能力，能处理各种复杂的矛盾，才可能有效地完成各项乡镇治理任务。

习近平总书记强调，“推进国家治理体系和治理能力现代化，就是要适应时代变化，既改革不适应实践发展要求的体制机制、法律法规，又不断构建新的体制机制、法律法规，使各方面制度更加科学、更加完善”①。在目标责任制不断强化的现实背景下，乡镇政府积极回应的印象管理活动为提升乡镇治理水平、改善民众生活环境发挥了重要作用。但值得注意的是，乡镇政府领导干部的印象管理活动受到很多因素的共同影响，失衡的问责压力可能导致一些非预期的后果。从追求公共管理的价值出发，只有不断探索更加科学合理的乡镇政府调控手段，加强建设更适宜于乡镇组织发展的内部氛围，才更有利于提升乡镇政府的治理能力与治理绩效。

7.8 本章小结

本章陈述了实证研究的设计，说明了本书研究中样本选取与数据收集、变量测量、数据处理和假设验证的方法，描述了调研对象基本特征，进行了量表测量效度与信度检验。本章在多地区实地调研的基础上，进行了问卷调查和实证分析，识别了乡镇政府领导的示功、示范和示弱等三类印象管理行为。通过面向乡镇政府主要领导的问卷调查和统计分析，发现问责对这些印象管理行为有显著的正向影响，同时组织政治知觉对示功和示范的印象管理行为具有显著的负向调节作用。研究表明，在现行的目标责任制框架下，对乡镇政府的结果控制和约束未必越强越好。改变乡镇政府行为的关键之一在于理解理性行为主体回应行为的规律，从而改进自上而下的机制设计，提升目标责任考核的效果，这对于在新形势下进一步推进政府改革与创新具有积极的参考价值。

由于研究条件和研究资源方面的限制，研究结果还存在一定的局限性。第一，本书研究初步探索了目标责任考核情境下问责、组织政治知觉与印象管理的关

① 坚持和完善中国特色社会主义制度、推进国家治理体系和治理能力现代化，习近平总书记这样说. http://www.ccdi.gov.cn/toutiao/201910/t20191024_202990.html[2019-10-25].

系，有待在未来研究中采用结构方程模型等方法和技术对此进行更精细的分析。第二，应访谈和调查对象的要求，本书研究对调查研究的信息收集予以了控制和取舍，在未来研究中需要寻求更适宜的方式获得更充分的一手资料和信息。第三，受研究资源与条件的限制，本书研究所使用的调查样本具有一定的地域局限性。尽管所收集的样本特征说明其具有典型性，但在样本规模和样本收集方式等方面都与预期设计有一定差距。这些有待在未来研究中予以完善，以进一步检验所提出理论的稳健性。

8 结论与展望

8.1 初步的研究发现

在乡镇政府目标责任制情境下，本书分析了乡镇政府主要领导印象管理行为的形成机制，探讨了问责、组织政治知觉、角色压力和公共服务动机对印象管理的理论影响。根据前文的分析，可以得到一些初步的发现。

首先，在目标责任制情境下，乡镇政府主要领导感知到的问责对其获得性印象管理行为有正向影响，而组织政治知觉对问责与示功和示范等印象管理的关系有负向调节作用。目标责任制情境提供了旨在管理约束乡镇政府行为的问责机制，促使乡镇政府主要领导对感知到的外部压力做出示功、示范和示弱等积极回应，以获得上级政府的认可。由于不同乡镇政府主要领导对组织内部政治氛围的感知存在差异，而越强的组织政治知觉越会使乡镇政府主要领导以更复杂的思考回应上级的考核，对乡镇政府采取积极回应的获得性印象管理行为产生影响。

其次，在目标责任制情境下，乡镇政府主要领导感知到的问责会影响其角色压力，进而通过角色压力导致示功、示范和示弱等三类印象管理行为。问责机制要求乡镇政府主要领导要达到上级政府及公众对其的角色期望，通过管理其印象从而获得合法性和资源等方面的支持。在目标责任制情境下，结构、流程和匹配等方面都存在矛盾的问责机制，导致了乡镇政府主要领导感知到不一致或不充分的角色期望，从而产生角色压力。示功、示范和示弱等获得性印象管理行为能够使乡镇政府主要领导获得合法性和资源等方面的支持，从而减少角色压力的影响。

最后，在目标责任制情境下，乡镇政府主要领导的组织政治知觉越强对其公共服务动机的负向影响越大，进而对示范和示弱等两类印象管理行为产生影响。乡镇政府主要领导对组织内部政治行为的感知越强，会感知到更多的环境不确定性和风险，为公共利益付出的意愿越容易受到负面影响。另外，乡镇政府主要领导的公共服务动机越强，越愿意付出额外的工作努力，通过示范和示弱等印象管理策略改善上级政府对自己的印象，从而为地方发展赢得资源，同时进一步实现投身公共服务的抱负。

综合上述发现，包括制度因素（问责）、组织环境因素（组织政治知觉）、角色因素（角色压力）和动机因素（公共服务动机）在内的综合模型揭示了乡镇政府主要领导在目标责任制情境下从事获得性印象管理的逻辑。乡镇政府主要领导的印象管理是一种获得合法性和资源的手段，它既不应简单地归因于领导本人的品质，也并非某些单一因素导致的后果，而是受到组织内部和外部因素及个体因素的权变影响。多种获得性印象管理行为尽管存在表现形式上的差异，但都受到乡镇政府主要领导感知到的问责、组织政治知觉、角色压力和公共服务动机的影响。

8.2　可能的理论价值

与已有研究相比，本书的理论价值主要表现在以下几个方面。

第一，本书整合了压力型体制、社会化角色和激励-动机等乡镇政府行为的不同分析视角，提出了系统解释乡镇政府主要领导印象管理行为产生机制的理论框架。基于新制度理论、资源依赖理论和权变理论关于“压力-回应”的研究进展梳理和面向目标责任制情境下乡镇政府的多案例研究，本书识别了乡镇政府主要领导在应对问责机制时的示功、示范和示弱等三类印象管理行为，提出对组织外部问责的感知、对组织内部政治行为的知觉、工作角色期望产生的压力和个体内在的公共服务动机共同对其印象管理行为产生了影响。所提出的理论框架回应了已有研究将中国乡镇政府领导行为归因于压力型体制、社会化角色和激励-动机等因素的争论，基于“组织是开放系统”的思想将组织行动者对制度和组织环境、工作期望和动机等因素有机联系，通过统计调查方法对变量间关系进行了实证分析。研究成果表明所提出理论框架适用于分析乡镇政府领导印象管理的现象，深化了对乡镇政府领导印象管理行为及其产生机制的理解，运用案例研究和实证检验发展和丰富了 Frink 等学者的中层问责理论框架，对 Bolino、Pandey 和 Wright 及 Perry 等学者的研究建议进行了回应，为更系统地分析乡镇政府主要领导应对目标责任考核等问责机制时表现出的印象管理活动及其影响因素提供了工具。

第二，本书诠释了压力型体制下问责机制与组织环境共同对乡镇政府主要领导回应行为的作用机制，论证了乡镇政府主要领导感知的问责能够影响其印象管理行为，提出组织政治知觉对问责与印象管理的调节效应模型并进行了验证。基于新制度理论和资源依赖理论中关于组织管理者通过管理利益相关者的印象以获得合法性和资源的命题，结合对目标责任制情境下问责机制的分析和面向乡镇政府的多案例研究，本书提出乡镇政府主要领导感知到的问责会正向影响示功、示范和示弱等印象管理行为，并在此情境下对问责与三类印象管理之间的关系进行实证检验。进一步地，在 Breaux 等学者关于问责与组织政治知觉研究的基础上，本书依据权变理论提出了组织政治知觉会负向调节问责与印象管理之间关系的假设，并在中国乡镇政府目标责任制情境下予以了检验。所验证的模型在前人研究将中国乡镇政府领导行为归因于问责机制的基础上，从印象管理的视角进一步诠释了问责机制所导致回应行为的三类方式，并通过组织政治知觉的调节效应分析说明目标责任制的实施效果受到组织内部政治行为的影响，说明了问责机制对乡镇政府领导行为的影响存在显著的权变特征，对新公共管理运动以来倡导的“压力-回应”模式和目标责任制运行过程中倚重制度设计的现象提出了反思，为从机制设计方面改进目标责任制的实施效果提供了借鉴。

第三，本书归纳了将中国乡镇政府领导行为归因于压力型体制和社会化角色的研究，指出乡镇政府主要领导感知到的问责导致角色压力，进而以示功、示范和示弱等印象管理行为做出回应。基于Tsui等组织理论家关于管理者应具备回应冲突或不一致的角色期望的能力以获得其支持者认可的假说及Pandey和Wright等公共管理研究者强调分析角色期望与组织行为关系的看法，在吴建南、李贵宁、侯一麟等学者对乡镇政府干部角色压力前因后果研究的基础上，本书探讨了反映上级政府期望的问责机制如何通过导致了乡镇政府主要领导感知到不一致或不充分的角色期望，进而表现出旨在塑造符合上级政府期望印象的三类印象管理行为。我们的分析提出，乡镇政府主要领导感知到的问责越强，其角色压力越大，进而不同程度地表现出示功、示范和示弱行为。该研究观点呼应了Tsui等学者研究的观点，说明了压力型体制和社会化角色两种研究视角应形成互补，同时进一步说明了问责机制对印象管理的影响在很大程度上是通过改变乡镇政府主要领导角色压力而实现的，且角色压力对于不同印象管理行为的影响程度存在差异，为引导和约束乡镇政府领导印象管理行为提供了启示。

第四，本书扩展了分析中国乡镇政府行为的激励-动机视角，采纳印象管理研究中非自利的印象动机预设，提出组织政治知觉负向影响公共服务动机、进而对乡镇政府主要领导的印象管理产生影响的机制。以内在动机“挤出效应”等理论命题为出发点，本书根据Podsakoff等学者对组织政治知觉作为阻碍型压力源的分析，提出组织政治知觉会对从事基层公共服务的乡镇政府主要领导所具有的公共服务动机产生负向影响，同时根据案例研究及Rosenfeld、Perry等学者关于行为动机的积极预设，提出公共服务动机强的乡镇政府主要领导为在与其他乡镇的竞争中通过考核、获得从事公共服务的机会，会在管理上级政府的印象过程中付出相对多的努力以获得其认可，即公共服务动机正向影响印象管理。以往研究在分析“压力-回应”命题和印象管理现象时多采用“理性经济人”个体动机预设，本书则引入了公共服务动机这一新的基层官僚行为动机预设，说明低组织政治知觉更有助于维护乡镇政府主要领导的公共服务动机，使之更积极地从事于示范和示弱两种需要付出额外努力的印象管理活动。该研究观点在一定程度上否定了人们对于乡镇政府干部行为逻辑的刻板印象，提示其印象管理行为有着复杂的动机背景，同时说明乡镇政府组织内部环境建设对于塑造官员公共服务动机及其导致的非正式行为具有重要作用，为基层服务型政府建设和人力资源管理提供了新的思路。

8.3　研究局限与展望

本书在国内外关于中国乡镇政府领导行为影响因素研究的基础上，基于新制度理论、资源依赖理论和权变理论，对乡镇政府目标责任制情境下问责、组织政治知觉、角色压力、公共服务动机与印象管理的关系进行了探讨。本书能够为理论发展和管理实践提供一定价值，然而由于研究条件和研究资源方面的限制，研究结果还存在一定局限性，有待在未来研究中予以完善。

首先，应访谈和调查对象的要求，本书对案例研究和调查研究的信息收集予以了控制和取舍。由于本书关注的是乡镇政府主要领导应对制度的印象管理行为，访谈和调查对象对涉及对现行制度运行效果进行主观判断的内容较为敏感，经过与当地政府有关人士的沟通，本书在正式问卷中只保留了最易于被调查者所接受的内容。在未来研究中，需要寻求更适宜的方式获得更充分的一手资料和信息。

其次，受研究资源与条件的限制，本书所使用的调查样本具有一定的地域局限性。本书在中西部地区进行多次实地调研和案例研究的基础上，综合考虑了研究对象特征和现实资源条件等因素，最终选择部分地区的乡镇政府进行问卷调查。尽管所收集的样本特征说明其具有典型性，但在样本规模和样本收集方式等方面都与预期设计有一定差距。例如，在统计调查中女性和非党员样本数量较少，据此得出的研究结论相对更适合一般乡镇政府，对于女性领导较多或少数民族地区的乡镇政府，研究结论可能会略有变化。在未来研究中，需考虑在不同地区进行抽样，并采用配对发放问卷等方式。

再次，本书所使用的调查样本为505份，接近一般实证研究中研究变量与测量样本数比例（1∶5）的上限，为减少样本因素对实证分析的影响，本书未采用结构方程模型等分析工具进行更多的分析。另外，由于本次调查不具备配对发放问卷的条件，也无法采用分层线性回归等分析技术对理论模型进行更精细的检验。在未来研究中，需考虑采用更精细的分析技术对足够数量的样本进行研究，以进一步检验所提出理论的稳健性。

最后，由于本书分析的研究对象主要是党的十八大以前地方政府目标责任制及政府管理的实践者，而近年来随着全面深化改革的日益推进，许多问题已经逐步得到了解决或改善。限于本书的篇幅和笔者能力所限，也很难在一本著作中对这种历史性的变化做出充分的归纳总结，有待更多的研究者予以关注和探索。

参考文献

[1] Chan H S，Rosenbloom D H. Four challenges to accountability in contemporary public administration: lessons from the United States and China[J]. Administration & Society，2010，42（1S）：11S-33S.

[2] Osborne D. Reinventing government[J]. Public Productivity & Management Review，1993，16：349-356.

[3] Verhoest K，Verschuere B，Bouckaert G. Pressure，legitimacy，and innovative behavior by public organizations[J]. Governance，2007，20（3）：469-497.

[4] Behn R D. Rethinking Democratic Accountability[M]. Washington D C：Brookings Institution Press，2001.

[5] Hernes T. Four ideal-type organizational responses to New Public Management reforms and some consequences[J]. International Review of Administrative Sciences，2005，71（1）：5-17.

[6] Dunleavy P，Margetts H，Bastow S，et al. New public management is dead—long live digital-era governance[J]. Journal of Public Administration Research and Theory，2006，16（3）：467-494.

[7] 周志忍. 我国政府绩效管理研究的回顾与反思[J]. 公共行政评论，2009，2（1）：34-57.

[8] Gregory R. New public management and the politics of accountability[C]// Goldfinch S，Wallis J L. International Handbook of Public Management Reform. Cheltenham：Edward Elgar Publishing，2009：66-87.

[9] 周雪光. 一叶知秋：从一个乡镇的村庄选举看中国社会的制度变迁[J]. 社会，2009，29（3）：1-23.

[10] 渠敬东，周飞舟，应星. 从总体支配到技术治理——基于中国30年改革经验的社会学分析[J]. 中国社会科学，2009，（6）：104-127.

[11] 周黎安. 中国地方官员的晋升锦标赛模式研究[J]. 经济研究，2007，（7）：36-50.

[12] 王汉生，王一鸽. 目标管理责任制：农村基层政权的实践逻辑[J]. 社会学研究，2009，（2）：61-92.

[13] 杨善华，宋倩. 税费改革后中西部地区乡镇政权自主空间的营造——以河北Y县为例[J]. 社会，2008，28（4）：87-106.

[14] Hood C. Paradoxes of public-sector managerialism，old public management and public service bargains[J]. International Public Management Journal，2000，3（1）：1-22.

[15] Hood C，Peters G. The middle aging of new public management：into the age of paradox?[J]. Journal of Public Administration Research and Theory，2004，14（3）：267-282.

[16] Durant R F. Sharpening a knife cleverly：organizational change，policy paradox，and the “weaponizing” of administrative reforms[J]. Public Administration Review，2008，68（2）：

282-294.
[17] Chan H S，Gao J. Putting the cart before the horse：accountability or performance?[J]. Australian Journal of Public Administration，2009，68（S1）：S51-S61.
[18] 周雪光. 基层政府间的“共谋现象”——一个政府行为的制度逻辑[J]. 社会学研究，2008，(6)：1-21.
[19] 狄金华. 通过运动进行治理：乡镇基层政权的治理策略——对中国中部地区麦乡“植树造林”中心工作的个案研究[J]. 社会，2010，30（3）：83-106.
[20] 欧阳静. 运作于压力型科层制与乡土社会之间的乡镇政权——以桔镇为研究对象[J]. 社会，2009，29（5）：39-63.
[21] 冯猛. 后农业税费时代乡镇政府的项目包装行为：以东北特拉河镇为例[J]. 社会，2009，29（4）：59-78.
[22] 李芝兰，吴理财. “倒逼”还是“反倒逼”——农村税费改革前后中央与地方之间的互动[J]. 社会学研究，2005，(4)：44-63，243-244.
[23] Goffman E. The Presentation of Self in Everyday Life[M]. New York：Doubleday Anchor Books，1959.
[24] 周飞舟. 从汲取型政权到“悬浮型”政权——税费改革对国家与农民关系之影响[J]. 社会学研究，2006，(3)：1-38.
[25] 周飞舟. 锦标赛体制[J]. 社会学研究，2009，(3)：54-77.
[26] Bovens M. Analysing and assessing accountability：a conceptual framework[J]. European Law Journal，2007，13（4）：447-468.
[27] Mosher F C. The changing responsibilities and tactics of the federal government[J]. Public Administration Review，1980，40：541-548.
[28] Sinclair A. The chameleon of accountability：forms and discourses[J]. Accounting，Organizations and Society，1995，20（2/3）：219-237.
[29] Gormley W T. Accountability battles in state administration[C]//von Horn C E. The State of the States. 3rd ed. Washington D C：CQ Press，1996：161-178.
[30] Mulgan R. “Accountability”：an ever-expanding concept[J]. Public Administration，2000，78（3）：555-573.
[31] Stinga L. Political accountability as a radial concept[R]. EUI Working Paper. 2008.
[32] Romzek B S. Where the buck stops：accountability in reformed public organizations[C]//Ingraham P W，Thompson J R，Sanders R P. Transforming Government：Lessons from the Reinvention Laboratories. San Francisco：Jossey-Bass Publishers，1998：193-219.
[33] Tetlock P E. Accountability：a social check on the fundamental attribution error[J]. Social Psychology Quarterly，1985，48：227-236.
[34] Lonsdale J. Political accountability in African history[C]//Chabal P. Political Domination in Africa：Reflection on the Limits of Power. Cambridge：Cambridge University Press，1986：126-187.
[35] Romzek B S，Dubnick M J. Accountability in the public sector：lessons from the challenger tragedy[J]. Public Administration Review，1987，47：227-238.
[36] Fountain Jr J R. Service efforts and accomplishments reporting[J]. Public Productivity &

Management Review，1991，15：191-198.
[37] Frink D D，Ferris G R. Accountability，impression management，and goal setting in the performance evaluation process[J]. Human Relations，1998，51（10）：1259-1283.
[38] Kluvers R. Accountability for performance in local government[J]. Australian Journal of Public Administration，2003，62（1）：57-69.
[39] Erdogan B，Sparrowe R T，Liden R C，et al. Implications of organizational exchanges for accountability theory[J]. Human Resource Management Review，2004，14（1）：19-45.
[40] Ingraham P W. "You talking to me?" accountability and the modern public service[J]. PS：Political Science & Politics，2005，38（1）：17-21.
[41] Jones G，Stewart J. New development：accountability in public partnerships—the case of local strategic partnerships[J]. Public Money & Management，2009，29（1）：59-64.
[42] Stephenson M C，Nzelibe J O. Political accountability under alternative institutional regimes[J]. Journal of Theoretical Politics，2010，22（2）：139-167.
[43] Ferris G R，Munyon T P，Basik K，et al. The performance evaluation context：social，emotional，cognitive，political，and relationship components[J]. Human Resource Management Review，2008，18（3）：146-163.
[44] Dubnick M J. Accountability and the promise of performance：in search of the mechanisms[J]. Public Performance & Management Review，2005，28（3）：376-417.
[45] Ferris G R，Liden R C，Munyon T P，et al. Relationships at work：toward a multidimensional conceptualization of dyadic work relationships[J]. Journal of Management，2009，35（6）：1379-1403.
[46] Schlenker B R，Britt T W，Pennington J，et al. The triangle model of responsibility[J]. Psychology Review，1994，101（4）：632-652.
[47] Bovens M. Public accountability[C]//Ferlie E，Lynne Jr L E，Pollitt C. The Oxford Handbook of Public Management. Oxford：Oxford University Press，2005：182-208.
[48] Bovens M，Schillemans T，Hart P T. Does public accountability work? An assessment tool[J]. Public Administration，2008，86（1）：225-242.
[49] Barlev B. A biblical statement of accountability[J]. Accounting History，2006，11（2）：173-197.
[50] Koppell J G S. Pathologies of accountability：ICANN and the challenge of "multiple accountabilities disorder" [J]. Public Administration Review，2005，65（1）：94-108.
[51] Wood J A，Winston B E. Toward a new understanding of leader accountability：defining a critical construct[J]. Journal of Leadership & Organizational Studies，2005，11（3）：84-94.
[52] Weber E P. The question of accountability in historical perspective：from Jackson to contemporary grassroots ecosystem management[J]. Administration & Society，1999，31（4）：451-494.
[53] Bovens M. Two concepts of accountability：accountability as a virtue and as a mechanism[J]. West European Politics，2010，33（5）：946-967.
[54] Rousseau D M. Reinforcing the micro/macro bridge：organizational thinking and pluralistic vehicles[J]. Journal of Management，2011，37（2）：429-442.
[55] Rousseau D M，House R J. Meso organizational behavior：avoiding three fundamental

biases[C]//Cooper C L，Rousseau D M. Trends in Organizational Behavior. Vol.1. New York：John Wiley，1994：13-30.

[56] Frink D D，Hall A T，Perryman A A，et al. Meso-level theory of accountability in organizations[C]//Martocchio J J. Research in Personnel and Human Resources Management. Vol.27. Bingley：Emerald Group Publishing Limited，2008：177-245.

[57] Dubnick M，Yang K F. The pursuit of accountability：promise，problems，and prospects[C]//Menzel D C，White H L. The State of Public Administration. Armonk：M.E. Sharpe，2010：171-186.

[58] Barberis P. The new public management and a new accountability[J]. Public Administration，1998，76（3）：451-470.

[59] Dubnick M J，Frederickson H G. Accountable agents：federal performance measurement and third-party government[J]. Journal of Public Administration Research and Theory，2010，20（S1）：i143-i159.

[60] Jos P H，Tompkins M E. The accountability paradox in an age of reinvention：the perennial problem of preserving character and judgment[J]. Administration & Society，2004，36（3）：255-281.

[61] Ebrahim A. Making sense of accountability：conceptual perspectives for northern and southern nonprofits[J]. Nonprofit Management and Leadership，2003，14（2）：191-212.

[62] Ebrahim A. Placing the normative logics of accountability in “thick” perspective[J]. American Behavioral Scientist，2009，52（6）：885-904.

[63] Swiss J E. Holding agencies accountable for efficiency：learning from past failures[J]. Administration & Society，1983，15（1）：75-96.

[64] Broadbent J，Laughlin R. Control and legitimation in government accountability processes：the private finance initiative in the UK[J]. Critical Perspectives on Accounting，2003，14（1/2）：23-48.

[65] Hupe P，Hill M. Street-level bureaucracy and public accountability[J]. Public Administration，2007，85（2）：279-299.

[66] Lindberg S I. Accountability：the core concept and its subtypes[R]. Africa Power and Politics Programme Discussion Paper. 2009.

[67] Mulgan R. The processes of public accountability[J]. Australian Journal of Public Administration，1997，56（1）：25-36.

[68] Neale A，Anderson B. Performance reporting for accountability purposes：lessons，issues，future[J]. International Public Management Journal，2000，3（1）：93-106.

[69] Romzek B S. Living accountability：hot rhetoric，cool theory，and uneven practice[J]. PS：Political Science & Politics，2015，48（1）：27-34.

[70] Romzek B S，LeRoux K，Johnston J M，et al. Informal accountability in multisector service delivery collaborations[J]. Journal of Public Administration Research and Theory，2014，24（4）：813-842.

[71] Romzek B S，Johnston J M. State social services contracting：exploring the determinants of effective contract accountability[J]. Public Administration Review，2005，65（4）：436-449.

[72] Romzek B S，Ingraham P W. Cross pressures of accountability：initiative，command，and failure in the Ron Brown plane crash[J]. Public Administration Review，2000，60（3）：240-253.

[73] Burke J C. The many faces of accountability[C]//Burke J C. Achieving Accountability in Higher Education：Balancing Public，Academic，and Market Demands. San Francisco：Jossey-Bass，2005：1-24.

[74] Eckardt S. Political accountability，fiscal conditions and local government performance-cross-sectional evidence from Indonesia[J]. Public Administration and Development，2008，28（1）：1-17.

[75] Scott C. Accountability in the regulatory state[J]. Journal of Law and Society，2000，27（1）：38-60.

[76] Pettigrew A M. What is a processual analysis?[J]. Scandinavian Journal of Management，1997，13（4）：337-348.

[77] Curtin D，Egeberg M. Tradition and innovation：Europe's accumulated executive order[J]. West European Politics，2008，31（4）：639-661.

[78] Philp M. Delimiting democratic accountability[J]. Political Studies，2009，57（1）：28-53.

[79] Balint T，Schernbeck S，Schneider S. Performance accountability in the UN Secretariat-the conflictual way toward more flexibility[J]. Public Administration and Development，2009，29（5）：352-361.

[80] Luthardt U，Zimmermann J. A European view on the legitimacy of accounting procedures：towards a deliberative-accountability framework for analysis[J]. Research in Accounting Regulation，2009，21（2）：79-88.

[81] Harlow C，Rawlings R. Promoting accountability in multilevel governance：a network approach[J]. European Law Journal，2007，13（4）：542-562.

[82] O'Loughlin M G. What is bureaucratic accountability and how can we measure it?[J]. Administration & Society，1990，22（3）：275-302.

[83] Dubnick M J. Accountability and ethics：reconsidering the relationships[J]. International Journal of Organization Theory and Behavior，2003，6（3）：405-411.

[84] Peckham S，Exworthy M，Greener I，et al. Decentralizing health services：more local accountability or just more central control?[J]. Public Money & Management，2005，25（4）：221-228.

[85] Yilmaz S，Beris Y，Serrano-Berthet R. Linking local government discretion and accountability in decentralisation[J]. Development Policy Review，2010，28（3）：259-293.

[86] Reiss D R. Agency accountability strategies after liberalization：universal service in the United Kingdom，France，and Sweden[J]. Law & Policy，2009，31（1）：111-141.

[87] Romzek B S. Dynamics of public sector accountability in an era of reform[J]. International Review of Administrative Sciences，2000，66（1）：21-44.

[88] Tsou S H，Wang W H. Public satisfaction and the capability，integrity，and accountability of financial regulators[J]. Emerging Markets Finance and Trade，2008，44（4）：99-108.

[89] Ezzamel M，Robson K，Stapleton P，et al. Discourse and institutional change："giving accounts" and accountability[J]. Management Accounting Research，2007，18（2）：150-171.

[90] Ezzamel M，Hyndman N S，Johnsen Å，et al. Has devolution increased democratic accountability?[J]. Public Money & Management，2004，24（3）：145-152.

[91] Budding G T. Accountability，environmental uncertainty and government performance：evidence from Dutch municipalities[J]. Management Accounting Research，2004，15（3）：285-304.

[92] Wang X H. Assessing administrative accountability：results from a national survey[J]. The American Review of Public Administration，2002，32（3）：350-370.

[93] Beitsch O. Democratic voices speaking loudly：does public participation yield accountability in special purpose governments? [D]. Orlando：University of Central Florida，2005.

[94] Fard H D，Rostamy A A A. Promoting public trust in public organizations：explaining the role of public accountability[J]. Public Organization Review，2007，7（4）：331-344.

[95] Gasmi F，Um P N，Virto L R. Political accountability and regulatory performance in infrastructure industries：an empirical analysis[J]. The World Bank Economic Review，2009，23（3）：509-531.

[96] Tetlock P E. Expert Political Judgment：How Good Is It? How Can We Know?[M]. Princeton：Princeton University Press，2005

[97] Tetlock P E. An alternative metaphor in the study of judgment and choice：people as politicians[J]. Theory & Psychology，1991，1（4）：451-475.

[98] Lerner J S，Tetlock P E. Accounting for the effects of accountability[J]. Psychological Bulletin，1999，125（2）：255-275.

[99] Tetlock P E. Accountability theory：mixing properties of human agents with properties of social systems[C]// Levine J，Thompson L，Messick D. Shared Cognition in Organizations：The Management of Knowledge. Hillsdale: Erlbaum，1999：117-138.

[100] Tetlock P E. Social functionalist frameworks for judgment and choice：intuitive politicians，theologians，and prosecutors[J]. Psychological Review，2002，109（3）：451-471.

[101] Tetlock P E，Visser P S，Singh R，et al. People as intuitive prosecutors：the impact of social-control goals on attributions of responsibility[J]. Journal of Experimental Social Psychology，2007，43（2）：195-209.

[102] Tetlock P E，Skitka L，Boettger R. Social and cognitive strategies for coping with accountability：conformity，complexity，and bolstering[J]. Journal of Personality and Social Psychology，1989，57（4）：632-640.

[103] Beach L R，Mitchell T R. A contingency model for the selection of decision strategies[J]. The Academy of Management Review，1978，3：439-449.

[104] Mero N P，Guidice R M，Brownlee A L. Accountability in a performance appraisal context：the effect of audience and form of accounting on rater response and behavior[J]. Journal of Management，2007，33（2）：223-252.

[105] Schlenker B R，Weigold M F，Doherty K. Coping with accountability：self-identification and evaluative reckonings[C]//Snyder C R，Forsyth D R. Handbook of Social and Clinical Psychology：The Health Perspective. New York：Pergamon Press，1991：96-115.

[106] Schlenker B R，Weigold M F. Self-identification and accountability[C]//Giacalone R A，Rosenfeld P. Impression Management in the Organization. Hillsdale：Lawrence Erlbaum，1989：21-43.

[107] Pennington J，Schlenker B R. Accountability for consequential decisions：justifying ethical judgments to audiences[J]. Personality and Social Psychology Bulletin，1999，25（9）：1067-1081.

[108] Quinn A，Schlenker B R. Can accountability produce independence? Goals as determinants of the impact of accountability on conformity[J]. Personality and Social Psychology Bulletin，2002，28：472-483.

[109] Sedikides C，Herbst K C，Hardin D P，et al. Accountability as a deterrent to self-enhancement：the search for mechanisms[J]. Journal of Personality and Social Psychology，2002，83（3）：592-605.

[110] Goldgeier J M，Tetlock P E. Psychology and international relations theory[J]. Annual Review of Political Science，2001，4：67-92.

[111] Tadmor C T，Tetlock P E. Biculturalism：a model of the effects of second-culture exposure on acculturation and integrative complexity[J]. Journal of Cross-Cultural Psychology，2006，37（2）：173-190.

[112] Tetlock P E，Mellers B A. The great rationality debate[J]. Psychological Science，2002，13（1）：94-99.

[113] Tetlock P E. Cognitive biases and organizational correctives：do both disease and cure depend on the politics of the beholder?[J]. Administrative Science Quarterly，2000，45（2）：293-326.

[114] Katz D，Kahn R L. The Social Psychology of Organizations[M]. New York：John Wiley & Sons，1978.

[115] Pandey S K，Wright B E. Connecting the dots in public management：political environment，organizational goal ambiguity，and the public manager's role ambiguity[J]. Journal of Public Administration Research and Theory，2006，16：511-532.

[116] Leary M R，Kowalski R M. Impression management：a literature review and two-component model[J]. Psychological Bulletin，1990，107（1）：34-47.

[117] Acar M，Guo C，Yang K F. Accountability when hierarchical authority is absent：views from public-private partnership practitioners[J]. The American Review of Public Administration，2008，38（1）：3-23.

[118] Hall A T，Zinko R，Perryman A A，et al. Organizational citizenship behavior and reputation：mediators in the relationships between accountability and job performance and satisfaction[J]. Journal of Leadership & Organizational Studies，2009，15（4）：381-392.

[119] Breaux D M，Munyon T P，Hochwarter W A，et al. Politics as a moderator of the accountability-job satisfaction relationship：evidence across three studies[J]. Journal of Management，2009，35（2）：307-326.

[120] Hochwarter W A，Ferris G R，Gavin M B，et al. Political skill as neutralizer of felt accountability-job tension effects on job performance ratings：a longitudinal investigation[J]. Organizational Behavior and Human Decision Processes，2007，102（2）：226-239.

[121] Hall A T，Royle M T，Brymer R A，et al. Relationships between felt accountability as a stressor and strain reactions：the neutralizing role of autonomy across two studies[J]. Journal of Occupational Health Psychology，2006，11（1）：87-99.

[122] Hochwarter W A，Perrewé P L，Hall A T，et al. Negative affectivity as a Moderator of the form and magnitude of the relationship between felt accountability and job tension[J]. Journal of Organizational Behavior，2005，26（5）：517-534.
[123] Curtis A B，Harvey R D，Ravden D. Sources of political distortions in performance appraisals：appraisal purpose and rater accountability[J]. Group & Organization Management，2005，30（1）：42-60.
[124] Frink D D，Ferris G R. The moderating effects of accountability on the conscientiousness-performance relationship[J]. Journal of Business and Psychology，1999，13（4）：515-524.
[125] Mitchell T R，Hopper H，Daniels D，et al. Power，accountability，and inappropriate actions[J]. Applied Psychology，1998，47（4）：497-517.
[126] Fandt P M，Ferris G R. The management of information and impressions：when employees behave opportunistically[J]. Organizational Behavior and Human Decision Processes，1990，45（1）：140-158.
[127] Ferris G R，Hochwarter W A，Buckley M R，et al. Human resources management：some new directions[J]. Journal of Management，1999，25（3）：385-415.
[128] Frink D D，Klimoski R J. Advancing accountability theory and practice：introduction to the human resource management review special edition[J]. Human Resource Management Review，2004，14：1-17.
[129] Hall A T，Bowen M G，Ferris G R，et al. The accountability lens：a new way to view management issues[J]. Business Horizons，2007，50（5）：405-413.
[130] Hall A T，Frink D D，Buckley M R. An accountability account：a review and synthesis of the theoretical and empirical research on felt accountability[J]. Journal of Organizational Behavior，2017，38（2）：204-224.
[131] Hall A T，Blass F R，Ferris G R，et al. Leader reputation and accountability in organizations：implications for dysfunctional leader behavior[J]. The Leadership Quarterly，2004，15（4）：515-536
[132] Ammeter A P，Douglas C，Ferris G R，et al. A social relationship conceptualization of trust and accountability in organizations[J]. Human Resource Management Review，2004，14（1）：47-65.
[133] Falbe C M，Yukl G. Consequences for managers of using single influence tactics and combinations of tactics[J]. The Academy of Management Journal，1992，35（3）：638-652.
[134] Itoh H，Kikutani T，Hayashida O. Complementarities among authority，accountability，and monitoring：evidence from Japanese business groups[J]. Journal of the Japanese and International Economies，2008，22（2）：207-228.
[135] Ogden S，Glaister K W，Marginson D. Empowerment and accountability：evidence from the UK privatized water industry[J]. Journal of Management Studies，2006，43（3）：521-555.
[136] Gelfand M J，Lim B C，Raver J L. Culture and accountability in organizations：variations in forms of social control across cultures[J]. Human Resource Management Review，2004，14：135-160.
[137] Breaux D M，Perrewé P L，Hall A T，et al. Time to try a little tenderness? The detrimental effects of accountability when coupled with abusive supervision[J]. Journal of Leadership &

Organizational Studies，2008，15（2）：111-122.
[138] Stevenson W B. Individual discretion and organizational accountability：evaluating the performance of public bureaucrats[J]. Sociological Perspectives，1990，33（3）：341-354.
[139] Hood C，Jennings W，Dixon R，et al. Testing times：exploring a staged response and the impact of blame management strategies in two exam fiasco cases[J]. European Journal of Political Research，2009，48（6）：695-722.
[140] Carnoy M，Loeb S. Does external accountability affect student outcomes? A cross-state analysis[J]. Educational Evaluation and Policy Analysis，2002，24（4）：305-331.
[141] Hanushek E A，Raymond M E. Does school accountability lead to improved student performance?［J]. Journal of Policy Analysis and Management，2005，24（2）：297-327.
[142] Figlio D N，Rouse C E. Do accountability and voucher threats improve low-performing schools?[J]. Journal of Public Economics，2006，90（1/2）：239-255.
[143] Mintrop H，Trujillo T. The practical relevance of accountability systems for school improvement：a descriptive analysis of california schools[J]. Educational Evaluation and Policy Analysis，2007，29（4）：319-352.
[144] Chiang H. How accountability pressure on failing schools affects student achievement[J]. Journal of Public Economics，2009，93（9/10）：1045-1057.
[145] Penfield R D，Lee O. Test-based accountability：potential benefits and pitfalls of science assessment with student diversity[J]. Journal of Research in Science Teaching，2010，47（1）：6-24.
[146] Ladd H F，Lauen D L. Status versus growth：the distributional effects of school accountability policies[J]. Journal of Policy Analysis and Management，2010，29：426-450.
[147] Gallant T B，Drinan P. Organizational theory and student cheating：explanation，responses，and strategies[J]. The Journal of Higher Education，2006，77（5）：839-860.
[148] Webb P T. The choreography of accountability[J]. Journal of Education Policy，2006，21（2）：201-214.
[149] Bohte J，Meier K J. Goal displacement：assessing the motivation for organizational cheating[J]. Public Administration Review，2000，60（2）：173-182.
[150] Tetlock P E，Boettger R. Accountability：a social magnifier of the dilution effect[J]. Journal of Personality and Social Psychology，1989，57（3）：388-398.
[151] Tetlock P E，Self W T，Singh R. The punitiveness paradox：when is external pressure exculpatory-and when a signal just to spread blame?[J]. Journal of Experimental Social Psychology，2010，46（2）：388-395.
[152] Markman K D，Tetlock P E. I couldn't have known'：accountability，foreseeability and counterfactual denials of responsibility[J]. British Journal of Social Psychology，2000，39（3）：313-325.
[153] Tetlock P E，Kim J I. Accountability and judgment processes in a personality prediction task[J]. Journal of Personality and Social Psychology，1987，52（4）：700-709.
[154] Tetlock P E. Accountability and the perseverance of first impressions[J]. Social Psychology Quarterly，1983，46（4）：285-292.

[155] Adserà A，Boix C，Payne M. Are you being served? Political accountability and quality of government[J]. The Journal of Law，Economics & Organization，2003，19（2）：445-490.
[156] Schaltegger C A，Torgler B. Government accountability and fiscal discipline：a panel analysis using swiss data[J]. Journal of Public Economics，2007，91（1/2）：117-140.
[157] Doney P M，Armstrong G M. Effects of accountability on symbolic information search and information analysis by organizational buyers[J]. Journal of the Academy of Marketing Science，1996，24（1）：57-65.
[158] van de Walle S. Perceptions of administrative performance：the key to trust in government?[D]. Leuven：Catholic University of Leuven，2004.
[159] Thoms P，Dose J J，Scott K S. Relationships between accountability，job satisfaction，and trust[J]. Human Resource Development Quarterly，2002，13（3）：307-323.
[160] Vigoda E，Yuval F. Managerial quality，administrative performance and trust in governance：can we point to causality?[J]. Australian Journal of Public Administration，2003，62（3）：12-25.
[161] Wood J A，Winston B E. Development of three scales to measure leader accountability[J]. Leadership & Organization Development Journal，2007，28（2）：167-185.
[162] Turusbekova N. Individual accountability：the interplay between task，social context and personality attributes[D]. Groningen：University of Groningen，2007.
[163] Othman R，Taylor D，Sulaiman M. Perceptions of malaysian local government managers on accountability typology[J]. Asian Social Science，2009，4（8）：55-63.
[164] Bass B M，Steidlmeier P. Ethics，character，and authentic transformational leadership behavior[J]. The Leadership Quarterly，1999，10（2）：181-217.
[165] Conger J A，Kanungo R N. Toward a behavioral theory of charismatic leadership in organizational settings[J]. The Academy of Management Review，1987，12（4）：637-647.
[166] 戈夫曼 E. 日常生活中的自我呈现[M]. 黄爱华，冯钢译. 杭州：浙江人民出版社，1989.
[167] 罗森菲尔德 P，贾卡罗龙 R，赖尔登 C. 组织中的印象管理[M]. 李原译. 北京：清华大学出版社，2002.
[168] Westphal J D. An impression management perspective on job design：the case of corporate directors[J]. Journal of Organizational Behavior，2010，31（2/3）：319-327.
[169] Baumeister R F. A self-presentational view of social phenomena[J]. Psychological Bulletin，1982，91（1）：3-26.
[170] Bolino M C，Kacmar K M，Turnley W H，et al. A multi-level review of impression management motives and behaviors[J]. Journal of Management，2008，34（6）：1080-1109.
[171] Mohamed A A，Gardner W L，Paolillo J G P. A taxonomy of organizational impression management tactics[J]. Advances in Competitiveness Research，1999，7（1）：108-130.
[172] Whetten D A，Felin T，King B G. The practice of theory borrowing in organizational studies：current issues and future directions[J]. Journal of Management，2009，35（3）：537-563.
[173] Highhouse S，Brooks M E，Gregarus G. An organizational impression management perspective on the formation of corporate reputations[J]. Journal of Management，2009，35（6）：1481-1493.
[174] Becker T E，Martin S L. Trying to look bad at work：methods and motives for managing poor impressions in organizations[J]. Academy of Management Journal，1995，38（1）：174-199.

[175] Chen Y-Y，Fang W C. The moderating effect of impression management on the organizational politics-performance relationship[J]. Journal of Business Ethics，2008，79（3）：263-277.

[176] Lam W，Huang X，Snape E. Feedback-seeking behavior and leader-member exchange：do supervisor-attributed motives matter?[J]. Academy of Management Journal，2007，50（2）：348-363.

[177] Buchanan D，Badham R. Politics and organizational change：the lived experience[J]. Human Relations，1999，52（5）：609-629.

[178] Nguyen N T，Seers A，Hartman N S. Putting a good face on impression management：team citizenship and team satisfaction[J]. Journal of Behavioral and Applied Management，2008，9（2）：148-168.

[179] Sosik J J，Jung D I. Impression management strategies and performance in information technology consulting：the role of self-other rating agreement on charismatic leadership[J]. Management Communication Quarterly，2003，17（2）：233-268.

[180] Grove S，Fisk R，Laforge M. Developing the impression management skills of the service worker：an application of stanislavsky's principles in a services context[J]. The Service Industries Journal，2004，24（2）：1-14.

[181] Ferris G R，Treadway D C，Perrewé P L，et al. Political skill in organizations[J]. Journal of Management，2007，33（3）：290-320.

[182] Caldwell D F，O'Reilly I，Charles A. Responses to failure：the effects of choice and responsibility on impression management[J]. The Academy of Management Journal，1982，25（1）：121-136.

[183] Allen M W，Caillouet R H. Legitimation endeavors：impression management strategies used by an organization in crisis[J]. Communication Monographs，1994，61：44-62.

[184] Bolino M C，Varela J A，Bande B，et al. The impact of impression-management tactics on supervisor ratings of organizational citizenship behavior[J]. Journal of Organizational Behavior，2006，27（3）：281-297.

[185] Ferris G R，Judge T A. Personnel/human resources management：a political influence perspective[J]. Journal of Management，1991，17（2）：447-488.

[186] Barsness Z I，Diekmann K A，Seidel M-D L. Motivation and opportunity：the role of remote work，demographic dissimilarity，and social network centrality in impression management[J]. Academy of Management Journal，2005，48（3）：401-419.

[187] Bolino M C，Turnley W H. More than one way to make an impression：exploring profiles of impression management[J]. Journal of Management，2003，29（2）：141-160.

[188] Ralston D A. Employee ingratiation：the role of management[J]. The Academy of Management Review，1985，10（3）：477-487.

[189] Zivnuska S，Kacmar K M，Witt L A，et al. Interactive effects of impression management and organizational politics on job performance[J]. Journal of Organizational Behavior，2004，25（5）：627-640.

[190] Harrell-Cook G，Ferris G R，Dulebohn J H. Political behaviors as moderators of the perceptions of organizational politics-work outcomes relationships[J]. Journal of Organizational Behavior，

1999，20（7）：1093-1105.

[191] Bolino M C. Citizenship and impression management：good soldiers or good actors?[J]. The Academy of Management Review，1999，24（1）：82-98.

[192] 魏江茹. 好战士还是好演员：基于印象管理的组织公民行为[J]. 经济管理，2006，（15）：51-53.

[193] Elsbach K D，Elofson G. How the packaging of decision explanations affects perceptions of trustworthiness[J]. The Academy of Management Journal，2000，43（1）：80-89.

[194] Wayne S J，Liden R C. Effects of impression management on performance ratings：a longitudinal study[J]. The Academy of Management Journal，1995，38（1）：232-260.

[195] Wayne S J，Ferris G R. Influence tactics，affect，and exchange quality in supervisor-subordinate interactions：a laboratory experiment and field study[J]. Journal of Applied Psychology，1990，75（5）：487-499.

[196] Jones E E，Pittman T S. Toward a general theory of strategic self-presentation[C]//Suls J. Psychological Perspectives on the Self. Hillsdale：Lawrence Erlbaum Associates，1982：231-262.

[197] Sosik J J，Avolio B J，Jung D I. Beneath the mask：examining the relationship of self-presentation attributes and impression management to charismatic leadership[J]. The Leadership Quarterly，2002，13（3）：217-242.

[198] Gardner W L，Cleavenger D. The impression management strategies associated with transformational leadership at the world-class level：a psychohistorical assessment[J]. Management Communication Quarterly，1998，12：3-41.

[199] Bolino M C，Turnley W H. Measuring impression management in organizations：a scale development based on the jones and pittman taxonomy[J]. Organizational Research Methods，1999，2（2）：187-206.

[200] Drory A，Zaidman N. Impression management behavior：effects of the organizational system[J]. Journal of Managerial Psychology，2007，22（3）：290-308.

[201] 陈潭，刘兴云. 锦标赛体制、晋升博弈与地方剧场政治[J]. 公共管理学报，2011，8（2）：21-33.

[202] 孙立平，郭于华. “软硬兼施”：正式权力非正式运作的过程分析——华北 B 镇定购粮征收的个案研究[J]. 清华社会学评论，2000，（S1）：21-46.

[203] 吴毅. 小镇喧嚣——一个乡镇政治运作的演绎与阐释[M]. 北京：生活·读书·新知三联书店，2007.

[204] 欧阳静. 压力型体制与乡镇的策略主义逻辑[J]. 经济社会体制比较，2011，（3）：116-122.

[205] 张静. 基层政权：乡村制度诸问题[M]. 杭州：浙江人民出版社，2000.

[206] 叶贵仁. 乡镇领导人寻求晋升的策略研究——以广东省 T 镇为个案[J]. 武汉大学学报（哲学社会科学版），2010，63（4）：592-599.

[207] Smith G. Political machinations in a rural county[J]. The China Journal，2009，（62）：29-59.

[208] Edwards J R，Shipp A J. The relationship between person-environment fit and outcomes：an integrative theoretical framework[C]//Ostroff C，Judge T A. Perspectives on Organizational Fit. San Francisco：Jossey-Bass，2007：209-258.

[209] Beehr T A，Newman J E. Job stress，employee health，and organizational effectiveness：a facet analysis，model，and literature review[J]. Personnel Psychology，1978，31（4）：665-699.

[210] Rizzo J R，House R J，Lirtzman S I. Role conflict and ambiguity in complex organizations[J]. Adminstrative Science Quarterly，1970，15（2）：150-163.

[211] Tubre T C，Collins J M. Jackson and schuler（1985）revisited：a meta-analysis of the relationships between role ambiguity，role conflict，and job performance[J]. Journal of Management，2000，26（1）：155-169.

[212] Gilboa S，Shirom A，Fried Y，et al. A meta-analysis of work demand stressors and job performance：examining main and moderating effects[J]. Personnel Psychology，2008，61（2）：227-271.

[213] LeRouge C，Nelson A，Blanton J E. The impact of role stress fit and self-esteem on the job attitudes of IT professionals[J]. Information & Management，2006，43（8）：928-938.

[214] 吴建南，李贵宁，侯一麟. 财政管理、角色定位与组织绩效——不同资源禀赋下西部某市乡镇政府的经验研究[J]. 管理世界，2008，（12）：64-74；82.

[215] Zerbe W J，Paulhus D L. Socially desirable responding in organizational behavior：a reconception[J]. The Academy of Management Review，1987，12（2）：250-264.

[216] Humphrey S E，Nahrgang J D，Morgeson F P. Integrating motivational，social，and contextual work design features：a meta-analytic summary and theoretical extension of the work design literature[J]. Journal of Applied Psychology，2007，92（5）：1332-1356.

[217] Wong S-S，DeSanctis G，Staudenmayer N. The relationship between task interdependency and role stress：a revisit of the job demands-control model[J]. Journal of Management Studies，2007，44（2）：284-303.

[218] Hall M. The effect of comprehensive performance measurement systems on role clarity，psychological empowerment and managerial performance[J]. Accounting，Organizations and Society，2008，33（2/3）：141-163.

[219] Burney L，Widener S K. Strategic performance measurement systems，job-relevant information，and managerial behavioral responses—role stress and performance[J]. Behavioral Research In Accounting，2007，19（1）：43-69.

[220] Dean A M，Rainnie A. Frontline employees' views on organizational factors that affect the delivery of service quality in call centers[J]. Journal of Services Marketing，2009，23（5）：326-337.

[221] Geersbro J，Ritter T. External performance barriers in business networks：uncertainty，ambiguity，and conflict[J]. Journal of Business & Industrial Marketing，2010，25（3）：196-201.

[222] Ahmad Z，Taylor D. Commitment to independence by internal auditors：the effects of role ambiguity and role conflict[J]. Managerial Auditing Journal，2009，24（9）：899-925.

[223] Conner D S，Douglas S C. Organizationally-induced work stress：the role of employee bureaucratic orientation[J]. Personnel Review，2005，34（2）：210-224.

[224] Perry J L，Wise L R. The motivational bases of public service[J]. Public Administration Review，1990，50（3）：367-373.

[225] Rainey H G，Steinbauer P. Galloping elephants：developing elements of a theory of effective

government organizations[J]. Journal of Public Administration Research and Theory，1999，9（1）：1-32.

[226] Vandenabeele W. Toward a public administration theory of public service motivation：an institutional approach[J]. Public Management Review，2007，9（4）：545-556.

[227] Perry J L，Hondeghem A. Building theory and empirical evidence about public service motivation[J]. International Public Management Journal，2008，11（1）：3-12.

[228] Perry J L，Hondeghem A，Wise L R. Revisiting the motivational bases of public service：twenty years of research and an agenda for the future[J]. Public Administration Review，2010，70（5）：681-690.

[229] Tsai L L. Solidary groups，informal accountability，and local public goods provision in rural China[J]. American Political Science Review，2007，101（2）：355-372.

[230] 登哈特 R B. 公共组织理论[M]. 扶松茂，等译. 北京：中国人民大学出版社，2003.

[231] 习近平．在河北省阜平县考察扶贫开发工作时的讲话．http://www.china.com.cn/lianghui/fangtan/2016-02/26/content_37881406.htm[2019-12-25].

[232] Burns T. Micropolitics：mechanisms of institutional change[J]. Administrative Science Quarterly，1961，6（3）：257-281.

[233] Mintzberg H. The organization as political arena[J]. Journal of Management Studies，1985，22（2）：133-154.

[234] Ferris G R，Kacmar K M. Perceptions of organizational politics[J]. Journal of Management，1992，18（1）：93-116.

[235] Ferris G R，Fedor D B，Chachere J G，et al. Myths and politics in organizational contexts[J]. Group Organization Management，1989，14（1）：83-103.

[236] 王利平，金淑霞. 组织政治研究回顾与展望[J]. 经济管理，2009，31（5）：175-181.

[237] Meyer J W，Rowan B. Institutionalized organizations：formal structure as myth and ceremony[J]. American Journal of Sociology，1977，83（2）：340-363.

[238] March J G. Continuity and change in theories of organizational action[J]. Administrative Science Quarterly，1996，41（2）：278-287.

[239] 孙汉银. 论组织行为学中的组织政治知觉[J]. 北京师范大学学报（社会科学版），2004，（1）：45-50.

[240] 刘明兴，孙昕，徐志刚，等. 村民自治背景下的“两委”分工问题分析[J]. 中国农村观察，2009，（5）：71-81，94.

[241] 周雪光，艾云. 多重逻辑下的制度变迁：一个分析框架[J]. 中国社会科学，2010，（4）：132-150.

[242] 习近平. 在党的群众路线教育实践活动总结大会上的讲话[N]. 人民日报. 2014-10-09（2）.

[243] Mayes D G，Razzak W A. Transparency and accountability：empirical models and policy making at the Reserve Bank of New Zealand[J]. Economic Modelling，1998，15（3）：377-394.

[244] Pfeffer J. Understanding the Role of Power in Decision Making. Power in organizations[M]. Marshfield：Pitman Publisher，1981：404-423.

[245] Ferris G R，Adams G，Kolodinsky R W，et al. Perceptions of organizational politics：theory and research directions[C]//Yammarino F J，Dansereau F. Research in Multi Level Issues. 1. New

York：Elsevier Science/JAI Press，2002：179-254.
[246] Halbesleben J R B，Wheeler A R. The relationship between perceptions of politics，social support，withdrawal，and performance[C]//Vigoda-Gadot E，Drory A. Handbook of Organizational Politics. Northampton：Edward Elgar Publishing，2006：253-270.
[247] 荣敬本. 变“零和博弈”为“双赢机制”——如何改变压力型体制[J]. 人民论坛，2009，(2)：28-29.
[248] Zhao S K. The accountability system of township governments[J]. Chinese Sociology & Anthropology，2007，39（2）：64-73.
[249] 李昌平. 乡镇改革与乡镇干部[J]. 中国改革，2005，（1）：48-49.
[250] 于建嵘. 岳村政治：转型期中国乡村政治结构的变迁[M]. 北京：商务印书馆，2004.
[251] 徐勇，黄辉祥. 目标责任制：行政主控型的乡村治理及绩效——以河南 L 乡为个案[J]. 学海，2002，（1）：10-15.
[252] 吴毅. 缺失治理资源的乡村权威与税费片收中的干群博弈——兼论乡村社会的国家政权建设[J]. 中国农村观察，2002，（4）：54-60.
[253] 吴毅. “双重角色”、“经纪模式”与“守夜人”和“撞钟者”——来自田野的学术札记[J]. 开放时代，2001，（12）：114-117.
[254] Caulfield J L. local government reform in China：a rational actor perspective[J]. International Review of Administrative Sciences，2006，72（2）：253–267.
[255] 吴建南，李贵宁，侯一麟. 财政管理、角色冲突与组织绩效——面向中国乡镇政府的探索性研究[J]. 管理世界，2005，（12）：57-64.
[256] Chen A. The 1994 tax reform and its impact on China’s rural fiscal structure[J]. Modern China，2008，34（3）：303-343.
[257] O’Brien K J，Li L. The politics of lodging complaints in rural China[J]. The China Quarterly，1995，（143）：756-783.
[258] O’Brien K J，Li L. Selective policy implementation in rural China[J]. Comparative Politics，1999，31（2）：167-186.
[259] Edin M. State capacity and local agent control in China：CCP cadre management from a township perspective[J]. The China Quarterly，2003，（173）：35-52.
[260] 张汝立. 目标责任制与手段选择的偏差——以农村基层政权组织的运行困境为例[J]. 理论探讨，2003，（4）：17-18.
[261] 陶郁，侯麟科，刘明兴. 张弛有别：上级控制力、下级自主性和农村基层政令执行[J]. 社会，2016，36（5）：107-130.
[262] Smith G. The hollow state：rural governance in China[J]. The China Quarterly，2010，203：601-618.
[263] Smith G. Getting ahead in rural China：the elite–cadre divide and its implications for rural governance[J]. Journal of Contemporary China，2015，24（94）：594-612.
[264] Gao J. Governing by goals and numbers：a case study in the use of performance measurement to build state capacity in China[J]. Public Administration and Development，2009，29（1）：21-31.
[265] Gao J. Pernicious manipulation of performance measures in China’s cadre evaluation system[J]. The China Quarterly，2015，223：618-637.

[266] Qian Y，Weingast B R. Federalism as a commitment to perserving market incentives[J]. The Journal of Economic Perspectives，1997，11（4）：83-92.
[267] Jin H H，Qian Y Y，Weingast B R. Regional decentralization and fiscal incentives：federalism，chinese style[J]. Journal of Public Economics，2005，89（9/10）：1719-1742.
[268] Cai H B，Treisman D. Did government decentralization cause China's economic miracle?[J]. World Politics，2006，58（4）：505-535.
[269] 杨其静，聂辉华. 保护市场的联邦主义及其批判[J]. 经济研究，2008，（3）：99-114.
[270] 周黎安. 晋升博弈中政府官员的激励与合作——兼论我国地方保护主义和重复建设问题长期存在的原因[J]. 经济研究，2004，（6）：33-40.
[271] Bo Z Y. China's Elite Politics：Governance and Democratization[M]. Singapore：World Scientific，2010.
[272] Yu J H，Zhou L-A，Zhu G Z. Strategic interaction in political competition：evidence from spatial effects across chinese cities[J]. Regional Science and Urban Economics，2016，（57）：23-37.
[273] Guo G. Retrospective economic accountability under authoritarianism：evidence from China[J]. Political Research Quarterly，2007，60（3）：378-390.
[274] Opper S，Nee V，Brehm S. Homophily in the career mobility of China's political elite[J]. Social Science Research，2015，54：332-352.
[275] 陶然，陆曦，苏福兵，等. 地区竞争格局演变下的中国转轨：财政激励和发展模式反思[J]. 经济研究，2009，（7）：21-33.
[276] Wong S H-W，Zeng Y. Getting ahead by getting on the right track：horizontal mobility in China's political selection process[J]. Journal of Contemporary China，2018，27（109）：61-84.
[277] Whiting S H. The cadre evaluation system at the grass roots：the paradox of party rule[C]//Naughton B J，Yang D L. Holding China Together：Diversity and National Integration in the Post-Deng Era. Cambridge：Cambridge University Press，2004：101-119.
[278] 谭秋成. 财政考核、制度租金榨取与乡镇债务[J]. 中国农村观察，2004，（6）：2-13，22.
[279] 谭秋成. 农村政策为什么在执行中容易走样[J]. 中国农村观察，2008，（4）：2-17.
[280] 谭秋成. 惩罚承诺失信及农村政策扭曲[J]. 中国农村观察，2012，（3）：37-47, 70, 96-97.
[281] Tsui K-Y，Wang Y Q. Between separate stoves and a single menu：fiscal decentralization in China[J]. The China Quarterly，2004，（177）：71-90.
[282] Tsui K-Y，Wang Y Q. Decentralization with political trump：vertical control，local accountability and regional disparities in China[J]. China Economic Review，2008，19（1）：18-31.
[283] 田红云，田伟. 论中国政府部门目标责任管理的得与失[J]. 统计与决策，2011，（5）：44-47.
[284] 周飞舟. 分税制十年：制度及其影响[J]. 中国社会科学，2006，（6）：100-115.
[285] 周飞舟. 大兴土木：土地财政与地方政府行为[J]. 经济社会体制比较，2010，（3）：77-89.
[286] 周飞舟. 生财有道：土地开发和转让中的政府和农民[J]. 社会学研究，2007，（1）：49-82.
[287] Oi J C. Fiscal reform and the economic foundations of local state corporatism in China[J]. World Politics，1992，45（1）：99-126.
[288] Oi J C. The role of the local state in China's transitional economy[J]. The China Quarterly，1995，（144）：1132-1149.
[289] Walder A G. Local governments as industrial firms：an organizational analysis of China's

transitional economy[J]. American Journal of Sociology，1995，101（2）：263-301.
[290] Oi J C，Babiarz K S，Zhang L X，et al. Shifting fiscal control to limit cadre power in China's townships and villages[J]. The China Quarterly，2012，211（211）：649-675.
[291] Shue V. The Reach of the State：Sketches of the Chinese Body Politic[M]. Palo Alto：Stanford University Press，1988.
[292] Schubert G，Ahlers A L. County and township cadres as a strategic group："building a new socialist countryside" in three provinces[J]. China Journal，2012，67：67-86.
[293] Ahlers A L，Schubert G. Effective policy implementation in China's local state[J]. Modern China，2015，41（4）：372-405.
[294] 吴理财. 农村税费改革与"乡政"角色转换[J]. 社会，2001，（6）：28-31.
[295] 吴理财，李芝兰. 乡镇财政及其改革初探——洪镇调查[J]. 中国农村观察，2003，（4）：13-24.
[296] Li L C，Painter M. Shirkers or toilers? Local strategic action and education policy under fiscal abundance[J]. Journal of Contemporary China，2016，25（102）：851-866.
[297] Hsing Y. Brokering power and property in China's townships[J]. Pacific Review，2006，19（1）：103-124.
[298] 董海军. 乡镇干部群体的角色实践及其弱势化：一项类型学的观察——以湖南塘镇为例[J]. 社会，2005，（6）：104-125.
[299] 杨善华，苏红. 从"代理型政权经营者"到"谋利型政权经营者"——向市场经济转型背景下的乡镇政权[J]. 社会学研究，2002，（1）：17-24.
[300] Zhou X G. The institutional logic of collusion among local governments in China[J]. Modern China，2010，36（1）：47-78.
[301] 周雪光. 国家治理逻辑与中国官僚体制：一个韦伯理论视角[J]. 开放时代，2013，（3）：4-28.
[302] 清华大学社会学系. 清华社会学评论：特辑 1[M]. 厦门：鹭江出版社，2000.
[303] 欧阳静. "做作业"与事件性治理：乡镇的"综合治理"逻辑[J]. 华中科技大学学报（社会科学版），2010，（6）：106-111.
[304] 狄金华，钟涨宝. 变迁中的基层治理资源及其治理绩效：基于鄂西南河村黑地的分析[J]. 社会，2014，34（1）：148-174.
[305] Shirk S L. The decline of virtuocracy in China[C]//Watson J L. Class and Social Stratification in Post-revolution China. London：Cambridge University Press，1984：56–83.
[306] Chen J，Huhe N. Informal accountability，socially embedded officials，and public goods provision in rural China：the role of lineage groups[J]. Journal of Chinese Political Science，2013，18（2）：101-116.
[307] Mattingly D C. Elite capture：how decentralization and informal institutions weaken property rights in China[J]. World Politics，2016，68（3）：383-412.
[308] Lieberthal K G，Lampton D M. Bureaucracy，Politics，and Decision Making in Post-Mao China[M]. Berkeley：University of California Press，1992.
[309] Shirk S L. The Political Logic of Economic Reform in China [M]. Berkeley：University of California Press，1993.
[310] Shirk S L. China：Fragile Superpower[M]. New York：Oxford University Press，2007.
[311] Dittmer L. Chinese informal politics[J]. The China Journal，1995，34：1-34.

[312] Huang Y S. The industrial organization of Chinese government[R]. Working Paper，1998.
[313] Wedeman A. Incompetence，noise，and fear in central-local relations in China[J]. Studies in Comparative International Development，2001，35（4）：59–83.
[314] Crawford S E S，Ostrom E. A grammar of institutions[J]. American Political Science Review，1995，89（3）：582-600.
[315] North D C. Institutions，Institutional Change and Economic Performance[M]. Cambridge：Cambridge University Press，1990.
[316] March J G，Olsen J P. The new institutionalism：organizational factors in political life[J]. American Political Science Review，1983，78（3）：734-749.
[317] Scott W R. Institutions and Organizations[M] . London：Sage Publications，2001.
[318] DiMaggio P J，Powell W W. The iron cage revisited：institutional isomorphism and collective rationality in organizational fields[J]. American Sociological Review，1983，48（2）：147-160.
[319] Meyer J W，Scott W R. Organizational Environments：Ritual and Rationality[M]. Beverley Hills：Sage，1983.
[320] Scott W R. Reflections on a half-century of organizational sociology[J]. Annual Review of Sociology，2004，30：1-21.
[321] Scott W R. Institutional theory：contributing to a theoretical research program[C] //Smith K G，Hitt M A. Great Minds in Management：The Process of Theory Development. Oxford：Oxford University Press，2007：460-484.
[322] Ostrom E. The elements of an action situation[R]. Workshop in Political Theory and Policy Analysis，1983.
[323] Oliver C. Strategic responses to institutional processes[J]. The Academy of Management Review，1991，16（1）：145-179.
[324] Goodstein J D. Institutional pressures and strategic responsiveness：employer involvement in work-family issues[J]. The Academy of Management Journal，1994，37（2）：350-382.
[325] Modell S. Performance measurement and institutional processes：a study of managerial responses to public sector reform[J]. Management Accounting Research，2001，12(4)：437-464.
[326] Zhang Y，Gimeno J. Earnings pressure and competitive behavior：evidence from the U.S. electricity industry[J]. Academy of Management Journal，2010，53（4）：743-768.
[327] Desai V M. Under the radar：regulatory collaborations and their selective use to facilitate organizational compliance[J]. Academy of Management Journal，2016，59（2）：636-657.
[328] Bevan G，Hood C. What's measured is what matters：targets and gaming in the English public health care system[J]. Public Administration，2006，84（3）：517-538.
[329] Hood C. Public service management by numbers：why does it vary? Where has it come from? What are the gaps and the puzzles?[J]. Public Money & Management，2007，27（2）：95-102.
[330] Hood C. Gaming in targetworld：the targets approach to managing British public services[J]. Public Administration Review，2006，66（4）：515-521.
[331] Hood C，Jennings W，Copeland P. Blame avoidance in comparative perspective：reactivity，staged retreat and efficacy[J]. Public Administration，2016，94（2）：542-562.
[332] Hood C. Blame avoidance and accountability：positive negative or neutral[C]//Dubnick M J，

Frederickson H G. Accountable Governance：Problems and Promises. Armonk：M.E. Sharpe，2011：167-179.
[333] Braithwaite V，Murphy K，Reinhart M. Taxation threat，motivational postures，and responsive regulation[J]. Law & Policy，2007，29（1）：137-158.
[334] Black J. Constructing and contesting legitimacy and accountability in polycentric regulatory regimes[J]. Regulation & Governance，2008，2（2）：137-164.
[335] Samkin G，Schneider A. Accountability，narrative reporting and legitimation：the case of a new zealand public benefit entity[J]. Accounting，Auditing & Accountability Journal，2010，23（2）：256-289.
[336] Westphal J D，Park S H，McDonald M L，et al. Helping other CEOs avoid bad press：social exchange and impression management support among CEOs in communications with journalists[J]. Administrative Science Quarterly，2012，57（2）：217-268.
[337] Westphal J D，Graebner M E. A matter of appearances：how corporate leaders manage the impressions of financial analysts about the conduct of their boards[J]. Academy of Management Journal，2010，53（1）：15-44.
[338] Westphal J D，Stern I. Flattery will get you everwhere（especially if you are a male caucasian）：how ingratiation，boardroom behavior，and demographic minority status affect additional board appointments at U.S. companies[J]. The Academy of Management Journal，2007，50（2）：267-288.
[339] Arndt M，Bigelow B. Presenting structural innovation in an institutional environment：Hospitals' use of impression management[J]. Administrative Science Quarterly，2000，45（3）：494-522.
[340] Schwartz R，Sulitzeanu-Kenan R. Managerial values and accountability pressures：challenges of crisis and disaster[J]. Journal of Public Administration Research and Theory，2004，14（1）：79-102.
[341] Ashforth B E，Gibbs B W. The double-edge of organizational legitimation[J]. Organization Science，1990，1（2）：177-194.
[342] Bansal P，Kistruck G. Seeing is（not）believing：managing the impressions of the firm's commitment to the natural environment[J]. Journal of Business Ethics，2006，67（2）：165-180.
[343] Selznick P. TVA and the Grass Roots：A Study of Politics and Organization[M]. Berkeley：University of California Press，1980.
[344] Pfeffer J. A resource dependence perspective on intercorporate relations[C]//Mizruchi M S，Schwartz M. Intercorporate Relations：The Structural Analysis of Business. Cambridge：Cambridge University Press，1987：25-55.
[345] Pfeffer J，Salancik G R. The External Control of Organizations：A Resource Dependence Perspective[M]. Palo Alto：Stanford University Press，2003.
[346] Galaskiewicz J. Interorganizational relations[J]. Annual Review of Sociology，1985，11：281-304.
[347] Schoorman F D，Bazerman M H，Atkin R S. Interlocking directorates：a strategy for reducing environmental uncertainty[J]. The Academy of Management Review，1981，6（2）：243-251.

[348] Tsui A S, Ashford S J, Clair L S, et al. Dealing with discrepant expectations: response strategies and managerial effectiveness[J]. The Academy of Management Journal, 1995, 38（6）: 1515-1543.

[349] Tsui A S, Ashford S J. Adaptive self-regulation: a process view of managerial effectiveness[J]. Journal of Management, 1994, 20（1）: 93-121.

[350] Elsbach K D, Sutton R I. Acquiring organizational legitimacy through illegitimate actions: a marriage of institutional and impression management theories[J]. The Academy of Management Journal, 1992, 35（4）: 699-738

[351] Pache A-C, Santos F. When worlds collide: the internal dynamics of organizational responses to conflicting institutional demands[J]. Academy of Management Review, 2010, 35（3）: 455-476.

[352] Zott C, Quy N H. How entrepreneurs use symbolic management to acquire resources[J]. Administrative Science Quarterly, 2007, 52（1）: 70-105.

[353] 陈炳，高猛．“面子”文化与管理之道——中国式管理的文化生态学视角[J]．管理学报，2010，7（6）：797-803.

[354] Patil S V, Tetlock P E, Mellers B A. Accountability systems and group norms: balancing the risks of mindless conformity and reckless deviation[J]. Journal of Behavioral Decision Making, 2017, 30（2）: 282-303.

[355] Patil S V, Vieider F, Tetlock P E. Process versus outcome accountability[C]//Bovens M, Goodin R E, Schillemans T. The Oxford Handbook of Public Accountability. Oxford: Oxford University Press, 2014: 488-506.

[356] Staw B M. The escalation of commitment to a course of action[J]. The Academy of Management Review, 1981, 6（4）: 577-587.

[357] Lerner J S, Tetlock P E. Accountability and social cognition[J]. Encyclopedia of Human Behavior, 1994, 1: 1-10.

[358] Paolini S, Crisp R J, McIntyre K. Accountability moderates member-to-group generalization: testing a dual process model of stereotype change[J]. Journal of Experimental Social Psychology, 2009, 45（4）: 676-685.

[359] Tetlock P E. Accountability: the neglected social context of judgment and choice[J]. Research in Organizational Behavior, 1985, 7: 297-332.

[360] Tetlock P E, Mitchell G. Implicit bias and accountability systems: what must organizations do to prevent discrimination?[J]. Research in Organizational Behavior, 2009,（1）: 3-38.

[361] 邓小平．解放思想，实事求是，团结一致向前看[J]．新湘评论，2019，（1）：59-60.

[362] 王辉，苏立宁．县级政府绩效评估的成就、问题及其改善[J]．中国行政管理，2006，（12）：19-21.

[363] 吴建南，岳妮．问责制度、领导行为与组织绩效：面向我国西部乡镇政府的探索性研究[J]．中国行政管理，2009，（2）：123-128.

[364] O'Toole L, Meier K, Nicholson-Crotty S. Managing upward, downward and outward: networks, hierarchical relationships and performance[J]. Public Management Review, 2005, 7（1）: 45-68.

[365] Chien S-S. Economic freedom and political control in post-Mao China: a perspective of upward

accountability and asymmetric decentralization[J]. Asian Journal of Political Science，2010，18（1）：69-89.

[366] 黄佩华. 中国能用渐进方式改革公共部门吗?[J]. 社会学研究，2009，（2）：39-60.

[367] Moynihan D P. A workforce of cynics? The effects of contemporary reforms on public service motivation[J]. International Public Management Journal，2010，13（1）：24-34.

[368] Karasek R A. Job demands，job decision latitude，and mental strain：Implications for job redesign[J]. Administrative Science Quarterly，1979，24（2）：285-308.

[369] Fox M L，Dwyer D J，Ganster D C. Effects of stressful job demands and control on physiological and attitudinal outcomes in a hospital setting[J]. Academy of Management Journal，1993，36（2）：289-318.

[370] van Yperen N W，Hagedoorn M. Do high job demands increase intrinsic motivation or fatigue or both? The role of job control and job social support[J]. Academy of Management Journal，2003，46（3）：339-348.

[371] Rosen C C，Harris K J，Kacmar K M. The emotional implications of organizational politics：A process model[J]. Human Relations，2009，62（1）：27-57.

[372] Christensen T. Administrative reform：changing leadership roles?[J]. Governance，2001，14（4）：457-480.

[373] Podsakoff P M，Bommer W H，Podsakoff N P，et al. Relationships between leader reward and punishment behavior and subordinate attitudes，perceptions，and behaviors：a meta-analytic review of existing and new research[J]. Organizational Behavior and Human Decision Processes，2006，99（2）：113-142.

[374] Mishra A K，Spreitzer G M. Explaining how survivors respond to downsizing：the roles of trust，empowerment，justice，and work redesign[J]. The Academy of Management Review，1998，23（3）：567-588.

[375] 李侃如. 治理中国——从革命到改革[M]. 胡国成, 赵梅译. 北京：中国社会科学出版社，2010.

[376] 谢玉华. 地方政府领导者的社会角色与地方保护[J]. 社会主义研究，2006，（1）：77-80.

[377] Holmstrom B，Milgrom P. Multitask principal-agent analyses：incentive contracts，asset ownership，and job design[J]. Journal of Law，Economics，& Organization，1991，7：24-52.

[378] 黄宗智. 集权的简约治理——中国以准官员和纠纷解决为主的半正式基层行政[J]. 开放时代，2008，（2）：10-29.

[379] Elsbach K D. Looking good vs. being good：pitfalls of maintaining perceptions of strong leadership following organizational scandals[C]//Bartunek J M，Hinsdale M A，Keenan J F. Church Ethics and Its Organizational Context：Learning From the Sex Abuse Scandal in the Catholic Church. Lanham：Rowman & Littlefield Publishers，2005：69-80.

[380] Grant A M，Mayer D M. Good soldiers and good actors：prosocial and impression management motives as interactive predictors of affiliative citizenship behaviors[J]. Journal of Applied Psychology，2009，94（4）：900-912.

[381] Bolino M C，Turnley W H，Gilstrap J B，et al. Citizenship under pressure：what's a "good soldier" to do?[J]. Journal of Organizational Behavior，2010，31（6）：835-855.

[382] Weibel A. Formal control and trustworthiness：shall the twain never meet?[J]. Group & Organization Management，2007，32（4）：500-517.
[383] Burke W W，Litwin G H. A causal model of organizational performance and change[J]. Journal of Management，1992，18（3）：523-545.
[384] Perry J L. Bringing society in：toward a theory of public-service motivation[J]. Journal of Public Administration Research and Theory，2000，10（2）：471-488.
[385] 钱穆. 中国历代政治得失[M]. 北京：生活・读书・新知三联书店，2001.
[386] Treadway D C，Hochwarter W A，Kacmar C J，et al. Political will，political skill，and political behavior[J]. Journal of Organizational Behavior，2005，26（3）：229-245.
[387] Shamir B. Meaning，self and motivation in organizations[J]. Organization Studies，1991，12（3）：405-424.
[388] Taylor J. Organizational influences，public service motivation and work outcomes：An Australian study[J]. International Public Management Journal，2008，11（1）：67-88.
[389] Dilulio J D. Principled agents：the cultural bases of behavior in a federal government bureaucracy[J]. Journal of Public Administration Research and Theory，1994，4（3）：277-318.
[390] Gailmard S. Politics，principal-agent problems，and public service motivation[J]. International Public Management Journal，2010，13（1）：35-45.
[391] Makris M. Incentives for motivated agents under an administrative constraint[J]. Journal of Economic Behavior & Organization，2009，71（2）：428-440.
[392] Stapleton K，Hargie O. Double-bind accountability dilemmas：impression management and accountability strategies used by senior banking executives[J]. Journal of Language and Social Psychology，2011，30（3）：266-289.
[393] Rosenfeld P，Giacalone R A，Riordan C A. Impression Management in Organizations：Theory，Measurement，Practice[M]. New York：Routledge，1995.
[394] 温忠麟，侯杰泰，张雷. 调节效应与中介效应的比较和应用[J]. 心理学报，2005，37（2）：268-274.
[395] Bollen K A. Structural Equations with Latent Variables[M]. New York：John Wiley & Sons，1989.
[396] Spector P E. Method variance in organizational research：truth or urban legend?[J]. Organizational Research Methods，2006，9（2）：221-232.
[397] Kacmar K M，Ferris G R. Perceptions of organizational politics scale（POPS）：development and construct validation[J]. Educational and Psychological Measurement，1991，51（1）：193-205.
[398] Podsakoff N P，LePine J A，LePine M A. Differential challenge stressor-hindrance stressor relationships with job attitudes，turnover intentions，turnover，and withdrawal behavior：a meta-analysis[J]. Journal of Applied Psychology，2007，92（2）：438-454.
[399] 吴明隆. SPSS 统计应用实务[M]. 北京：中国铁道出版社，2001.
[400] Aiken L S，West S G. Multiple Regression：Testing and Interpreting Interactions[M]. Newbury Park：Sage Publications，Inc，1991.